dtv

Ist es Liebe, wenn ein Mensch zwanghaft an anderen Menschen festhält, ihnen keine Freiheit gönnt und ständig Menschen braucht, die auf ihn bezogen sind? Der Widerspruch ist offensichtlich, deshalb unterscheidet die international anerkannte Suchttherapeutin Anne Wilson Schaef in diesem Buch wohlweislich zwischen Liebe und den heute so häufigen Fehlformen der menschlichen Beziehungen. Durch sorgfältige analytische Beobachtung stellt sie drei Formen von Liebes-Suchtkrankheiten heraus: die Sexsucht, die Romanzen- und die Beziehungssucht. All diesen Süchten ist ein Merkmal gemein – sie bewirken eine Flucht vor der Nähe zu einem anderen Menschen. Beziehungssüchtige versuchen immer wieder, über ihre Sexualität und ihre Gefühle Nähe herzustellen, vermeiden wirkliche Intimität aber gerade durch übersteigerte Emotionen, besitzergreifendes Verhalten und romantische Wunschvorstellungen. Anne W. Schaef veranschaulicht ihre Analyse durch zahlreiche persönliche Fallbeispiele aus ihrer therapeutischen Praxis, sie zeigt aber auch eine eindrucksvolle Alternative auf: Jemanden wirklich zu lieben heißt, immer bei sich selbst zu bleiben und gemeinsam mit dem anderen das eigene Leben zu führen. Der Schlüssel zu dem Paradoxon »Sucht nach Nähe = Flucht vor Nähe« liegt für sie in der Nähe zu uns selbst. »Wir müssen uns selbst nahe sein. Solange wir Nähe von außen erwarten, werden wir sie niemals erleben.«

Anne Wilson Schaef, eine der bekanntesten amerikanischen Psychotherapeutinnen, ist Mitbegründerin des Woman's Institute of Alternative Psychotherapy. Seit ihrer Promotion arbeitet sie in eigener Praxis, daneben lehrt sie ihren prozeßtherapeutischen Ansatz auf zahlreichen Vortragsreisen und Workshops in den USA, Kanada und Europa, vor allem in der Bundesrepublik. Zahlreiche Veröffentlichungen, darunter: ›Nimm dir Zeit für dich selbst‹ (1992), ›Mein Weg zur Heilung‹ (1993), ›Suchtsystem Arbeitsplatz‹ (1994, mit Diane Fassel), ›Botschaften der Urvölker‹ (1996).

Anne Wilson Schaef

Die Flucht vor der Nähe

Warum Liebe, die süchtig macht, keine Liebe ist

Aus dem Englischen von
Brigitte Jakobeit

Deutscher Taschenbuch Verlag

Von Anne Wilson Schaef
sind im Deutschen Taschenbuch Verlag erschienen:
Im Zeitalter der Sucht (35022)
Suchtsystem Arbeitsplatz (35080; mit Diane Fassel)

Alle Anfragen zur Arbeit von
Anne Wilson Schaef beantwortet:
Internationale Seminar-Vermittlung
Constance Gunderson
Philipp-Franck-Weg 35
14109 Berlin
Tel.: 030/80 60 43 51

Ungekürzte Ausgabe
Juli 2002
Deutscher Taschenbuch Verlag GmbH & Co. KG, München
www.dtv.de

Titel der amerikanischen Originalausgabe:
Escape from Intimacy
Harper & Row, San Francisco 1989

Umschlagkonzept: Balk & Brumshagen
Umschlaggestaltung unter Verwendung einer Fotografie von
© The Image Bank/David de Lossy
Gesamtherstellung: Druckerei C. H. Beck, Nördlingen
Gedruckt auf säurefreiem, chlorfrei gebleichtem Papier
Printed in Germany · ISBN 3-423-08582-7

Inhalt

Dank

Mein Dank gilt vielen Leuten, die so bereitwillig ihre Träume mit mir geteilt haben. Die meisten von ihnen haben erleichtert aufgeatmet, als sie ihre Sex- und Romanzensucht erkannten und feststellten, daß ihr Mut mich bei der Entstehung des Buches unterstützte. Sie wußten, daß ihnen die Erkenntnis ihres Krankheitsprozesses die Tür zur Genesung und zu Nähe und Intimität öffnet.

Danken möchte ich ebenfalls all den Teilnehmern an meinen Intensiv-Workshops und Gruppen in den Vereinigten Staaten und Europa sowie den amerikanischen und deutschen Ausbildungsgruppen, die mir ihre Unterstützung, ihre Einsichten und ihr Feedback zukommen ließen. Ihre Lebensgeschichten und ihre Genesung gaben mir Mut. Ohne ihre Hilfe und ihre Mitwirkung hätte dieses Buch niemals entstehen können.

Ein ganz besonderer Dank geht an Jonathon Lazear, meinen Agenten. Er sagte bereits »Schreiben Sie« noch zu einem Zeitpunkt, als dieses Buch noch nicht auf meinem Plan stand. Und auch Jan Johnson, meiner Lektorin, möchte ich für ihre unerschöpfliche Unterstützung danken.

Natürlich hoffe ich, daß dieses Buch ein wenig zu unserem Verständnis beitragen kann und sich für die Leser als ebenso hilfreich erweist wie für jene Menschen, die es bereits im Manuskriptstadium lasen.

Ich danke ganz besonders meiner Familie: Beth, Rod, Di, Jon, Trish und Tom sowie meinen professionellen Stützen Gwen und Mary Ann. Sie alle waren immer für mich da.

Einleitung

Unsere Gesellschaft befindet sich gegenwärtig in einem äußerst bedeutsamen Lernprozeß in bezug auf das Thema »Sucht«. Sie gewinnt Einsichten, was die Tragweite, den eigentlichen Kern und den Einfluß von Süchten auf Individuen, Familien, Einrichtungen und ganze Kulturkreise angeht. Wir begreifen allmählich, daß wir, da wir in einem Suchtsystem leben, seit langem einem Suchtprozeß ausgesetzt sind und auf ihn hinerzogen wurden. Aber dieser Suchtprozeß ist nicht der normale Zustand für den menschlichen Organismus. Er ist etwas Erlerntes.

Die Einsicht, daß dieser zugrundeliegende Suchtprozeß kulturelle Wurzeln hat und erlernt wird, ist von entscheidender Bedeutung. Dieser Suchtprozeß folgt seinen eigenen Regeln. Er ist einem fließenden Gewässer vergleichbar, das sich seinen eigenen Lauf bahnt: Wenn ein Strom blockiert wird, sucht er einen neuen, anderen Weg (und nicht selten in unseren eigenen Keller!). Doch mit dem veränderten Lauf verschwindet das Wasser nicht etwa; es sucht sich lediglich einen anderen, oft weniger bequemen Kanal, um sich auszubreiten. Ganz ähnlich verhält es sich mit dem Suchtprozeß. Wird ihm ein Weg versperrt, findet er einen anderen.

Heute wissen wir, daß eine Sucht selten – wenn überhaupt – allein auftritt. Sobald wir uns einmal unserer bevorzugten Sucht gestellt haben – das ist diejenige, die uns als erste umbringt oder unser Leben am schnellsten zerstört –, werden wir unsere nächste Sucht entdecken, diejenige, an der wir als zweiter zugrunde gehen können. Aus zwei vorrangigen Gründen müssen wir uns daher während unserer Genesung von einer Sucht zur nächsten vorarbeiten: Zum einen nämlich haben wir den zugrundeliegenden Suchtprozeß bisher nicht erkannt und behandelt; und zum zweiten haben wir die spezifischen Süchte nicht sauber voneinander getrennt und gesondert untersucht.

In der Regel werden wir feststellen, daß wir uns lediglich mit den spezifischen Süchten beschäftigt haben, wogegen aber eine gleichzeitige Beschäftigung mit dem zugrundeliegenden Suchtprozeß *und* der spezifischen Sucht notwendig ist. Eine Beschränkung auf die spezifische einzelne Sucht birgt die Gefahr, daß wir eine Sucht gegen die nächste eintauschen oder wir unter sich überschneidenden Süchten leiden (*cross-addictions:* ein neuer, populärer Begriff, der ursprünglich verwendet wurde, wenn beispielsweise ein Alkoholiker gleichzeitig kokainsüchtig ist). Soll eine Genesung erfolgversprechend vorankommen, müssen jede einzelne spezifische Sucht und der zugrundeliegende Suchtprozeß sowohl *zusammen wie auch getrennt* betrachtet werden. Da die traditionellen medizinischen, psychologischen und therapeutischen Techniken bei den meisten Süchten seltsamerweise versagen und das Problem vielleicht sogar noch verschärfen, müssen wir der Sucht als Sucht begegnen und die Realität eines zugrundeliegenden Suchtprozesses anerkennen.

Nach meiner Erfahrung waren es die substanzgebundenen und/ oder chemischen Süchte, auf die wir unser Interesse als erstes gelenkt haben.

Für die Genesung aber ist es notwendig, daß wir uns auch mit den prozeßgebundenen Süchten konfrontieren. Bei diesen Süchten steht nicht die Einnahme einer chemischen Substanz im Mittelpunkt; vielmehr liegt hier eine Abhängigkeit von einem Prozeß vor – zum Beispiel von Arbeit, Geld, Sex, Beziehungen, Romanzen, Religion oder Sport. Prozeßgebundene Süchte sind weitaus heikler und komplizierter als substanzgebundene Süchte, und sie sind hervorragend in unsere Gesellschaft integriert. Doch je mehr wir über sie wissen, um so deutlicher sehen wir, daß sie genauso zerstörerisch und letztendlich tödlich auf Individuen, Familien, Einrichtungen und die Gesellschaft wirken wie substanzgebundene Süchte. Daher ist auf die Erforschung der prozeßgebundenen Süchte und auf ihre Behandlung die gleiche Sorgfalt zu verwenden wie bei substanzgebundenen Süchten. Ich stimme vollkommen mit Patrick Carnes überein, der in seinem Buch ›Zerstörerische Lust‹ schreibt: »Es ist nicht undenkbar, daß die hohe Rückfallquote bei Alkoholikern ihren Grund auch in der Tatsache hat, daß es bisher noch keine erfolgreichen Behandlungsprogramme für multiple Süchte gegeben hat.«[1]

Wollen wir die jeweils spezifischen Süchte erfassen und mit ihnen arbeiten, dann müssen wir jede Sucht als solche verstehen und sehen, welchen Einfluß und welchen Verstärkungseffekt sie auf andere Süchte ausübt. Zudem muß die Bedeutung der Beziehung zwischen der einzelnen Sucht und dem zugrundeliegenden Suchtprozeß verstanden werden.

Aber noch stehen wir mit unserem Wissen über jene subtilen prozeßgebundenen Süchte ganz am Anfang. Der Grund liegt darin, daß erst nach einer Auseinandersetzung mit den auffälligeren, substanzgebundenen Süchten die prozeßgebundenen Süchte allmählich in Erscheinung treten. In letzter Zeit standen mehr und mehr jene Süchte im Mittelpunkt des Interesses, die sich innerhalb von Beziehungen abspielen oder, um es genauer zu formulieren, innerhalb von Pseudo-Beziehungen.

Mittlerweile ist eine ganze Palette von Büchern erschienen: über Beziehungssucht, Sexsucht, zu sehr lieben, zuwenig lieben, die Suche nach Liebe und ähnliche Themen. Es freut mich sehr, daß derartig viel hilfreiches Material zu diesen Themen greifbar ist, denn gerade Süchte, die sich innerhalb von Beziehungen abspielen, sind weit verbreitet, beeinträchtigen viele Menschen in unserer Gesellschaft und verursachen großen Schmerz.

Wir befinden uns derzeit noch – was den Suchtprozeß angeht – auf einem Wissensstand, wo wir aus allen erdenklichen Perspektiven Material benötigen. Denn niemand ist im Besitz der endgültigen Wahrheit zu diesem Thema, vielmehr fügt jeder ein Stück zum allgemeinen Verständnis hinzu.

Ich habe mit vielen Menschen gearbeitet, deren Süchte sich in Pseudo-Beziehungen niederschlagen; und ich weiß aus persönlicher und beruflicher Erfahrung, wie schmerzvoll sich diese Süchte auswirken. Wer sich in einer vom Suchtprozeß geprägten Beziehung quält, verdient die Hilfe, die wir ihm mittels möglichst vielfältiger Informationen bieten können.

Das Thema Sucht in Pseudo-Beziehungen beschäftigt mich seit langem; ich habe eine ganze Reihe von Rundbriefen für Kollegen verfaßt, die ich ausbilde. Meine erste Veröffentlichung zu diesem Thema schrieb ich 1984; davor hatte ich bereits Vorträge über Beziehungssucht gehalten. Trotzdem sah ich eigentlich nie einen zwingenden Grund, auch noch ein Buch über diese Sache zu schreiben. Als ich jedoch einige gerade auf den Markt gekommene Bücher dazu las, kam ich zu dem Schluß, daß die meisten zwar hervorragend geschrieben sind und ganz entscheidend zu unserem Verständnis beitragen; nur fehlten grundlegende Informationen, und bestimmte Perspektiven wurden überhaupt nicht berücksichtigt. Und gerade diese hielt ich für wesentlich, um diese Gruppe von Süchten zu verstehen.

Erstens vermischen – und infolgedessen verwirren – die meisten Bücher auf diesem Gebiet etwas, was ich für drei voneinander zu trennende Süchte halte, und zwar Süchte, die einen unterschiedlichen Ursprung sowie einen unterschiedlichen Inhalt haben, auch wenn sie vielleicht in gewisser Weise zusammenhängen.

Sex-, Romanzen- und Beziehungssucht sind *getrennte* Süchte – das ist meine Erfahrung –, und alle drei können in Suchtbeziehungen ihren Ausdruck finden. Um jedoch »die Natur des Monsters« zu verstehen, sollten diese Süchte einzeln erforscht und sollte die wechselseitige Beziehung zwischen ihnen untersucht werden.

Diese Süchte sind, wie bereits erwähnt, äußerst trickreich. Sie stechen weniger offenkundig ins Auge als substanzgebundene Süchte und sind unglücklicherweise raffiniert in unsere Gesellschaft eingefügt. Zudem sind sie verführerisch. Nur allzu leicht gleiten Diskussionen über sexuelle Abhängigkeit ins Voyeuristische und/oder ins Moralisierende ab. Der Kontakt zur Realität geht verloren, indem sexuell Abhängige nicht als Menschen mit einer fortschreitenden tödlichen Krankheit gesehen werden, als Menschen, die furchtbare Qualen durchstehen und sich nicht von anderen Süchtigen unterscheiden.

Wenn aber Suchtbeziehungen tatsächlich die Norm für Beziehungen in einer süchtigen Gesellschaft sind, wird die Tatsache, daß Menschen, die in süchtige Beziehungen verstrickt sind, sowohl sich selbst als auch andere zerstören, leicht auf Widerstand stoßen – ganz ähnlich wie bei Alkoholikern. Wenn Romanzen immer wieder sexualisiert werden, ist natürlich nur schwer einzusehen, daß Sex- und Romanzensucht jeweils für sich *und* doch auch miteinander in Beziehung stehen. Aber wie einfach ist es auch für einen von Liebesaffären abhängigen Menschen, sich die gängige Literatur über Sex- und »Liebes«sucht durchzulesen, nur um hinterher festzustellen, er gehöre nicht zu diesen Sexsüchtigen; auf diese Weise entgehen diesen Menschen sämtliche Hilfen für die Bewältigung einer Krankheit, die ihr Leben zerstört. Noch komplizierter wird die Angelegenheit dadurch, daß die meisten Menschen sich viel lieber zur Romanzen- oder Beziehungssucht bekennen als zur Sexsucht. Mir sind beispielsweise viele ehemalige Alkoholiker bekannt, die viel eher bereit sind, sich als Alkoholiker denn als Sexsüchtige zu bezeichnen. Sexsucht ist mit starken Schamgefühlen behaftet.

Mein zweiter Kritikpunkt an den zu diesem Themenbereich vorliegenden Büchern bezieht sich auf die Tatsache, daß süchtige Beziehungen nicht mit Sex-, Romanzen- und Beziehungssucht gleichzusetzen sind; Sex-, Romanzen- und Beziehungssüchtige bauen genauso wie andere Abhängige ihre Beziehungen auf. Soll eine Genesung jedoch erfolgreich verlaufen, müssen wir sowohl die Suchtbeziehungen und ihre Dynamiken untersuchen als auch die spezifischen Süchte, die zu solchen Beziehungen führen.

Betrachten wir diese drei Suchtformen getrennt und stellen sie mit Suchtbeziehungen in Zusammenhang, können wir diesen Themenbereich meiner Ansicht nach besser verstehen und haben gleichzeitig bessere Genesungschancen. Wenn wir die Geschichten von Menschen unseresgleichen lesen, werden wir vermutlich langsam erkennen, wie diese subtilen, von der Gesellschaft unterstützten Süchte unser Leben zerstören.

Natürlich ist man versucht, sich auf die dramatischen Aspekte dieser Süchte zu stürzen, insbesondere bei der Sexsucht. Für die Öffentlichkeit sind sie sensationeller und »interessanter« (besonders für eine sexuell süchtige Öffentlichkeit). Trotzdem dürfen wir dabei eines nie vergessen: Wer in seinen sexuellen Phantasien »gefangen« oder »sexuell magersüchtig« ist, steht oft genausoviel Leid durch und wirkt ebenso zerstörerisch auf Beziehungen und andere Menschen wie ein Kindesmißhandler. Bei einem Romanzen-»Junkie« verhält es sich ganz ähnlich; auch er ist verletzt und nicht in der Lage, in seiner Wut als Opfer mit diesem Schmerz umzugehen. Dies alles sind Formen der Sucht, des Suchtprozesses, und als solche müssen sie behandelt werden.

Unglücklicherweise sind die meisten Abhandlungen über diese Probleme ziemlich langatmig, trocken und recht schwer verständlich. Sie sind zwar hilfreich, da es noch vieles zu lernen und zu verstehen gibt. Dennoch darf keinesfalls übersehen werden, daß eine Reihe von Kernfragen, die wir früher als psychologische Probleme aufgefaßt haben, in Wirklichkeit Ausdruck einer Suchtkrankheit sind und nur als solche angegangen werden dürfen. Zudem sollten Informationen zu diesen Themen jedem leicht zugänglich sein. Und wir müssen ständig wiederholen: Süchte haben nichts mit Moral zu tun, sie sind fortschreitende tödliche Krankheiten.

Neben den etwas nüchternen fachlichen Abhandlungen gibt es allerdings auch hervorragende Bücher von Süchtigen, die sich selbst als solche bezeichnen. Eines dieser Bücher, das mir sehr wichtig erscheint, stammt von Augustine Fellowship.[2] Wir benötigen Bücher, die beide Perspektiven berücksichtigen, die der Forschenden und die der Betroffenen. Zudem brauchen wir Bücher, die nach klinischen Gesichtspunkten geschrieben und trotzdem mit dem »Bauch« zu lesen sind. Genesung bedeutet schließlich Identifikation mit der Krankheit. Nach der Veröffentlichung meines Buches über Co-Abhängigkeit haben mir unzählige Leute gesagt: »Ich habe mich auf jeder Seite wiedergefunden.«[3] Möglicherweise wird dies bei diesem hier nicht der Fall sein; ich hoffe dennoch, daß sich diejenigen wiederfinden, für die es nötig ist.

An den gegenwärtigen Veröffentlichungen stimmt mich vor allem bedenklich, daß sie nicht deutlich aufzeigen, in welchem Zusammenhang diese Süchte mit unserer Gesellschaft stehen und wie sie von ihr gefördert werden. Zwar gibt es einige ausgezeichnete Untersuchungen über die innerfamiliäre Dynamik und ihren Beitrag zur Sexsucht, aber sie gehen nicht weit genug. Eine wirklich erfolgreiche Genesung setzt nämlich die Erkenntnis voraus, daß Sex-, Romanzen- und Beziehungssucht von unseren Familien *und* unseren Schulen, Religionen, unserem politischen System und der Gesellschaft als Ganzer hervorgerufen werden. Wer beim familiären Einfluß verharrt, bleibt zu früh stehen. Denn woher beziehen Familien ihre Vorstellungen von Familien? Zum Teil aus der Familie, aus der sie stammen, aber auch aus den Institutionen und Einrichtungen innerhalb der Gesellschaft. Diese Tatsache muß erkannt und untersucht werden, erst dann können wir erfolgversprechend mit diesen Süchten arbeiten.

Nachdem ich versucht hatte, Sex-, Romanzen- und Beziehungssucht isoliert zu verstehen, wurde mir klar, daß dies auch eine andere Sicht auf die Co-Abhängigkeit und den Co-Sexsüchtigen erfordert. Die meisten Menschen sehen sich lieber als »co-« denn als abhängig. Aber verstärkt oder erzeugt dieses Etikett nicht ein Verleugnungssystem, das den Betroffenen davor bewahrt, sich mit der Beziehungssucht als Sucht auseinandersetzen zu müssen? Ist der Co-Sexsüchtige nicht ebenfalls süchtig, ganz unabhängig davon, ob es um Sex, Romanzen oder Beziehungen geht? Und haben unsere Schwierigkeiten mit dem vagen Begriff Co-Abhängigkeit ihren Grund nicht darin, daß wir die Grenzen zwischen den verschiedenen Suchtarten und dem zugrundeliegenden Suchtprozeß verwischt haben? Diese Fragen müssen im Hinblick auf Sex-, Romanzen- und Beziehungssucht untersucht werden.

Wenn wir uns mit Süchten befassen, die eine Pseudo-Beziehung als Brennpunkt haben, müssen wir einen weiteren Aspekt berücksichtigen: Nach außen hin sehen solche Beziehungen so aus, als bestünde ihr Ziel darin, Nähe zu einem anderen Menschen herzustellen – in Wirklichkeit dagegen drücken sie nichts als *Flucht vor Nähe* aus, stellen die Fluchtwege dar, um genau diese Nähe zu umgehen. Damit wir verstehen, wie diese Süchte als Flucht vor Nähe funktionieren, müssen wir einen Blick auf den Begriff Nähe sowie auf »gesunde« Beziehungen werfen.

In einem weiteren Punkt schließe ich mich Patrick Carnes' Auffassung an. Wie er glaube ich, daß das Suchtmodell unser Wissen ganz entscheidend vergrößern kann, daß es möglicherweise unserer Arbeit an Problemen zum Erfolg verhilft, die bisher noch gar nicht benannt wurden oder bei denen traditionelle Therapie-Techniken erfolglos waren. Sobald wir diese Süchte auch wirklich als Süchte begreifen, gehen wir völlig anders an sie heran.

Mit Sorge sehe ich immer wieder, wie leichtfertig wir uns mit einer simplen Ursache-Wirkung-Mentalität an psychologische Probleme heranwagen. Dieser Ansatz führt uns leicht in die Illusion, wir bräuchten bloß zu verstehen, *warum* ein Mensch so und nicht anders ist, und schon können wir (oder er) das Problem beheben. Auf diese Weise geht ein Großteil aller Bemühungen durch die Arbeit an der Problemanalyse und an der Datenerhebung über Familiengeschichte und -muster verloren. Nun ist aber leider noch niemand von einer Sucht geheilt worden, indem er sie einfach verstanden hätte. In Wirklichkeit kann der eigentliche Prozeß des »Verstehens« sogar als Vorwand dienen, um »für Nachschub zu sorgen«. Natürlich weiß ich, welch hilfreichen und befreienden Effekt dieses Aha-Erlebnis bei vielen Menschen auslöst, wenn sie von sich sagen können: »*Das* also stimmt bei mir nicht«, »Das ist meine Geschichte«, oder »Ich finde mich auf jeder Seite wieder«. Doch dies ist nur der Anfang. Im Grunde genommen ist es sogar nur der erste Teil des ersten Schrittes vom Zwölf-Schritte-Programm. Erst wenn wir der Sucht als Sucht begegnen, haben wir die Gelegenheit, unsere Genesung in Gang zu setzen – und diese Genesung ist ein Prozeß und kein Ereignis.

Mit diesem Buch möchte ich zu jenen Informationen beitragen, die wir bisher darüber gewonnen haben, wie wir mit Hilfe von suchtgeprägten Pseudo-Beziehungen vor Nähe fliehen. In den ersten drei Kapiteln geht es um sexuelles Suchtverhalten, um Romanzen- und Beziehungssucht als getrennt zu sehende Problemfelder, die dann in bezug zu unseren Institutionen und unserer Gesellschaft gesetzt werden. In welchem Wechselspiel diese Suchtarten zueinander stehen und wie sie sich gegenseitig unterstützen, werde ich in Kapitel vier erläutern. Dort betrachte ich auch den Zusammenhang zwischen Co-Abhängigen und Co-Sexsüchtigen und den erwähnten drei Suchtformen; zudem wird untersucht, wie jede von ihnen als Versuch dient, der Nähe zu entkommen.

Im fünften Kapitel werden wir uns näher mit der Entstehung von Suchtbeziehungen befassen. Alle Suchtbeziehungen sind durch einige wesentliche Dynamiken gekennzeichnet, die ich genau erklären möchte, indem ich gleichzeitig auf die Bedeutung von Suchtbeziehungen als Norm in unserer Gesellschaft hinweisen werde.

Was wir unter »gesunden« Beziehungen verstehen und welche Abläufe wir in ihnen vorfinden, können Sie in Kapitel sechs nachlesen. Damit einher geht eine Diskussion über Nähe und Intimität in ihren ganz verschiedenen Erscheinungsweisen; dies scheint mir ganz wesentlich, wenn wir verstehen wollen, was eine »gesunde« Beziehung bedeutet.

Im letzten, siebten, Kapitel geht es darum, wie wir von diesen Süchten genesen können und welche Informationen über den Genesungsprozeß von Suchtbeziehungen vorliegen.

Ich möchte noch allen danken, die mir so bereitwillig ihr Leben und ihre Geschichten mitgeteilt und die mich letztendlich dazu bewogen haben, über ihren Kampf zu schreiben. Es waren nicht wenige, und ich fühle mich geehrt, daß ich an ihrem Leben und ihrer Genesung teilhaben durfte.

Die Fallbeispiele in diesem Buch sind leicht verändert, um die Identität der Betroffenen zu schützen. Die Grundsituationen und die in sie verwickelten Personen entsprechen jedoch der Realität. Ihr Schmerz ist so echt wie ihre Bemühungen und Anstrengungen, von der Sucht zu genesen.

Kapitel 1: Sexsucht

In den vergangenen Jahren ist das Bewußtsein für sexuelles Suchtverhalten und seine zerstörerischen Auswirkungen auf den Süchtigen sowie das Objekt der Sexsucht enorm geschärft worden. Das Erkennen und Benennen sexueller Besessenheit als Sucht war ein riesiger Fortschritt, der aus mehreren Gründen bedeutsam ist. Erstens liefert der Begriff Sucht eine weitaus genauere Definition für sexuelle Verhaltensmuster, als dies rein psychologische Definitionen tun. Zweitens bietet uns das Suchtmodell die Möglichkeit, die gesamte Bandbreite von sexuellen Verhaltensmustern zu verstehen, die sich ganz selbstverständlich und heimtückisch in unsere Gesellschaft eingeschlichen haben, aber noch lange nicht offen diskutiert und erkannt worden sind. Drittens vermögen wir mit Hilfe dieses Ansatzes die gesellschaftlichen Komponenten und die »Alltäglichkeit« sexueller Sucht zu verstehen. Viertens läßt uns dieser Ansatz Hoffnung schöpfen und die Möglichkeit der Genesung erkennen. Und schließlich gewinnen wir durch diese Perspektive die Einsicht, daß sexuell Abhängige Menschen sind, die unter Schmerzen und an einer fortschreitenden tödlichen Krankheit leiden, die auch andere zugrunde richten kann, was häufig der Fall ist.

Merkmale der Sexsucht

Sobald wir ein altbekanntes Phänomen wie die Sexsucht aus neuen Blickwinkeln betrachten, entdecken wir eine ganze Reihe von Definitionen. Meiner Ansicht nach ist die Vielfalt dieser Definitionen notwendig, da sie zu unserem Wissen und Verständnis beiträgt. Zur Zeit befinden wir uns auf einem Wissensstand, der eine einzige prägnante und für alle akzeptable Definition gar nicht erforderlich macht.

Patrick Carnes sagt: »Der Süchtige ersetzt eine gute, gesunde Beziehung zu anderen Menschen durch eine krankhafte, kaputte Beziehung. Seine Beziehung zu der ›Erfahrung‹, die in der Lage ist, seine Befindlichkeit so nachhaltig zu verändern, bekommt den zentralen Stellenwert in seinem Leben.«[1]

Nach Eliza Kasl ist »Sucht im wesentlichen ein spiritueller Zusammenbruch, eine Reise, die von der Wahrheit weg in die emotionale Blindheit und den Tod führt.« Sie fährt fort: »Ich glaube, daß die dramatischen Ausmaße sexueller Abhängigkeit und Co-Abhängigkeit innerhalb unserer Gesellschaft den spirituellen Bankrott des Patriarchats widerspiegeln, das auf der Ausbeutung der Frauen beruht.« Und schließlich fügt sie hinzu: »Sexsucht ist mehr als eine Beziehung haben oder Paarung. Vielmehr ist sie eine Geisteshaltung, ein Mosaik von Wertvorstellungen, die mit anderen Menschen nichts gemein haben müssen. Sexsucht bedeutet eine Beziehung mit sich selber führen.«[2]

Die Definitionen beider Autoren betonen ganz wesentliche Aspekte der sexuellen Abhängigkeit. Sexsucht verändert – wie jede andere Sucht – die persönliche Befindlichkeit. Sie wirkt sich – wie jede stimmungsverändernde Droge – auf den Menschen aus. Sexuelle Besessenheit wird zum »Fix« – und wer abhängig ist, holt sich seinen »Kick« mit Hilfe dieses sexuellen »Fix«.

Bei Süchtigen dreht sich alles in zunehmendem Maße um den sexuellen »Kick« – bis dieser schließlich zum zentralen Lebensinhalt geworden ist. Mit fortschreitender Krankheit erlangt die sexuelle Besessenheit die Kontrolle über das Leben der betroffenen Person, und sie muß mehr und mehr Zeit und Energie in sexuelle Aktivitäten stecken, um den erwünschten Höhepunkt zu erreichen.

Sexuelle Süchtigkeit geht – wie alle anderen Suchtarten – mit dem Verlust der Spiritualität und dem Verfall der persönlichen Wertvorstellungen einher. Man entfernt sich immer weiter von der Wahrheit. Und wie bei jeder anderen Sucht bewegt sich die abhängige Person weg von der Realität und hin zu einem Stadium des »Wahnsinns«. Jeder Süchtige wird unausweichlich »irre«. Und je weiter sich Wahrnehmung und Verhalten von der Realität entfernen, desto stärker werden die Denkprozesse beeinträchtigt. Solche gestörten Denkprozesse basieren auf falschen Vermutungen, Verwirrung, Verzerrung, Rechtfertigung, Illusion – und sie führen den Sexsüchtigen noch weiter von seinem Wertesystem und der Wahrheit weg.

Sexsucht ist eine fortschreitende Krankheit und endet – wie ich noch erläutern werde – in der Zerstörung und dem frühen Tod der Süchtigen und oft auch derer, die in ihrem engen Umkreis leben. In unserer Gesellschaft hat die Sexsucht mittlerweile dramatische Ausmaße angenommen, ja, sie ist sogar bestens in die Süchtigkeit der Gesellschaft als Ganzer integriert. Daher bleibt jede Behandlung von Sexsucht unvollständig, wenn sie nicht auch die Rolle der Gesellschaft und ihrer Institutionen mit einbezieht.

Die Sexsucht findet sich in den Menschen, und sie unterscheidet sich von der Romanzen- und Beziehungssucht. Vielleicht überschneiden sich diese Suchtformen gelegentlich – und dennoch sind sie nicht gleichzusetzen. Mir jedenfalls scheint es dringend notwendig, diese Suchtarten getrennt zu verstehen und sie gleichzeitig in Beziehung zueinander zu setzen.

Sexsucht ist eine Besessenheit, eine Überbeschäftigung mit Sex, bei der alles und jedes mit Sex in Verbindung gebracht wird und alle Wahrnehmungen und Beziehungen unter einem sexualisierten Licht gesehen werden. Sie ist fortschreitend und tödlich, da sie in all ihren Formen das Selbst, andere Menschen und Beziehungen zerstört. Sexsucht verursacht Schmerz und Leid, sie bringt dem Abhängigen und auch seinen Beziehungspartnern Verwirrung und Angst. Sexuell Süchtige werden mit der Zeit zunehmend unehrlich, selbstbezogen, isoliert, ängstlich, verwirrt, gefühllos, dualistisch, kontrollierend, perfektionistisch, blind für ihre Krankheit (Verleugnung), verrückt, tadelnd (Projektion) und dysfunktional. Kurz, sie können ihr Leben immer weniger meistern.

Allerdings ist Sexsucht – und auch hierin unterscheidet sie sich von keiner anderen Suchtform – der Ausdruck eines zugrundeliegenden Suchtprozesses, der sich ganz unterschiedlich äußern kann. Wie bereits erwähnt: Wir alle waren dem Suchtprozeß ausgesetzt und haben seine Schule durchlaufen. Aber vergessen wir nicht, es handelt sich nur um eine Schulung; der Suchtprozeß ist nicht unser Wesenskern. Er ist nicht das, was wir eigentlich sind; wir haben ihn erlernt, damit wir in eine süchtige Gesellschaft passen. Wenn wir also sexuelle Abhängigkeit als das sehen, was sie ist – nämlich als Sucht –, können wir gesund werden.

Sexsucht ist eine verheimlichte Sucht. Meiner Erfahrung nach bekennen sich die meisten Menschen bereitwilliger zu nahezu jeder anderen Sucht. Der Grund hierfür liegt darin, daß Sexsucht von besonders starken Schamgefühlen und infolgedessen auch Verleugnung begleitet wird. Merkwürdigerweise jedoch gehört gerade sie zu den Süchten, die in unserer Gesellschaft als völlig »normal« gelten.

Daß wir das Beherrschende dieser Krankheit, das Ausmaß der Schmerzen und das damit verbundene Leid kennen, haben wir nur mutigen Menschen zu verdanken, die aus ihrer Isolation getreten sind und ihre Sucht benannt haben. Allzulange konnte diese Sucht mit Hilfe des Begriffs »psychische Krankheit« im verborgenen bleiben. Und dieser Prozeß »sorgte für Nachschub«. Erst als sexuell Abhängige sich selbst als Süchtige identifizierten, konnten wir allmählich diese fortschreitende tödliche Krankheit als solche verstehen.

In letzter Zeit fanden gerade die ausagierten Aspekte der Sexsucht große Beachtung (was an sich auch eine Form der Sexsucht darstellen kann, nämlich Voyeurismus). Meine Absicht ist es, auf den folgenden Seiten die volle Bandbreite sexueller Abhängigkeiten zu untersuchen und ihre Beziehung zu den Institutionen unserer Gesellschaft und der Gesellschaft als Ganzer darzustellen. Denn solange wir uns nicht mit der Rolle der Familie, der Schule, der Kirche und der Gesellschaft im Hinblick auf diese allesdurchdringende Krankheit beschäftigen, werden wir Sexsucht nicht verstehen können.

Die meisten Veröffentlichungen beschäftigen sich mit mehr oder minder ausagierten sexuellen Erscheinungsformen. Patrick Carnes hat in dieser Hinsicht vorbildliche Arbeit geleistet, indem er drei Stufen süchtigen Verhaltens beschreibt, und zwar ausgehend von den in der Öffentlichkeit gerade noch gebilligten Verhaltensmustern bis hin zu solchen, die auf andere Menschen zerstörend wirken. Allerdings ist die Sucht auf jeder Stufe ernsthaft und kann zum Tod führen.

Nach Carnes haben »Verhaltensweisen der Stufe eins vor allem gemeinsam, daß sie in unserem Kulturkreis weitgehend akzeptiert werden ... Jede dieser Verhaltensweisen kann verheerende Folgen haben, wenn sie exzessiv ausgeübt wird.« Zu dieser Stufe rechnet Carnes unter anderem Masturbation, das Betrachten von Pornomagazinen, den Besuch von Stripshows und den Gang zu Prostituierten. Beziehungen der Stufe eins beschreibt Carnes als solche, in denen »ein Partner wichtige Teile der ganzen Beziehung der Erfüllung seiner sexuellen Bedürfnisse opfert[3].« Für Carnes zählt auch Homosexualität hierzu (bezüglich gleichgeschlechtlicher Beziehungen teile ich seine Ansichten nicht).

»Suchtverhalten der Stufe zwei beeinträchtigt das Leben der anderen bereits so sehr, daß es mit gesetzlichen Sanktionen bedroht wird.«[4] Auf diese Stufe stellt Carnes Voyeurismus, Exhibitionismus, Voyeur-Exhibitionismus, unzüchtige Telefonanrufe und unzüchtige Berührungen.

Unter Stufe drei führt Carnes strafbare Verhaltensweisen auf, die sich auf andere bedrängend oder zerstörerisch auswirken. »Allen Verhaltensweisen auf Stufe drei ist gemeinsam, daß sie einige der wichtigsten Regeln verletzen, deren Einhaltung uns ein Zusammenleben als Menschen überhaupt erst ermöglicht. Notzucht, Inzest und Kindesmißbrauch sind schwerste Übergriffe und Verletzungen von Gesetzen, die gemacht wurden, um die Schwachen und Wehrlosen zu schützen.«[5] Neben diesen drei Verhaltensmustern nennt Carnes sexuelle Gewalttätigkeiten wie etwa Sadomasochismus, sexuelle Folter und Abreagieren an Unschuldigen.

Da Patrick Carnes diese Stufen hervorragend untersucht hat und mir seine Abhandlung hilfreich und gründlich erscheint, möchte ich hier auf detaillierte Wiederholungen verzichten; ich möchte Ihnen lediglich seinen Ansatz nahelegen und sein Buch ›Zerstörerische Lust‹ empfehlen.

Aus meiner eigenen Praxis mit sexuell Süchtigen weiß ich, daß es eine Reihe von sexuellen Suchtformen gibt, die nur selten näher untersucht werden. Mit diesen Bereichen möchte ich mich in den folgenden Abschnitten näher befassen.

Sexuelle Anorexie (Magersucht)

Molly ist Akademikerin, eine große auffallende Frau Anfang Vierzig. Sie ist immer geschmackvoll gekleidet und hinterläßt den Eindruck einer kompetenten und erfolgreichen Frau, die alles im Griff hat. Sie selbst empfindet sich zwar als unsicher, doch die meisten Leute sehen in ihr eine starke und bewundernswerte Persönlichkeit, eine Frau, die auf dem richtigen Weg ist und bei allem eine glückliche Hand hat – auch wenn es in Wirklichkeit gar nicht stimmt.

Molly ist seit zwanzig Jahren verheiratet, und nach außen hin erweckt ihre Familie mit den drei Kindern einen recht stabilen Eindruck. Es scheint, als führten sie und Jim, ihr Mann, eine in jeder Hinsicht »normale« Beziehung (und statistisch gesehen trifft dies vielleicht auch zu!).

Als Molly von sich und ihrem Leben erzählte, veränderte sich plötzlich das Bild, das sie ihrer Umgebung präsentierte. Molly bezeichnete ihre Beziehung zu Jim als tot. Ihrem Empfinden nach führten sie eine »Form«-Ehe: Sie erledigten sorgfältig ihre Familienpflichten und taten so, als hätten sie eine Beziehung, aber in Wirklichkeit fehlten jegliche Nähe und Bindung. Molly und Jim redeten nie miteinander, und vor allen Dingen zeigten oder drückten sie nie Gefühle aus. Sie hatte schon oft daran gedacht, aus ihrer Ehe auszusteigen, doch dann, erklärt sie, sei sie geblieben, weil diese Ehe so bedeutungslos war, daß sie nicht einmal genau wußte, was sie da eigentlich aufgeben oder weiterführen würde – also blieb sie »stecken«.

Molly ist co abhängig, befindet sich jedoch auf dem Weg der Genesung. Als sie anfangs von dem Begriff Co-Abhängigkeit erfuhr, war sie überglücklich. Endlich hatte sie das passende Etikett für ihr bisheriges Leben gefunden. Sie hatte ihre Selbstdefinition schon immer von außen bezogen. Was sie selbst nicht kannte, nämlich ihre eigene Bestimmung, mußten ihr seit jeher die anderen geben – ihre Herkunftsfamilie, ihre Arbeit, ihr Mann und in jüngster Zeit auch die Kinder. Außerdem war Molly jemand, der sich ständig um andere kümmern mußte, und ein Großteil ihrer Selbstdefinition bestand daraus. Sie war der festen Überzeugung, daß es egoistisch und unchristlich wäre, wenn sie auch an sich denken würde. Eine Art und Weise, ihren Mann zu umsorgen war, ihm sexuell zu »dienen« – mit ihm zu schlafen, wenn er wollte, auch wenn sie selber kaum etwas dabei empfand.

Molly konnte Sex nur selten – wenn überhaupt – genießen; allerdings lag der Grund ihrer Ansicht nach in ihrer eigenen Unzulänglichkeit, die sie vor ihrem Mann zu verbergen suchte, um zu vermeiden, daß *er* sich als unzulänglich empfand. Sie spielte ihm sogar Orgasmen vor, um sein Vergnügen zu steigern. Natürlich ging Molly als Co-Abhängige mit ihren Gefühlen unehrlich um; sie hatte einen Hang, sich selbst und andere zu kontrollieren, ganz besonders auf sexuellem Gebiet.

Verständlicherweise redeten Molly und Jim nie über ihre sexuelle Beziehung beziehungsweise Nicht-Beziehung, und so gaben sich beide der Illusion hin, daß das Ganze normal, wenn auch unbefriedigend sei.

Als Molly an ihrer Co-Abhängigkeit arbeitete, veränderte sich die Situation allmählich. Ihr wurde klar, daß ihr extremes Bedürfnis nach Bestätigung von außen sie jeglichen Selbstbewußtseins, jeglicher Verbindung mit ihrem Selbst beraubte. Gleichzeitig richtete sie mit diesem Verhalten bei ihren Mitmenschen Verwirrung an, denn niemand wußte, wer Molly eigentlich war. Während Mollys Genesung setzte ein langwieriger Prozeß der Selbstfindung ein, sie versuchte herauszubekommen, was sie wollte oder nicht wollte und was ihr wichtig war. Sie verlegte den Schwerpunkt ihrer Kontrollversuche, gerecht zu sein, auf andere Menschen – während sie diese früher zwischen sich und anderen gerecht aufgeteilt hatte – und fing an, sich durchzusetzen. Sie lernte, nein zu sagen, wenn sie etwas nicht wollte, und übertrieb es sogar einige Zeit lang mit ihrem ablehnenden Verhalten, allerdings nur, um sich daran zu gewöhnen.

Als Molly ihre Co-Abhängigkeit als ihre Krankheit annahm, gelang es ihr auch, die Verantwortung für sich selbst zu tragen. Sie war Feministin und hatte viel Energie in frauenspezifische Ziele und Interessen gesteckt. Jetzt erkannte sie, daß ihre Konzentration auf »das da draußen« einen Versuch darstellte, andere zu ändern, und es lediglich Ausdruck ihrer Krankheit der Co-Abhängigkeit und der Kontrolle war. Auf diese Weise hatte sie bisher den mühevollen Kampf um ihre Selbstfindung, die Suche nach ihrer eigenen Kraft und Identität vermieden. Paradoxerweise entwickelte Molly ein stärkeres Selbstwertgefühl, fühlte sich mächtiger und weniger als Opfer, sobald sie die Co-Abhängigkeit als ihre eigene Krankheit sah und die Verhaltensmuster erkannte, mit denen sie sich in das Suchtsystem eingefügt und es damit ungewollt unterstützt hatte. Ihr wurde klar, daß es in ihrer Macht stand, das System zu ändern, wenn sie zunächst von ihrer Krankheit genesen könnte. Plötzlich konnte sich Molly mit positiven Augen sehen, und ihr Leben schien ihr durchaus handhabbar.

Mit ihrer Entwicklung veränderte sich auch Mollys Familienleben. Mittlerweile war sie nicht jederzeit bereit, mit ihrem Mann ins Bett zu gehen, wenn sie gar nicht wollte, und das vermittelte ihr ein angenehmes Gefühl. Natürlich blieben ihre Veränderungen nicht ohne beträchtliche Auswirkungen auf die Dynamik der innerfamiliären Beziehungen; in dieser einst so »normalen«, ruhigen Familie kam es plötzlich zu Unruhen. Da Molly diejenige war, die sich für die Veränderung entschieden hatte, warf ihr Jim oft die »Krankheit« in der Familie vor. Glücklicherweise war ihre Genesung von der Co-Abhängigkeit bereits so weit fortgeschritten und fand so viel Unterstützung bei ihren zahlreichen, ebenfalls genesenden Freunden, daß sie die Vorwürfe, für den Umsturz in ihrer Familie verantwortlich zu sein, nicht akzeptierte.

Mit einemal geriet Mollys Welt in Aufruhr. Eine ihrer Töchter gestand ihr eine inzestuöse Beziehung zu ihrem Bruder. Die Familie handelte daraufhin sofort und suchte sich die für die Beschäftigung mit diesem familiären Trauma notwendige Hilfe. Molly selbst ist fest davon überzeugt, mit ihrer eigenen Genesung von der Co-Abhängigkeit die Vorarbeit dazu geleistet zu haben, daß dieses Problem ans Tageslicht kam und nun von der ganzen Familie getragen wird. Zu diesem Zeitpunkt hatten alle ihr Verleugnungssystem auf mehreren Ebenen durchbrochen.

Doch während sich nun jeder mit der Dynamik innerhalb der Familie und den sexuellen Problemen beschäftigte – sowohl jeder für sich als auch alle gemeinsam –, entdeckte Molly, daß unter ihrer »Co-Abhängigkeit« noch irgend etwas anderes schwelte. Was sie da tief in ihrem Inneren fand, beschrieb sie als »sexuelle Magersucht« und bezeichnete es als Sexsucht.

Molly ist vom Sex besessen. Sie denkt unaufhörlich daran. Sie empfindet Sex als unheimlich, abstoßend, schmutzig und widerlich. Sie verwendet viel Zeit darauf, sexuellen Kontakt mit ihrem Mann zu umgehen. Molly vermutet sogar, daß sie inzwischen eine Arbeitssucht entwickelt hat, um Sex zu vermeiden (»zu müde«, »muß arbeiten« et cetera).

Einerseits möchte Molly auf Männer erotisch und attraktiv *wirken*, andererseits jedoch möchte sie nicht sexuell *sein*. Man könnte Molly sogar als prüde »Anmacherin« bezeichnen. Sobald sich ihr ein Mann auf irgendeine Weise nähert, sexualisiert sie die Situation und ist überzeugt, daß er nur das eine von ihr will. Molly hat Angst vor Männern, vor Sex, und ihre eigene Sexualität flößt ihr Furcht ein. Früher hätte man Molly als frigide bezeichnet. Unglücklicherweise aber berücksichtigte der Begriff »Frigidität« und das mit ihm verbundene Konzept – wie übrigens viele der gängigen psychologischen Begriffe – nicht die Suchtproblematik.

Heute glaubt Molly, ihre sexuelle Süchtigkeit sei ihr eigentliches Problem. Sie glaubt außerdem, ihre Co-Abhängigkeit habe ihre Sexsucht zugedeckt, und mit der hätte sie sich möglicherweise nie beschäftigt, wenn sie nicht genau diese Co-Abhängigkeit in Angriff genommen hätte. Molly schämt sich sehr für ihre Sexsucht, während sie ihre Co-Abhängigkeit bei weitem akzeptabler empfindet.

Im Grunde genommen, erklärt Molly, wäre es leichter gewesen, weiterhin das »Opfer« der Verstöße ihres Mannes zu sein und ihn als Schuldigen hinzustellen. Jetzt weiß sie, daß sie an einer fortschreitenden Krankheit leidet, von der sie genesen kann. Heute sagt Molly entschieden: »Daß ich die Verantwortung für meine sexuelle Magersucht übernehme, heißt nicht, daß nicht auch Jim in irgendeiner Form sexuell süchtig ist; schließlich haben wir uns ja beide gefunden, nicht wahr? Ich weiß nur, daß ich in mir eine Form der Sexsucht aufgedeckt habe, die mein Leben zerstört. Jim ist nicht mein Problem (gar nicht schlecht gesagt für eine genesende Co-Abhängige). Er muß an sich selber arbeiten und herausfinden, unter welcher Form des Suchtprozesses er leidet. Das kann ich ihm nicht abnehmen.«

Jedesmal, wenn Molly über den Schmerz spricht, den ihr diese sexuelle Anorexie bereitet, wird mir klar, daß sie von einer ernsten, fortschreitenden Sucht spricht.

Molly steckte in einem extremen Verleugnungsprozeß, was Sexualität anging, und war so verwirrt und doch gleichzeitig besessen von ihrer eigenen Sexualität, daß sie gar nicht in der Lage war, die Vorgänge in ihrer Familie zu registrieren. »Obwohl ich mich selber nicht als Ursache für das Ganze sehe, weiß ich, wie sehr mich meine sexuelle Magersucht für die Realität blind gemacht hat.« Mollys Angst vor Sexualität hatte ein solches Ausmaß angenommen, daß sie sich weigerte, auch nur irgendeinen sexuellen »Hinweis« in ihrer Familie wahrzunehmen. Hinzu kam ihre Neigung, alles und jedes zu sexualisieren; infolgedessen vermochte sie ihrer Wahrnehmung nicht zu trauen, sobald sich in der Familie irgend etwas Sexuelles abspielte – also ignorierte sie es. Verleugnung ist ein Merkmal von Sucht. Sexuelle Verleugnung ist ein Merkmal von Sexsucht.

Wie bei fast allen Magersüchtigen wuchs Mollys Isolation, da sie glaubte, ihre Krankheit verstecken zu müssen. Gleichzeitig reagierte sie jedoch mit Besessenheit auf jede Angelegenheit, die mit ihrer Anorexie zusammenhing – und beides, Isolation und Besessenheit, sind Suchtmerkmale. Eigentlich wollte Molly attraktiv wirken, doch trotzdem verwandte sie viel Mühe darauf, sich nicht verführerisch zu kleiden. Mit solchen Gedanken beschäftigte sie sich unentwegt, so daß ihr Leben letztendlich vollkommen davon beherrscht war.

Molly suchte nie sexuellen Kontakt zu ihrem Mann. Sie wollte nicht enthaltsam sein, sie wollte nur keine sexuelle Nähe. Sie bewegte sich niemals auf ein Ziel hin, sie suchte nur allem Sexuellen zu entgehen. Infolgedessen trieben ihre Unehrlichkeit und ihr Kontrollbedürfnis reiche Blüten.

Molly mußte sich nun auch mit ihrem alten, gehässigen Freund Perfektionismus herumschlagen. Wenn sie bloß den *richtigen* Partner unter den *richtigen* Umständen mit den *richtigen* Gefühlen treffen würde, dann vielleicht hätte sie ihren Spaß am Sex. Aber letztendlich landete sie immer wieder bei dem alten Gefühl des Abscheus.

Inzwischen wußte Molly, daß es ihre Mutter war, die ihr den Glauben vom abstoßenden und schmutzigen Sex vermittelt und daß ihre Religion diesen Glauben gefestigt hatte; Molly war auch klar, daß sie in einer Gesellschaft lebte, die alles sexualisiert. Doch durch ihre bereits im Zusammenhang mit der Co-Abhängigkeit geleistete Genesungsarbeit wußte sie auch, daß sie es hier mit einem tiefsitzenden Suchtprozeß zu tun hatte, der als solcher behandelt werden mußte.

Dennoch gehört Molly zu den glücklichen Menschen. Durch ihre Bemühungen, von der Co-Abhängigkeit zu genesen, war sie in der Lage, ihre Sucht zu benennen und mit einem Zwölf-Schritte-Programm in bezug auf ihre »sexuelle Anorexie« zu beginnen. Sie bat mich ausdrücklich, ihre Geschichte aufzuschreiben, da sie weiß, wie verbreitet diese Form sexueller Süchtigkeit ist, während in der gängigen Literatur hauptsächlich von den spektakulären Aspekten der Sexsucht die Rede ist. Als Feministin fragte Molly mich, ob es möglich sei, daß das Hauptinteresse auf den ausagierenden Aspekten läge, weil diese Merkmale vor allem bei Männern zu finden seien. Vielleicht, ich weiß es nicht. Ich bin nur sicher, daß Männer und Frauen von sexueller Magersucht betroffen sind, die darunter leiden und die auf Sex fixiert sind. Man kann ihnen helfen, wenn sie nur erkennen, daß sie an einer sexuellen Sucht leiden, von der sie genesen können.

Die beschriebene Form der Sexsucht ist zugegebenermaßen weniger dramatisch als die des sexuellen Ausagierens, aber dennoch sind Mollys Schmerz und Leid echt. Oberflächlich betrachtet sieht es so aus, als sei lediglich Mollys Leben durch diese Krankheit betroffen. Aber das stimmt nicht. Denn ihre Sucht hat die Beziehung zu ihrem Mann, ihren Kindern und anderen Menschen in ihrem Umkreis beeinträchtigt. Molly war in ihrem inneren Konflikt gefangen, und ihre Angst davor hatte krankhafte Ausmaße angenommen, so daß sie nicht mehr wahrnahm, was in ihrer Familie passierte. Ihr zwanghaftes sexuelles Verhalten machte es ihr unmöglich, eine nahe, vertraute Beziehung mit Männern oder Frauen einzugehen. Erst mit Hilfe des Zwölf-Schritte-Programms für Sexsüchtige fand sie Unterstützung und Genesung. Für Molly gibt es Hoffnung.

Sucht nach sexuellen Phantasien

Julian ist ein Mann von Mitte Dreißig. Er strahlt eine schüchterne, angenehme Robustheit aus, die von einem traurigen, wehmütigen Blick in seinen Augen begleitet wird. Als er mir zum erstenmal begegnete, hatte ich den Eindruck, als liege die gesamte Last der Welt auf seinen Schultern. Er nahm an einem meiner Workshops teil, setzte sich etwas außerhalb unserer Runde, wirkte schüchtern und introvertiert, obwohl er eigentlich zu den Leuten gehörte, die auf andere anziehend wirken. Während wir uns der Reihe nach vorstellten, fiel mir auf, daß er mit angespanntem Körper dasaß, die Hände verzweifelt rang und noch weitere Anzeichen von nervöser Unruhe erkennen ließ. Als er an der Reihe war, platzte er mit seinem Namen heraus, sagte, er sei aus Montana, und fügte hinzu, er sei sexsüchtig und wolle, daß wir es alle von vornherein wüßten. Dann meinte er: »Puh, jetzt hab' ich's hinter mir und kann mich entspannen. Außer den Leuten in meiner Gruppe für Sex- und Liebessüchtige habe ich das bisher noch niemandem gesagt. Ich möchte hier an meiner Sexsucht arbeiten und wollte von Anfang an dazu stehen.«

Dieser Intensiv-Workshop fand vor einigen Jahren statt, als der Begriff Sexsucht noch relativ unbekannt war, und natürlich war die Überraschung, die diese Äußerung bei den übrigen Männern in der Gruppe hervorrief, nicht zu übersehen. Ich ahnte (und dies sollte sich später bestätigen), daß Julians Geständnis sofort Phantasien auslöste: »Was in aller Welt macht er denn?« – »Mißbraucht er kleine Mädchen (oder Jungs)?« – »Sind wir in dessen Gegenwart gut aufgehoben?« – »Das muß ein richtig ›Kranker‹ sein.« – »Ist seine Sucht ansteckend?« Was soviel bedeutet wie: »Müssen wir aufgrund seiner Sucht vielleicht jetzt bei uns nachforschen, ob wir ebenfalls sexsüchtig sind?« Ich hätte schwören können, daß sich hinter den Masken ruhiger Gelassenheit einiges abspielte.

»Julian«, sagte ich, »wären Sie bereit, uns noch einiges über Ihre Sexsucht und ihre Auswirkungen auf Sie mitzuteilen?« – »Ja«, erwiderte er, »obwohl es nicht leicht ist, darüber zu reden. Aber ich fühle mich sicher in dieser Gruppe und habe das dringende Bedürfnis, über diese Sucht zu reden und an ihr zu arbeiten, damit ich genesen kann. Ich bin so verzweifelt, daß ich zu fast allem bereit bin. Ein Mitglied meiner Gruppe meinte, daß mir einer Ihrer Intensiv-Workshops vielleicht helfen könnte, also bin ich hier.«

Dann begann er, seine Geschichte zu erzählen. Julian war glücklich verheiratet und Vater eines Kindes, das er innig liebte. Die Beziehung zwischen ihm und seiner Frau sei gut, sagte er, und sexuell und emotional sei er nie untreu gewesen. Trotzdem steuerte er jetzt auf einen Punkt zu, an dem seine sexuelle Süchtigkeit ihn und seine Ehe zu zerstören drohte.

Julian war von sexuellen Phantasien abhängig. Schon als Junge beschäftigten ihn diese Phantasien, die er als faszinierend und erregend empfand. Er war ein schüchterner Jugendlicher, dessen sexuelle »Experimentierstadien« sich in Form von Phantasien abspielten. Er verabredete sich selten mit Mädchen, und wenn, dann verhielt er sich »anständig« und »drängte sich nicht auf«. Während seiner Collegezeit traf er sich öfters mit Mädchen, und im allgemeinen empfand er seine Beziehungen zu Frauen als warm, freundschaftlich und herzlich. Er wollte kein »Sexbolzen« sein und verhielt sich auch nicht so. Eigentlich sexualisierte er keine seiner Beziehungen. In dieser Zeit gab er sich seinen sexuellen Phantasien hin und glaubte, er »habe sie unter Kontrolle«.

Julian war fest davon überzeugt, daß sich alles ändern würde, wäre er erst einmal verheiratet (was er fraglos wollte) und hätte seine eigene Familie. Er heiratete, und seiner Ansicht nach führte er eine gute Ehe. Nur erwies sich die Ehe leider nicht als Gegenmittel für seine sexuellen Phantasien. Sie ließen ihn nicht los.

Nun war Julian soweit, daß er glaubte, er sei »machtlos über seine sexuellen Phantasien, und er könne sein Leben nicht mehr meistern«. Er bat die Gruppe, ihn ernst zu nehmen und den Schmerz, den ihm seine Sucht bereitete, nicht abzutun. Julian berichtete weiter, daß ihm das fortschreitende Ausmaß seiner Krankheit bewußt sei. Seine früheren sexuellen Phantasien seien geradezu milde und – wie er es ausdrückte – »harmlos« gewesen. Im Laufe der Jahre waren sie immer gewaltsamer geworden, bis zu einem Grad, der ihm angst machte und ihn befürchten ließ, er könnte sie ausleben, anderen gegenüber gewalttätig werden oder sich selbst verletzen oder umbringen. Julian hatte sich oft geschworen, diese Phantasien zu verdrängen, aber es gelang ihm nicht. Mittlerweile hatte er Tausende von Dollars in Therapien gesteckt, und, so gestand er, sie alle hätten sich nicht nur als erfolglos erwiesen, sondern inzwischen sei ihm sogar unwohl dabei, da sich die Therapeuten seinem Geschmack nach zu sehr mit den *Details* dieser sexuellen Phantasien beschäftigten. Seiner Ansicht nach hatte die Krankheit ein Stadium erreicht, in dem sie ihm auf verschiedene Weisen gefährlich wurde. Er befürchtete nicht nur, er könnte seine Phantasien realisieren; vielmehr nahmen sie ihn derart gefangen, daß er vor kurzem einen schweren Autounfall verursacht hatte, der nicht nur ihn, sondern auch andere das Leben hätte kosten können. Mit einem verzweifelten Blick in den Augen flehte er die Gruppe an zu verstehen, wie ernst dies alles für ihn sei. Aber unter den Anwesenden im Raum gab es nicht einen, der Julians Gefühle nicht nachempfinden konnte, auch wenn seine Geschichte so gar nicht in unser Bild von dem paßte, was wir uns unter Sexsucht vorstellten.

Neben diesem Unfall hatte Julians Sucht noch andere Auswirkungen auf sein Leben. Er hatte diese Phantasien längst nicht mehr unter »Kontrolle«, und so wirkten sie sich nachteilig auf seinen Beruf aus. Manchmal ging er überhaupt nicht zur Arbeit und schlich allein durch die Gegend, um sich seinen Phantasien hinzugeben. Auch seiner Familie widmete er weniger Zeit. Er simulierte irgendeine Krankheit oder

Kopfschmerzen, damit er allein sein und phantasieren konnte. Die Tränen liefen ihm über die Wangen, als er erzählte, warum er möglichst wenig Zeit mit seinem Kind verbrachte: Er fühlte sich schlecht und unrein – und er wollte seinen Phantasien nachgehen.

Wir hörten diesem Mann zu, und uns allen leuchtete ein, wie machtlos er seinen sexuellen Phantasien gegenüberstand, und daß er sein Leben tatsächlich nicht mehr meistern konnte. Er litt, und zwar sehr. Julian bemühte sich, eine für ihn normale sexuelle Beziehung zu seiner Frau aufrechtzuerhalten, aber er fühlte sich dabei so mies und »verrückt«, daß sich diese Vorspiegelung von selbst als unmöglich erwies. Wir spürten seinen Schmerz und glaubten ihm. Julian litt an einer fortschreitenden verhängnisvollen Krankheit, die bereits das chronische Stadium erreicht hatte. Er war ein Sexsüchtiger und das, obwohl er nie etwas getan hatte, was normalerweise als Sexsucht eingestuft wurde. Und doch zerstörte die Sucht sein Leben, und Julian wußte es.

Als ich Julian kennenlernte, arbeitete er an einem strengen Zwölf-Schritte-Programm und hatte einen guten Sponsor. Er wußte, daß er jede nur erdenkliche Hilfe benötigte, und dazu zählten für ihn die Anerkennung und Akzeptanz seiner Sucht durch andere Menschen. Diese Erwartung war in seiner Gruppe für Sex- und Liebessüchtige (SLAA) erfüllt worden. Nun, da er sich mit den subtileren Aspekten seines Suchtprozesses beschäftigte, war er bereit, seine Geschichte mit anderen Gruppen zu teilen, die nach dem Zwölf-Schritte-Programm vorgingen. Julian befindet sich auf dem Weg der Genesung. Der erste Schritt bestand darin, sein Verleugnungssystem zu durchbrechen und die Krankheit zu benennen.

Auch was Julian beschrieben hat, ist eindeutig Sexsucht. Und obwohl es dem ersten Anschein nach mit unserer Vorstellung von Sexsucht wenig gemeinsam hat, befand er sich bereits im chronischen Stadium der Krankheit.

Julian war in zunehmendem Maße unehrlich geworden, seiner Familie, seinen Freunden, seinem Arbeitgeber und sich selbst gegenüber. Seine Isolation nahm zu, und seine Fähigkeit, sich und die Familie zu stützen, war ernsthaft gefährdet. Die Tatsache, daß er seine Phantasien nicht mehr zu »kontrollieren« vermochte, hatte zu starken Depressionen und Gewichtsverlust geführt; er »vergaß«, regelmäßig zu essen.

Er befürchtete, seinen Job, seine Frau und sein Kind zu verlieren. Und diese Ängste waren durchaus nicht unrealistisch. Seine Denkmuster hatten zwanghafte und paranoide Formen angenommen, und seine Gefühle und Verhaltensweisen waren allmählich kaum noch nachvollziehbar. Trotzdem hatte er eigentlich nichts »gemacht«, und daher lag ihm der Gedanke, er könne sexsüchtig sein, lange Zeit fern. Infolgedessen empfand Julian die Benennung seiner Krankheit als ungeheure Erleichterung. Seine Geschichte ließ keinen Zweifel an der fortschreitenden tödlichen Natur seiner Krankheit. Im Gegenteil, Julian war der lebende Beweis dafür, daß diese Form sexueller Sucht ebenso zerstörerisch ist wie andere Formen. Julian war wirklich »ganz unten« angelangt und jetzt auf dem Weg, wieder herauszukommen.

Meiner Ansicht nach sollten wir eine Einsicht aus Julians Geschichte gewinnen: Sexsucht muß nicht notwendigerweise Beziehungssucht sein. Vielleicht wird Sexsucht in Suchtbeziehungen abreagiert, aber eigentlich folgt die Sexsucht ihren eigenen Regeln. Es bedarf nicht unbedingt einer anderen Person oder eines Objekts. Sexsucht wirkt sich sogar häufig nur auf den Betroffenen selbst aus. Zwar reagieren viele Menschen ihre Sucht bei ihren Mitmenschen ab, oft sogar an unschuldigen Personen, aber Tatsache ist, daß die Sucht an sich keinen anderen braucht, um zu existieren. Sexsüchtige leben ihre Krankheit nicht immer nach außen aus. Aber sie vernachlässigen immer ihr Selbst, auch wenn es so aussieht, als wären sie völlig selbstbezogen. Wie bei anderen Suchtformen auch sind die Betroffenen von bestimmten Gefühlen, dem Bewußtsein für ihr Selbst und dessen Bedürfnissen abgeschottet. Schließlich liegt das Ziel jeder Sucht darin, jeglichen Kontakt zum Selbst zu unterbinden. Sexsüchtige stumpfen zusehends ab und brauchen – wie andere Süchtige auch – eine immer größere »Dosis«, um an ihren »Kick« zu kommen. In dieser Hinsicht besteht kein Unterschied zwischen der Abhängigkeit von sexuellen Phantasien und anderen sexuellen Suchtformen.

Zölibat als Sexsucht

Alex ist seit vielen Jahren katholischer Priester. Er gilt als ein Geistlicher, der sich mit großem Einsatz um die Ureinwohner Zentralamerikas verdient gemacht hat. Und er ist voller Überzeugung seiner Priesterwürde und der Kirche zugetan. Für ihn bedeutet dies, daß er das Gelübde der Ehelosigkeit abgelegt hat und somit unverheiratet bleiben muß. Unglücklicherweise ist dieses Versprechen keine leichte Aufgabe für ihn. Er leidet enorm unter seinem Zölibat und unter seiner Sexualität. In Wirklichkeit ist Pater Alex von seiner Sexualität und seinem Zölibat besessen.

Pater Alex hat bereits zwei Affären mit Frauen aus seiner Pfarrgemeinde hinter sich. Obwohl er beide Frauen liebte, brach er die Beziehungen ab und litt unter quälenden Schuldgefühlen. Alex erklärte mir ausführlich, wie schwer die Ehelosigkeit für ihn sei; obwohl er sich nach einer irgendwie gearteten sexuellen Lebensform sehnte und sie vermißte, akzeptierte er mittlerweile, daß ihm die Ehelosigkeit zeitlebens einen mühevollen Kampf abverlangen würde. Seiner Ansicht nach taten sich andere Menschen mit dem Zölibat genauso schwer; so war es eben.

Natürlich fragte ich ihn, ob er jemals darüber nachgedacht hatte, den Zustand der Ehelosigkeit aufzugeben. War er überhaupt dazu bereit, verschiedene Wahlmöglichkeiten in Betracht zu ziehen? Er antwortete mit einem Nein (ein Zeichen von Sucht) und wiederholte, ein Leben im Zölibat sei für jeden schwierig. Ich gab ihm zu bedenken, daß mir viele Leute bekannt waren, deren innerer Prozeß sie zu einem Punkt geführt hatte, an dem sie problemlos zölibatär leben konnten; für diese Leute war dies anscheinend kein Thema. Vielleicht sei es gar nicht möglich, sich für das Zölibat zu »entscheiden« und davon auszugehen, der Körper und das Wesen würden sich dieser Wahl einfach anschließen.

Pater Alex hatte sich für das Zölibat entschieden und anschließend versucht, seinen Körper diesem Diktat zu unterwerfen. Folglich war sein Leben von dem ständigen Widerstreit beherrscht, einerseits unverheiratet zu bleiben und andererseits die sexuellen Phantasien auszuhalten, die seiner Ehelosigkeit unaufhörlich den Kampf ansagten. Er verbrachte viel Zeit damit, wie besessen über dieses Problem nachzudenken und seine sexuellen Gefühle unter Kontrolle zu halten. Als er mich aufsuchte, war sein Leben zwanghaft und qualvoll. Sein »Ringen« mit der Sexualität beherrschte ihn Tag und Nacht. Aus Pater Alex war ein sexuell abhängiger Mensch geworden, dessen Leben von sexuellen Gefühlen dominiert wurde. Bei unserer ersten Begegnung war er deprimiert und ohne jegliche Hoffnung. Er war voll Angst, ob er seine Ehelosigkeit aufrechterhalten könnte, und stand gleichzeitig vollkommen im Bann seines Kampfes. Seine Sexualität war der Dreh- und Angelpunkt seines täglichen Lebens, er hatte die Grenze von der Phantasie zur Sucht überschritten. Doch anstatt sein »Ringen« auf eine für ihn erträgliche Weise zu lösen, hatte er sich davon in Besitz nehmen lassen.

Es war unschwer zu erkennen, daß Alex von einer fortschreitenden Krankheit erfaßt war. Seine Arbeit litt darunter; seine Beziehungen blieben davon nicht verschont (er schämte sich so sehr); sein Gesundheitszustand verschlechterte sich; und er war ständig deprimiert und ängstlich. Alex selber sah keinen Ausweg aus seinem Dilemma. Er hielt es für ausgeschlossen, daß ein Priester eine Gruppe der SLAA aufsuchen könnte. Er fühlte sich in seiner Krankheit gefangen – und war es tatsächlich. Alex war das Opfer seines Glaubenssystems und sah keinen Ausweg. Seine Denkmuster waren in zunehmendem Maße verwirrt und verdreht, er selber empfand sich als paranoid und mißtrauisch. Alex hatte einen Grad von Verzweiflung erreicht, wo sein gesamtes Leben sich nur noch um einen Punkt drehte – seine Sexsucht. Letztendlich konnte ihm kein noch so starker Glaube, keine

»Psychologisierung« helfen; er mußte sich mit seiner Sucht konfrontieren. Alex hatte jeglichen Kontakt zu seiner eigenen spirituellen Basis sowie zur spirituellen Basis seiner Arbeit verloren. Da er Sexualität und Zölibat als Dualismus sah, schwankte er permanent zwischen diesen beiden hin und her. Wer Alex kannte, konnte sein Problem klar sehen, nur ihm selber war nicht bewußt, wie machtlos er über seine Sexsucht war. Sein Leben war wirklich an einem toten Punkt angelangt.

Masturbation als »Kick«

Leslie masturbierte seit ihrer frühen Kindheit. Ganz zufällig war sie auf die »tollen Gefühle« gestoßen, und seitdem war Masturbation eine Quelle des Wohlbefindens für sie geworden. Leslie betrachtete ihre »Masturbationszeit« als persönlichen Freiraum, als Zeit, in der sie ganz bei sich selbst sein konnte. Obwohl sie sich als sexuell aufgeschlossene Frau empfand und sogar regelmäßig Geschlechtsverkehr mit einem Partner hatte, war es einzig und allein die Masturbation, um die sich ihr Sexualleben drehte. Als Leslie allmählich erkannte, daß ihr Masturbationsverhalten regelrecht exzessive Züge annahm, lieferte sie sich eine rationale Erklärung: Sie wollte sexuell von niemandem abhängig sein, wollte »für sich selbst sorgen«, unabhängig von irgendeinem Sexualpartner. Gleichwohl machte sie sich mittlerweile Sorgen, da sie ihr Masturbationsverhalten nicht mehr unter Kontrolle hatte, sondern umgekehrt sie davon kontrolliert wurde. Und obwohl sie ihr Gewissen mit dem Argument beruhigte, es müsse niemand unter ihrer sexuellen Besessenheit leiden, wurde ihr doch bewußt, daß *sie* darunter litt. Anfangs hatte sie nur zu Hause, in ihrer Freizeit masturbiert. Dann probierte sie es bei anderen Gelegenheiten: beim Autofahren, in öffentlichen Toiletten, im Kino, bei der Arbeit am Schreibtisch. Im Verlauf von Leslies Bericht wurde deutlich, welche Entwicklung ihre Krankheit genommen hatte. Sie war von sexuellen Aktivitäten, die im allgemeinen als normal gelten konnten, zu Verhaltensweisen übergegangen, die ihr Leben immer größeren Risiken aussetzten. Bei einigen Autofahrten entging sie während des Masturbierens nur haarscharf einem Unfall; und obwohl solche Situationen den Kitzel und die Erregung steigerten, mußte sie zugeben, daß sie auf diese Weise ihr Leben aufs Spiel gesetzt hatte. Ähnlich verhielt es sich mit ihrer Arbeit: Sie ertappte sich dabei, wie sie während der Arbeitszeit immer häufiger zur Toilette ging, und merkte gleichzeitig, wie ihre Arbeit darunter litt. Sie experimentierte damit herauszufinden, wie weit sie mit dem Onanieren, an ihrem Schreibtisch sitzend, gehen konnte. Sie fand es aufregend, Orgasmen im Beisein von anderen zu erleben, wenngleich ihr auch bewußt war, daß sie sich auf einer ständigen Gratwanderung befand. Neben diesen ständigen Masturbationsaktivitäten kreisten ihre Gedanken darum, wann sich die nächste Gelegenheit bieten würde. Sobald sie nicht masturbierte, überlegte sie fieberhaft, wie und wann sie es das nächste Mal bewerkstelligen könnte.

Leslie erkannte, daß ihr Leben außer Kontrolle und die Masturbation zum zentralen Lebensinhalt geworden war. Sie sagte Verabredungen mit ihren Freunden ab, damit sie »allein« sein konnte, und mußte feststellen, daß die angeführten »Gründe« für ihr Alleinsein nicht der Wahrheit entsprachen; ihr Leben engte sie ein und isolierte sie. Inzwischen wußte Leslie, daß etwas nicht in Ordnung war, und suchte Hilfe. Da viele ihrer Freunde aktiv in der Zwölf-Schritte-Bewegung mitarbeiteten, erzählte sie einigen ihre Geschichte und nahm deren Vorschlag an, ein Treffen für Sex- und Liebessüchtige zu besuchen. Leslie ging nun regelmäßig zu einer Gruppe, fand eine Sponsorin, arbeitete nach einem Zwölf-Schritte-Programm und akzeptierte im Rahmen eines Therapieplans den Verzicht auf die Masturbation.

Anfangs schien sich alles zum Besten zu wenden, doch dann bemerkten Leslies Freunde alte Verhaltensmuster: Isolation, Unehrlichkeit, Schwindelei, Zerstreutheit, Verlust jeglichen Kontaktes mit ihren Gefühlen und Ausweichmanöver. Sie teilten Leslie ihre Befürchtung mit, worauf diese ziemlich wortgewandt erwiderte, sie arbeite doch streng nach ihrem Programm, suche regelmäßig ihre Sponsorin auf und verzichte auf Masturbation. Sie protestierte gegen die Auffassungen ihrer Freunde und sagte, sie sei »nüchtern«, was ihre Sexsucht anginge. Ihre Freunde ließen dennoch nicht locker und erklärten ihr, daß ihr Abwesendsein nicht zu übersehen sei und sie genauso isoliert und in sich gekehrt wirke wie früher. Plötzlich brach Leslie in Tränen aus und sagte, sie fühle sich noch immer »verrückt« und besessen. Sie hatte nicht mehr masturbiert, sich dafür aber sexuell ausgiebig mit irgendwelchen Partnern vergnügt. Leslie hatte lediglich die Sucht gewechselt. Das Ganze äußerte sich weiter in Form einer sexuellen Süchtigkeit, nur »hatte sich das Wasser einen neuen Weg gebahnt«. Im ›Blauen Buch‹ der Anonymen Alkoholiker wird diese Krankheit als tückisch, verwirrend, machtvoll und geduldig bezeichnet. Was hinter diesen Worten steckt, mußte Leslie nun am eigenen Leib erfahren. Indem sie auf die Masturbation verzichtete, konnte sie sich »vormachen« (Verleugnung), sie sei »nüchtern« in bezug auf ihre Sexsucht. Doch das stimmte nicht, sie hatte lediglich die Ausdrucksform gewechselt. Manche Menschen wechseln einfach nur die Sucht und werden abhängig von Essen, Arbeit oder Beziehungen; Leslie dagegen war zu einer anderen Form sexueller Abhängigkeit übergegangen, die dort angesetzt hatte, wo die bisherige (Masturbation) aufhörte. Aber die Krankheit nahm weiter ihren Lauf. Leslie steckte noch immer aktiv in ihrer Sexsucht.

Gleichwohl hatte Leslie Glück. Sie war von Freunden umgeben, die scharfsinnig den Sucht- *und* den Genesungsprozeß verfolgten. Sie registrierten Leslies anfängliche Besserung und den darauffolgenden schnellen Rückfall. Sie kümmerten sich um sie, da sie selber das Zerstörerische dieser Krankheit kannten. Sie teilten Leslie ihre Besorgnis mit, und sie hörte zu. Sie hörte sogar sehr genau zu und befindet sich jetzt wirklich auf dem Weg zur Genesung.

In meiner Darstellung von Fallbeispielen sind wir hier an dem Punkt angelangt, den Carnes als Stufe eins bezeichnen würde. (Dennoch kann auch bereits die Vorstufe eins – wie wir soeben sehen konnten – ernsthaft und tödlich sein.) Leslie war vom Masturbieren abhängig. Und doch leidet sie – ebenso wie Molly und Julian – an einer Sexsucht, die sie quält. In dieser Hinsicht besteht kein Unterschied zu den dramatischeren Fällen, die wir normalerweise unter die Kategorie Sexsucht fassen würden. Früher glaubten wir, der typische Alkoholiker sei der Säufer auf der Straße. Auf diesem Verständnisniveau befinden wir uns heute noch, wenn von Sexsucht die Rede ist. Nur wissen wir heute, daß die Hausfrau, die allein vor sich hin trinkt, genausosehr der Genesung bedarf wie der Straßensäufer oder der Alkoholiker, der seine Sucht offen auslebt. Eine sexuell magersüchtige Frau ist innerlich genauso verzweifelt wie der Kindesmißhandler oder derjenige, der eine Notzucht begeht. Vielleicht fügt sie mit ihrem Verhalten der Gesellschaft nicht allzuviel Schaden zu, und doch ist es für *sie* gefährlich. Im folgenden möchte ich Ihnen noch ein paar andere Formen der Sexsucht vorstellen.

Körperliche Begierde – eine weitere Sucht: viele Frauen, viele Geliebte und kein Frieden

Andy war Arzt. Als er Mitte Fünfzig war, gestand er sich endlich ein, daß seine Begierde nach sinnlichen Erlebnissen die Form einer Sucht angenommen hatte. Er war in einer Alkoholikerfamilie groß geworden und hatte sich als Alkoholiker bezeichnet, lange bevor er sich zu seiner Sexsucht bekannte. Obwohl er seit einiger Zeit nicht mehr trank, hatte er nie an einem Therapieprogramm teilgenommen; man konnte ihn daher zwar als »trocken«, nicht aber als nüchtern bezeichnen.

Andy war auf eine sonderbare Weise attraktiv. Er hatte einen gutgebauten Oberkörper, der auf spindeldürren, gebogenen Beinen saß, was seiner Gestalt einen leicht deformierten Ausdruck verlieh. Er wirkte groß, obwohl er in Wirklichkeit relativ klein war, und er verströmte einen Charme, der sich wohl am besten als Sex in reinster Form umschreiben läßt. Bei der ersten Begegnung hinterließ er bei den meisten Leuten den Eindruck, als wäre er ein erfahrener, kluger Mensch; wer ihn dann jedoch längere Zeit kannte, mußte einsehen, daß er Zeuge eines perfekten »Betrugs« geworden war. Aber Andy wechselte seine Ehefrauen, Partnerinnen, Freundinnen und Schauplätze so häufig, daß sein »Betrug« nie aufflog.

Andy hatte viele Frauen, Geliebte und Liebesaffären gehabt. Er beherrschte sämtliche gesellschaftliche Konventionen hervorragend und brachte jede Party in Schwung. Für den Alltag war er nicht geschaffen. Andy spürte, daß in seinem Leben nichts stimmte, und stürzte sich daher auf jede neue Psychotherapie, jedes neue Trainingsprogramm oder spirituellen Ansatz. Er schnupperte in jede neue Modebewegung rein und kam schnell wieder davon ab, denn nichts schien von Bedeutung. Völlig verzweifelt verließ er seine Familie, seine Freunde und seine Umgebung, um sich einen Guru zu suchen oder eine spirituelle Theorie, mit deren Hilfe er »seine inneren Dämonen besänftigen« konnte. Er suchte buchstäblich in der ganzen Welt nach der für ihn geeigneten Lösung. Doch obwohl es so aussah, als suche er in seinem Inneren, hielt er doch unentwegt Ausschau nach Antworten, die von außen kamen. Andy kam nie auf die Idee, seiner Sucht nach Wollust als Sucht zu begegnen.

Schließlich nahm er in einem Kloster Zuflucht und fühlte sich sicher. Als er mit mir über sein Leben sprach, zeigte er sich sehr erstaunt über die Tatsache, daß seine sexuelle Gier eine Sucht sei. »Durch meine spirituellen Übungen habe ich jetzt zumindest ein bißchen Frieden gefunden, aber ich wage nicht, das Kloster zu verlassen. Sobald ich in der Stadt bin, ertappe ich mich dabei, wie ich schöne Frauen wollüstig ansehe. Ich werde richtiggehend besessen und verwirrt. Mein Friede und meine Gelassenheit lösen sich dann sofort in Luft auf.« Andy kam mit der Außenwelt nicht zurecht. Und obwohl er seine Sexsucht zu diesem Zeitpunkt nicht mehr auslebte und auch seine Beziehungen nicht mehr durch Affären und kurzlebige Liaisons zerstörte, blieb er doch in vieler Hinsicht ein Gefangener seiner Wollust. Im Grunde genommen hatte er nie eine echte Gelegenheit zu genesen. Andy starb auf dem Höhepunkt seines Lebens in dem Kloster.

Dieser Mann war oft verheiratet, hatte unzählige Geliebte und viele Affären. Er sexualisierte jede Beziehung und wußte genau, wie er Frauen anziehen und ihnen schmeicheln konnte. Er hatte viele Kinder, eheliche und uneheliche, von denen er einige kannte und einige nicht. Andy konnte Beziehungen einzig über Sexualität aufbauen und war, wenn überhaupt, nur mit einigen wenigen Männern befreundet. Und obwohl er es auf dem von ihm gewählten Gebiet zu einer gewissen Kompetenz und Anerkennung gebracht hatte, vermochte er kaum Befriedigung daraus zu ziehen. Andy war ein einsamer Mann.

Andys sexuelle Verhaltensmuster wurden von der Gesellschaft akzeptiert; sie zerstörten jedoch ihn und seine Familie. Er litt an einer fortschreitenden Krankheit und nahm schließlich zu einer recht drastischen Lösungsmethode Zuflucht, um seine Sucht in den Griff zu bekommen. Allerdings gelang es ihm nie, sein Verleugnungssystem, sein verdrehtes Denken völlig zu durchbrechen; im Gegenteil, auf eine äußerst subtile Weise sorgte er bis zum bitteren Ende für Nachschub. Er starb allein, ohne Familie oder Freunde. »Die Flucht vor der Nähe« war ihm wirklich geglückt.

Folgt man Patrick Carnes' Kategorien, ließe sich Andys früheres Leben wohl am ehesten der Stufe eins zuordnen. Später entsprach Andys Verhalten der Vorstufe eins oder war überhaupt nicht mehr in Carnes' Suchtstufen einzuordnen. Und doch war Andy ein aktiver Sexsüchtiger, dessen Krankheit ihn selber und seine Familie schwer beeinträchtigte. Er hatte alles für ihn Menschenmögliche versucht, das »Beste«, was Psychologie, Psychiatrie und Spiritualität anzubieten hatten. Leider wußte er damals nichts über Sexsucht; infolgedessen konnte er sich seiner Krankheit nicht stellen. Als er auf der Suche nach einer Lösung für sein »inneres Chaos« war, gab es noch keinen Namen für diese Krankheit. Wie so viele andere Menschen besaß Andy nie eine echte Chance.

Aufgrund Andys zahlreicher Ehen und Beziehungen läge es nahe, seine Sucht als Beziehungssucht oder als Sex- *und* Beziehungssucht zu bezeichnen. Aber das hieße, Andys Verhalten nicht richtig zu verstehen. Wir müssen etwas genauer hinschauen.

Andy hatte kirchliche Privatschulen besucht und war in dem Glauben aufgewachsen, daß der einzig rechtmäßige Sex der eheliche sei. Um das Recht auf Sex zu erlangen, glaubte er, müsse er verheiratet sein oder zumindest eine Beziehung haben. Also wurde er zu einem wahren Experten im Aufbau von »schnellen Beziehungen«. Er eignete sich all die Techniken an, mit deren Hilfe sich »umgehende Nähe« herstellen ließ. Er wußte, wie man Gefühle vermittelte (obwohl er, wie sich herausstellte, allen die gleichen »Gefühle« vermittelte), konnte zuhören und sich vollkommen auf eine Frau konzentrieren, indem er ihr bedeutete, sie sei der Mittelpunkt des Universums. Auf diese Weise klinkte er sich charmant in ihre Sucht nach Liebe, einer Affäre und/oder einer Beziehung ein. Gleichwohl hatte Andy nur ein Ziel: Er suchte den sexuellen Kontakt.

Hinzu kam noch, daß Andy unglücklicherweise – in bezug auf Frauen – ein Opfer des Dualismus Madonna-Hure war. Ständig befand er sich auf der Suche nach der Madonna (reine Jungfrau), und sobald er glaubte, sie gefunden zu haben, drängte er sie ins Sexuelle (die einzige, ihm geläufige Möglichkeit, eine Beziehung herzustellen und letztendlich an seinen sexuellen »Kick« zu kommen). Gab sie schließlich seinen sexuellen Verführungskünsten nach (und seinem *Wahnsinn,* wie er an einem bestimmten Punkt selbst erkannte), verwandelte sie sich in seiner Vorstellung in die Hure. Er war enttäuscht und suchte sich die nächste.

Beziehungen, Liebe und Romanzen hatten tatsächlich wenig mit dem zu tun, was eigentlich in Andy vorging. Sein Problem war – wie er später einmal sagte – die Wollust. Er war sexsüchtig, und nur ausgehend von dieser Erkenntnis hätte eine Genesung stattfinden können. Wäre seine fortschreitende Krankheit nur einmal beim Namen genannt worden, dann hätte Andy eine Chance gehabt.

Sexsucht und Gewalt

Im allgemeinen gelten in der Öffentlichkeit Tatbestände wie Notzucht, Inzest und sexueller Kindesmißbrauch als Sexsucht. Diese Formen der sexuellen Sucht müssen unter dem Aspekt der Gewalt gesehen werden und stehen mit größter Wahrscheinlichkeit mit kulturellen Problemen in Zusammenhang. Da Patrick Carnes eine ausgezeichnete Beschreibung dieser sexuellen Suchtstufe liefert, möchte ich hier auf die Wiederholung einer bereits vorliegenden guten Diskussion verzichten. Das gleiche gilt für Charlotte Eliza Kasl, deren Buch ›Women and Sex Addiction‹ eine sehr gute Untersuchung zum Thema Frauen und sexuelle Süchtigkeit enthält. Ich möchte an dieser Stelle lediglich noch einige zusätzliche Perspektiven hervorheben.

Inzest und Kindesmißbrauch

Innerhalb unseres Kulturkreises haben sich *Inzest* und *Kindesmißbrauch wie eine Epidemie* ausgebreitet. Ich bin jedesmal wieder überrascht, wenn ich sehe, wie weit verbreitet und wie häufig diese beiden Erscheinungsformen auftreten. Meiner persönlichen Erfahrung nach übertreffen das Vorkommen und die Variationsbreite des Inzests sogar bei weitem die Erkenntnisse in der bisherigen Forschung zu diesem Thema und alle vorhandenen Mutmaßungen über seinen Verbreitungsgrad. In meiner Praxis sind mir Tausende von Frauen begegnet, die mühevoll versuchten, ihre furchtbaren Erfahrungen mit sexuellem Mißbrauch aufzuarbeiten, und zwar Mißbrauch durch genau jene Menschen, denen sie eigentlich am meisten vertrauen mußten: ihren Vätern, Großvätern, älteren Brüdern, Müttern und älteren Schwestern. Jahrelang hielt ich an der Illusion fest, daß nur Mädchen Opfer von Inzest und sexuellem Mißbrauch sind, da dies ihrer Stellung innerhalb unserer Gesellschaft entspricht: Ich bin davon überzeugt, daß Mädchen oftmals als Objekte (Sexobjekte) behandelt werden, die von ihren Mißbrauchern nicht als wirkliche Personen gesehen werden. Als ich schließlich anfing, mit Männern zu arbeiten, mußte ich allerdings lernen, daß auch sie mißbraucht worden waren, und zwar nicht nur von männlichen Erwachsenen (was ich irgendwie schon erwartet hatte), sondern auch von Frauen. Dies war für mich Anlaß, Inzest und sexuellen Kindesmißbrauch in einen größeren Kontext zu stellen und dieses Problemfeld unter dem Aspekt der Sexsucht zu untersuchen; mir scheint diese Sicht am ehesten geeignet, die bereits vorhandenen Informationen zu ergänzen.

Was wissen wir eigentlich über Inzest und Kindesmißbrauch unter dem Gesichtspunkt von Sexsucht? Bei meiner Arbeit mit Männern und Frauen zu diesem Themenbereich sind mir diesbezüglich verschiedene Dinge aufgefallen:

Erstens greift dieses Problem fast seuchenartig um sich. Ich glaube, wir haben nicht einmal eine annähernde Vorstellung davon, wie verbreitet Inzest und Kindesmißbrauch sind. Auch wenn die Teilnehmer an meinen Vorträgen und Workshops kein repräsentatives Sample darstellen, bleibt dennoch eine Tatsache: Sobald dieses Thema in den Gruppen zur Sprache kommt, gibt es nur wenige Frauen, die im frühen Kindesalter *nicht* sexuell mißbraucht wurden, und eine erstaunliche Anzahl von Männern, die mißbraucht wurden.

Nach Ansicht von Experten besteht bei Menschen, die in ihrer Kindheit mißbraucht wurden, die Wahrscheinlichkeit, daß sie selbst sexsüchtig werden und Mißbrauch betreiben. Wenn dies zutrifft, brauchen wir uns über die große Zahl von Leuten nicht zu wundern, die sich selbst als Sexsüchtige identifizieren.

Zweitens wurde mit einer erschreckenden Zahl von Menschen in der Kindheit orale Notzucht betrieben. Bevor ich mit meiner Suchtarbeit begann und über die Gesprächstherapie hinaus dazu überging, was ich die Arbeit mit unserem lebenden Tiefenprozeß nenne, war mir nie ein Fall oraler Notzucht begegnet – sie existierte nur in meiner Vorstellung. Mir war klar, daß Kinder einen »eingebauten« Saugreflex haben und an allem saugen, was ihnen in den Mund gesteckt wird, aber ich hätte mir nicht im Traum vorzustellen vermocht, wie viele Männer und Knaben genau diesen Sachverhalt mit ihrer Sexsucht in Verbindung brachten. Ich arbeitete mit erstaunlich vielen Menschen – meist mit Frauen –, denen diese Erfahrung noch heute körperlich gegenwärtig ist.

Drittens sind Sexsüchtige, besonders die, die einen Inzest begehen, häufig tragende Säulen innerhalb der Kirche und des Gemeinwesens. Aus meinen Intensiv-Workshops sind mir noch viele schmerzvolle Momente in Erinnerung, in denen Frauen tiefsitzende quälende Erfahrungen aus ihrer Kindheit ans Tageslicht geholt haben, die ihnen von Erwachsenen aus ihrem engsten Lebensbereich zugefügt wurden.

Ich erinnere mich noch genau an die erste Begegnung mit einer jungen Frau. Völlig aufgelöst und voll Entsetzen und Angst arbeitete sie sich durch eine »Cliquen-Vergewaltigung«, der sie als Fünfjährige auf dem Küchentisch durch ihren Vater und dessen Freunde ausgesetzt war. Ihr Vater – ein Diakon in der Kirche – hatte eines Abends eine Party für seine Freunde gegeben, und sie wurde das unschuldige Objekt und der Mittelpunkt dieser Feier. Ihr Schmerz, ihr Entsetzen und die spätere Wut darüber waren nahezu unerträglich. Eigentlich waren die Täter allesamt »gute Menschen« – oder jedenfalls schien es so. Nachdem sie diesen wichtigen unterdrückten Vorfall aufgedeckt hatte, der gleichzeitig das traumatischste Erlebnis für sie war, tauchten noch weitere Erinnerungen an schmerzvolle sexuelle Erfahrungen mit ihrem Vater auf.

Heute weiß ich, daß dies nicht ein vereinzelter furchtbarer »Fall« ist. Inzwischen nämlich saßen mir viele Frauen gegenüber – viel mehr, als mir eigentlich lieb sind –, die den Mut aufbrachten, sich solchen frühen Erlebnissen zu stellen und sie aufzuarbeiten. Die meisten dieser Frauen kamen zu dem Schluß, daß die Täter sexuell Süchtige waren, deren Leben außer Kontrolle geraten war und die unschuldige Kinder mit ihrer Krankheit behelligten.

Viertens ist Sexsucht – wie jede andere Sucht – immer zerstörerisch. Carnes erfaßt mit seinen Stufen der Sucht Verhaltensweisen, die in hohem Maße gesellschaftlich akzeptiert sind, bis hin zu solchen, die als gesetzwidrig gelten, Verhaltensweisen, die, oberflächlich gesehen, nur den Süchtigen selbst betreffen, bis hin zu solchen, die auf gewaltsame Art andere Menschen beeinträchtigen; und er unterscheidet zwischen jenen, die ihre Sucht nur wenig ausagieren, bis hin zu denjenigen, die dies ganz beträchtlich tun.

Ich weiß, daß *jede* sexuelle Sucht zerstörerisch auf den Süchtigen und auf die Menschen in seinem/ihrem Umkreis wirkt. Und ich weiß, daß wir es hier mit einer fortschreitenden tödlichen Krankheit zu tun haben, die keine Rücksicht auf Alter, Geschlecht, Hautfarbe, Konfession oder sozialen Status nimmt. Jeder kann sexsüchtig sein oder es werden, und gewiß ist die Zahl der Sexsüchtigen derzeit weitaus höher, als wir ahnen.

Fünftens stammt der Großteil unserer Informationen über Sexsucht von Menschen, die Hilfe suchten. Wir wissen nicht viel über sexuelle Süchtigkeit als solche; nur eines ist gewiß: Noch gibt es viele, die sich nicht dazu entschließen, Hilfe zu suchen und zu genesen.

Und letztlich ist die Sexsucht gut in unsere Kultur integriert und wird in ihrem Fortbestehen unterstützt, indem wir ihre Existenz verleugnen und ihr sogar noch einen gewissen Reiz abgewinnen. Dennoch bliebe jede Untersuchung zum Thema Sexsucht unvollständig, würde nicht gleichzeitig berücksichtigt, wie sie in eine sexuelle Süchte erzeugende Gesellschaft eingebaut ist und welchem Zweck sie innerhalb dieser Gesellschaft dient.

Die Stufen sexueller Sucht

Wie bereits erwähnt, sind die von Carnes beschriebenen Stufen der Sucht hilfreich. Ich möchte sie dennoch etwas erweitern und einige neue hinzufügen.[6]

Stufe eins – repressive Sexsucht – umfaßt Menschen, die von ihrer eigenen unterdrückten Sexualität oder der anderer besessen sind und sich fast ausschließlich mit Sex beschäftigen. Charakteristische Merkmale sind hier Frigidität, Impotenz, sexuelle moralische Überheblichkeit, zwanghafte sexuelle Keuschheit, nicht ins Selbst integriertes Zölibat, religiöse sexuelle Besessenheit, sexuelle Anorexie und die Behandlung anderer Menschen als Sexobjekte. All diese Merkmale sind Formen sexueller Sucht und können sich auf den einzelnen und die Gesellschaft genauso zerstörerisch auswirken, als würden sie direkt ausgelebt.

Stufe zwei – passive Sexsucht – umfaßt zwanghafte sexuelle Phantasien, passive Pornographie (voyeuristisch, privat) und Voyeurismus.

Zu *Stufe drei* – aktives sexuelles Ausleben – zählen sexuelle Verhaltensmuster wie etwa Masturbation, Exhibitionismus, Prostitution, aktive Pornographie, »sexuelle Freiheit des New Age«, das Benutzen des Sexualpartners als Objekt, um den sexuellen »Kick« zu erreichen, Voyeurismus-Exhibitionismus, Masturbieren in der Öffentlichkeit, Telefongespräche mit sexuellem Inhalt (als Anrufer und Empfänger), sexuelles Berühren Fremder (normalerweise in der Öffentlichkeit) und autoerotische Asphyxie.

Es sei dahingestellt, ob die letztgenannte Form noch Stufe drei oder bereits Stufe vier ist. Autoerotische Asphyxie beschreibt ein erst kürzlich beobachtetes Verhaltensmuster, das anscheinend mit Vorfällen in Verbindung gebracht wird, die ursprünglich den Selbstmord von Jugendlichen betrafen. Folgendes geschieht: Mit einer Schlinge um den Hals wird die Sauerstoffzufuhr abgesperrt, während der oder die Betreffende masturbiert oder mit irgendeiner sexuellen Aktivität beschäftigt ist. Dies soll angeblich das Gefühl während des Orgasmus erheblich steigern oder ihn zumindest sehr intensivieren. Inzwischen vermutet man, daß weitaus mehr Selbstmorde von Jugendlichen als bisher angenommen mit dieser Form sexuellen Abreagierens in Verbindung stehen.

Stufe vier – gewalttätige sexuelle Verhaltensweisen – erfaßt Personen, die Kinderprostitution betreiben, Notzucht, Inzest, Kindesmißbrauch, sadomasochistischen Sex sowie weitere Formen sexueller Gewalt. Auf dieser Stufe richtet sich das durch die Sucht geprägte Verhalten stets auf andere Menschen und ist gewalttätig gegenüber dem Selbst und dem anderen, und zwar sowohl in psychischer als auch in physischer Hinsicht. Hier werden in nahezu allen Fällen soziale und ethische Normen gebrochen und gewöhnlich das Gesetz verletzt.

Diese Stufen sind nicht getrennt voneinander zu sehen. Sie stehen sowohl innerhalb jeder Stufe als auch untereinander in Zusammenhang. Wie die Krankheit selbst müssen auch die Stufen als fortschreitend gesehen werden, obwohl wiederum auf jeder Stufe eine ernsthafte Sucht vorliegen kann.

Gleichwohl muß nicht jedes Verhaltensmuster innerhalb der einzelnen Stufen notwendigerweise Sucht bedeuten. Trotzdem sollte jeder, der sich in der beschriebenen Form sexuell betätigt, damit aufhören und die Möglichkeit sexueller Süchtigkeit mit Bedacht abwägen. Denn sexuelle Abhängigkeit ist auf jeder dieser Stufen zerstörerisch und schmerzhaft.

Was wissen wir nun aber eigentlich über Sexsucht?

Sexsucht ist eine fortschreitende tödliche Krankheit. Sie kann sich, wie jede substanz- oder prozeßgebundene Sucht, auf den einzelnen Menschen wie auf Beziehungen tödlich auswirken. Im Mittelpunkt der Sexsucht steht der sexuelle »Kick«, alles andere ist nebensächlich. Um die Sucht zu befriedigen, müssen Personen und Beziehungen als Objekte dienen, ganz egal, ob es sich um eine unterdrückte oder eine offen ausgelebte Sucht handelt. Carnes schreibt richtig: »Sex ist mein wichtigstes Bedürfnis.«[7] Genau das ist das Zentrum der Sucht. Ich möchte sogar behaupten, daß sexuell Süchtige den sexuellen »Kick« als das einzig Verläßliche in ihrem Leben ansehen. Sexualität wird zum Herzstück, zum alles umfassenden Inbegriff im Leben und in den Beziehungen des Süchtigen. Es wäre hier genauer zu überlegen, ob nicht möglicherweise viele Aspekte der sexuellen Revolution und der im New Age propagierten Sexualität subtile Möglichkeiten für sexuell Abhängige darstellen, um für »Nachschub zu sorgen«.

In zahlreichen Veröffentlichungen wird die irrige Auffassung verbreitet, Sexsüchtige wären eigentlich auf der Suche nach Geborgenheit und/oder einer Beziehung. Meiner Erfahrung nach trifft dies nicht zu. Vielmehr werden in dem mit der Sexsucht verbundenen Prozeß die Abhängigkeiten anderer Menschen benützt (etwa von Liebesaffären oder Beziehungen), um eigene Bedürfnisse zu befriedigen. Meiner Ansicht nach drückt dieser Prozeß alles andere als die Suche nach Nähe aus. Ganz im Gegenteil: Mit Hilfe der Sexsucht wird aktiv jede Form von Geborgenheit und Nähe vermieden. Sexuell Süchtige benutzen Beziehungen, um ihren »Kick« zu erlangen. Sie sind niemals aufrichtig an Liebe, Liebesaffären oder Beziehungen interessiert. Sobald sie jedoch dieses Interesse vortäuschen, steigt ihre Chance, den »Kick« unter gesellschaftlich akzeptierten Umständen zu erreichen. Da dieses Muster so weit verbreitet ist, halte ich es für ganz entscheidend, die Begriffe Sexsucht, Romanzensucht, Beziehungssucht und Suchtbeziehungen voneinander zu trennen.

Wie jeder andere Süchtige setzt der Sexsüchtige alles daran, um an seinen sexuellen »Kick« zu gelangen. Er nimmt in Kauf, zerstörerisch zu sein, gegen das Gesetz zu verstoßen oder Gewalt anzuwenden. Dennoch dürfen wir nicht vergessen, daß es hier um eine behandelbare Krankheit geht. Es sind keine schlechten Menschen, die diese schlechten Dinge tun. Vielmehr handelt es sich um kranke Menschen, die von einer fortschreitenden tödlichen Krankheit angetrieben werden, die sie tatsächlich manchmal schlechte Dinge tun läßt. Ich hatte ja bereits erwähnt, daß wir heute soviel über Sexsucht wissen wie einst, als wir im Alkoholiker den Straßensäufer sahen; auch damals verstanden wir das Ausmaß und die Tücken dieser Krankheit nicht.

Schließlich sollte hier noch erwähnt werden, daß Sexsucht oftmals in Verbindung mit anderen Suchtformen auftritt. Diese anderen Suchtformen müssen manchmal herhalten, um die Sexsucht zu vertuschen, zu rechtfertigen, zu rationalisieren oder gar für null und nichtig zu erklären.

Zusammenhang mit anderen Suchtformen

Andere Süchte als Deckmantel

Sexsucht ist mit weitaus stärkeren Schamgefühlen belastet als jede andere Suchtform. In meiner Praxis sind mir viele Leute begegnet, die sowohl von chemischen Substanzen als auch sexuell abhängig sind. Meist geben sie unumwunden zu, daß sie viel lieber als »Säufer« (ihre Bezeichnung) dastehen denn als »Perverse« (ebenfalls ihr Begriff). Substanzgebundene oder chemische Suchtformen stoßen heutzutage auf weniger harsche Verurteilung.

Auch Co-Abhängigkeit wird gern vorgeschoben, um andere Suchtformen zu vertuschen. Tatsächlich empfinden manche Menschen jedes »Co-Etikett« als weitaus akzeptabler denn die Bezeichnung Sucht. Meiner Ansicht nach liegt hierin auch der Grund, warum wir die Begriffe Sexsucht, Romanzensucht und Beziehungssucht miteinander vermischt haben: Die beiden letzteren sind leichter zu tolerieren. Diese Vermischung leistet zudem der trickreichen Ausrede Vorschub, sich von allen dreien zu distanzieren, indem einfach so argumentiert wird: »Das trifft nicht zu, und jenes trifft nicht zu, folglich bin ich auch nicht süchtig.« Co-Abhängigen fällt es manchmal schwer zuzugeben, daß sie Co-Abhängige *und* Sexsüchtige oder Co-Abhängige *und* Romanzensüchtige oder Co-Abhängige *und* Beziehungssüchtige sind. Gleichwohl ist die Chance zur Genesung nur gegeben, wenn wir den ganz *spezifischen* Merkmalen des jeweiligen Suchtprozesses ins Gesicht sehen. Eine Reihe von Leuten benutzt ihre Co-Abhängigkeit dazu, um ihren suchtfördernden Nachschub aufrechtzuerhalten. Beispielsweise erklärte mir einmal eine Frau zu einem Vorfall, über den wir sprachen: »Oh, da muß ich wieder in meine Co-Abhängigkeit gerutscht sein. Ich wollte es wieder mal allen recht machen.« In Wirklichkeit befand sie sich inmitten ihrer Sexsucht und ihrer Gier nach dem sexuellen »Kick«. Diese Suchtprozesse sind wirklich heimtükkisch.

Andere Süchte als Rechtfertigung

Am häufigsten werden substanzgebundene Süchte vorgeschützt, um sexuelle Abhängigkeit zu rechtfertigen. »Ich wußte nicht, was ich tat.« – »Ich hatte zuviel getrunken.« – »Ich bin wirklich drogenabhängig, und Drogen beeinträchtigen meine Selbstkontrolle und mein Urteilsvermögen. Nur unter diesem Einfluß mache ich Dinge, die meinen ethischen Grundsätzen eigentlich widersprechen.«

Der Gebrauch chemischer Substanzen (Sucht?) dient dazu, Sexsucht zu rechtfertigen oder zu vertuschen. In manchen Fällen ist die substanzgebundene Sucht ein willkommener Handlanger der Sexsucht; in anderen Fällen wiederum läuft es genau umgekehrt. Am Anfang jeder Genesung muß daher Klarheit darüber bestehen, was nun eigentlich was ist und daß sich Süchte gegenseitig verstärken und unterstützen können.

Andere Süchte als Mittel zur Rationalisierung oder Nichtigkeitserklärung

Arbeitssucht ist eine bevorzugte Suchtform, um andere süchtige Verhaltensweisen zu rationalisieren. »Ich arbeite so schwer. Da ist es doch nur allzu verständlich, daß ich mir ein bißchen sexuellen Spaß gönne.« Arbeitssucht rechtfertigt geradezu sexuelles Ausagieren.

In meiner Praxis sind mir einige Sexsüchtige begegnet, denen die Arbeitssucht dazu diente, ihr schlechtes Gewissen zu beschwichtigen, das sie aufgrund ihrer Sexsucht quälte. Dabei spielte es keine Rolle, ob die Betreffenden ihre Sexsucht unterdrückten oder auslebten. Durch übermäßige Arbeit besänftigten sie ihre Schuldgefühle und vermochten auf diese Art und Weise mit sich selber besser klarzukommen. Wenn sie nur hart genug arbeiteten, dann könnten sie ihre sexuellen Phantasien, Verhaltensweisen und Aktivitäten wiedergutmachen. Natürlich funktioniert das nie.

Zwanghaftes Eßverhalten wird ebenfalls häufig eingesetzt, um die eigene Sexsucht zu umgehen. »Wenn ich nicht attraktiv aussehe, muß ich mich auch nicht mit Sex abgeben.« Diese Süchte unterstützen sich gegenseitig. Im ›Blauen Buch‹ der Anonymen Alkoholiker ist nachzulesen, daß Süchte tückisch, verwirrend, machtvoll und geduldig sind. Mit Sicherheit trifft dies auf sexuelle Abhängigkeit zu.

Die Entstehung von Sexsucht

Was wissen wir eigentlich über den Ursprung, über die Entstehung sexueller Süchtigkeit? Charlotte Eliza Kasl kam in ihrer Untersuchung zu dem Ergebnis, daß in den Lebensläufen sexuell süchtiger Frauen oftmals sexueller Mißbrauch vorzufinden ist.[8] Vermutlich stimmen die meisten Autoren dieser Beobachtung zu. Auch Carnes berücksichtigt in seinem Buch den Einfluß der Familie und die Auswirkungen eines durch die Sucht geprägten und/oder dysfunktionalen familiären Umfeldes. Sicher müssen wir die Familie genau betrachten; aber um Sexsucht zu verstehen, müssen wir noch einen Schritt weitergehen. Nach Carnes »lauert auch die sexuelle Abhängigkeit (wie alle anderen Süchte) in einem komplizierten Netz von familiären Beziehungen«[9]. Das trifft zwar zu, aber es ist nicht die ganze Wahrheit. Meiner Ansicht nach ist es selbst für ein rundherum gesundes Familiensystem völlig unmöglich, sich dem Einfluß der Kirche, der Schule und der es umgebenden Kultur zu entziehen. Wollen wir Sexsucht wirklich verstehen, dann müssen wir einen Blick auf all diese Einflüsse werfen.

Die Rolle der Familie

»Mir fällt es schwer, die Verhaltensmuster eines sexuell Abhängigen oder Co-Abhängigen von denen eines auf dem Weg der Genesung befindlichen Mißbrauch-Opfers zu trennen, da meiner Erfahrung nach beide unauflöslich miteinander verquickt sind«, schreibt C. E. Kasl in bezug auf Frauen.[10] Das stimmt, doch warum sind dann – da Mißbrauch derart weit verbreitet ist – nicht nahezu alle Frauen sexsüchtig? Angenommen, wir scheren Sexsucht, Romanzensucht und Beziehungssucht über einen Kamm, hätten wir dann damit vielleicht sämtliche Frauen in unserer Gesellschaft erfaßt, die in ihrer Kindheit sexuell mißbraucht wurden? (Wobei die Verbindung dieser drei Suchtformen – die parallel auftreten *und* sich überlappen können – gewiß falsch wäre, wenn man den Genesungsprozeß berücksichtigt.) Wurden alle sexsüchtigen Frauen in ihrer Kindheit sexuell mißbraucht? Ich weiß es nicht; ich weiß nur, daß dies in vielen Fällen zutrifft. Wurden alle sexuell abhängigen Männer in ihrer Kindheit sexuell mißbraucht? Auch das weiß ich nicht; nur, daß auch dies bei vielen der Fall war.

Gewiß haben Frauen und Männer in ihren Familien Sexualität als ein Mittel kennengelernt, mit dessen Hilfe Kontakt hergestellt und Macht ausgeübt werden kann; als ein Mittel, das ihnen zu dem verhilft, was sie haben möchten. In einem kranken Familiensystem ist Sexualität nie einfach. Dort ist nichts einfach.

Sexsucht ist ein Mangel an Beziehung zum eigenen Selbst und zu anderen Menschen. Schon in der Familie lernen Sexsüchtige, ihr Selbst und andere Menschen als Objekte zu sehen, die manipuliert werden müssen, damit sie selber Befriedigung erlangen. Werden solche Beziehungen auch noch sexualisiert, ist das Ergebnis die Sexsucht.

In den vergangenen Jahren wurde so viel über dysfunktionale Familien und deren Rolle im Hinblick auf Suchtkrankheiten und Co-Abhängigkeit geredet, daß wir zu der Illusion verleitet wurden, es *gäbe* tatsächlich funktionierende Familien, welche die Norm darstellten, mit der dysfunktionale Familien verglichen werden könnten. Ich bezweifle das; ist dies nicht vielmehr Teil unseres massiven gesellschaftlichen Verleugnungssystems? Können wir nicht bequem an der Illusion von einer »Normalität« festhalten, uns weigern, einen genaueren Blick auf unsere Institutionen (besonders Kirche und Schulen) zu werfen, und die Rolle unserer suchtgeprägten Gesellschaft völlig unter den Tisch kehren, solange wir dysfunktionalen Familien die Sucht anhängen und sie als eigentliche Ursache für Sexsucht hinstellen? Meiner Ansicht nach tun wir genau dies, wenn wir über dysfunktionale Familien reden und uns vormachen, es gebe funktionierende Familien in Hülle und Fülle. Wie viele funktionsfähige Familien kennen Sie? Wie viele Familien waren Ihrer Meinung nach in Ordnung, bis Sie irgendwann einmal herausfanden, daß sie eigentlich nur nach außen hin ein gutes Bild abgaben? Wie viele Familien haben »ins Gras gebissen«, als das Wissen über Suchtkrankheiten und Co-Abhängigkeit allgemeine Verbreitung fand?

Natürlich gibt es funktionierende Familien. Und dennoch haben wir uns dem Begriff Dysfunktionalität auf eine Weise genähert, die es uns erlaubte, bestimmte Themen sowohl als Individuen wie auch gesamtkulturell zu leugnen. Auf diese Illusion müssen wir näher eingehen. So konnten wir beispielsweise sehen, daß sich Sharon Wegscheider-Cruses (sie hat sich ausführlich mit Co-Abhängigkeit beschäftigt) Beschreibung vom Rollenverhalten innerhalb von Alkoholikerfamilien auch auf Familien übertragen läßt, in denen keine substanzgebundene Abhängigkeit vorhanden ist.[11]

Zudem wissen wir heute, daß auch das Thema »Erwachsene Kinder von Alkoholikern« nicht mehr ausschließlich im Zusammenhang mit chemischer Sucht, sondern auch unter dem Aspekt »Erwachsene Kinder aus dysfunktionalen Familien« diskutiert wird. Zugegeben, wir müssen die Rolle der Familie innerhalb der Suchtthematik erkennen und akzeptieren, aber wir müssen in diesem Zusammenhang *auch* über das Kausalitätsdenken hinausgehen.

Dieses alte Ursache-Wirkung-Denken hat meiner Ansicht nach dazu geführt, daß wir in suchtgeprägten Mustern steckengeblieben sind. Wir müssen die Regeln innerhalb der Familie verstehen wie auch ihre Rolle, die sie bei der Bildung der persönlichen Selbsteinschätzung, der Glaubenssysteme und grundlegender Einstellungen spielt. Aber mit diesem Verständnis haben wir die Situation längst noch nicht im Griff. Es ist eine bloße Information, mehr nicht. Wir können niemals die »richtigen« Situationen schaffen oder die Erziehung rückgängig machen und dann erwarten, daß wir die Sucht »festgemacht« haben. Genesung erfordert vom einzelnen, daß er seine Heilungsarbeit tun, sich ändern und letztendlich einen persönlichen Paradigmenwechsel vollziehen muß. Wir müssen die Erfahrung in unseren Familien aufarbeiten und gleichzeitig darüber hinausgehen. Denn wir sind nicht nur durch unsere Familien sexsüchtig geworden – auch unsere Institutionen haben ihren Anteil dazu beigetragen.

Die Rolle der Kirche

Wenn es um Sexualität geht, operieren Kirche und Schule auf der Ebene des Unterdrückungs-Besessenheits-Dualismus und seiner logischen Folge, des Repressions-Auslebens-Dualismus.

Meiner Ansicht nach gehen Obsession und Repression miteinander einher. Wenn wir von etwas besessen sind und es zu unterdrücken versuchen, läßt es uns nicht los und mündet in Besessenheit. Dinge, die wir zu unterdrücken versuchen, äußern sich gewöhnlich in irgendeiner Weise auch nach außen hin (wie das Wasser, das sich einen neuen Weg bahnt), und diese Ausdrucksformen sind oftmals für uns selbst und unsere Umgebung ziemlich verwirrend.

Die Kirche ist geradezu berüchtigt für ihre Sex-Besessenheit, für ihre Unterdrückung der Sexualität. Eine meiner katholischen Freundinnen erzählt immer, was man ihr beigebracht hat: »Sex ist schmutzig. Heb ihn dir für deinen Mann auf.«

Ich bin überzeugt, daß viele der lautstärksten Befürworter organisierter Religionen selbst sexsüchtig sind. Aufgrund ihrer Besessenheit von diesem Thema wird kein Kirchenmitglied jemals etwas über eine gesunde Sexualität lernen. Dabei ist es gerade die Kirche, die Sex zum *wichtigsten* Aspekt einer Beziehung erhebt. Natürlich soll man sich vor der Eheschließung lieben. Aber man soll sich vor der Eheschließung *nicht* sexuell betätigen. Viele gläubige Menschen heiraten daher nur, um ein legitimiertes Sexualleben zu führen. Es geht hier nicht darum, den vorehelichen Geschlechtsverkehr zu verdammen oder zu befürworten. Das ist nicht das Thema. Aber es muß deutlich werden, daß Sexsucht dann entsteht, wenn die Unterdrückung von Sexualität zwanghaft gefordert wird. Alex, jener Geistliche, dessen Fallbeispiel Sie hier nachlesen konnten, war genau in diesem Obsessions-Repressions-Dualismus verstrickt. Trotz seiner eigenen Verwirrung lehrte er andere Menschen etwas über deren Spiritualität und Sexualität. Ich kannte eine Nonne, die sogar ganz fest daran glaubte, daß Gott nur mit Hilfe ihres Zölibats existieren konnte. Nachdem sie den Orden verlassen hatte, entdeckte sie ihre Sexsucht, besuchte die Treffen der Sex- und Liebessüchtigen-Gruppen und befindet sich nun auf dem Weg der Genesung.

Ich will betonen, daß es nicht nur die Kirche ist, die bezüglich der Sexualität Verwirrung stiftet und den Obsessions-Repressions-Dualismus lehrt. Auch in den Medien gibt es nicht selten Berichte über die sexuellen Eskapaden unserer religiösen und politischen Spitzenfunktionäre. Oft wird damit ein Leben, eine Karriere zerstört. Da der wahre Hintergrund, die Sexsucht, nie genannt wird, ist Genesung nicht möglich. Das Leben von Männern wird ruiniert, und Frauen werden ausgebeutet! Repression erzeugt Obsession, und Obsession wiederum erzeugt sexuelles Ausagieren. Gleichwohl wird es häufig als »Taktlosigkeit« dargestellt, wenn religiöse und/oder politische Größen ihre Sexsucht ausleben; sie gelten nicht als Sexsüchtige, die eigentlich Hilfe benötigen, um von einer verhängnisvollen Krankheit zu genesen.

Viele Autoren befassen sich mit den Auswirkungen persönlicher und familiärer Einstellungssysteme im Hinblick auf die Sexsucht; sie haben vollkommen recht, daß besonders der Glaube, man sei wertlos, ein Opfer, machtlos und müsse anderen mißtrauen, die eigentliche Basis der Sucht bildet. Doch woher beziehen Familien und Individuen solche Einstellungen? Von den Schulen, den Kirchen und der Gesellschaft in ihrer Gesamtheit. Daher darf keine Untersuchung der Sexsucht die Rolle unserer Gesellschaft außer acht lassen.

Als angehende Psychotherapeutin absolvierte ich mein klinisches Praktikum an einem großen bekannten Krankenhaus in einer Großstadt im Osten. Selbstverständlich gehörte zu unserer Ausbildung die Vorstellung von Fällen, die als derart interessant galten, daß sie immerhin das Interesse von einigen hundert Leuten wecken sollten. Unvergeßlich bleibt mir dabei die Vorführung eines Mannes, der an einer »Brust-Fixierung« litt. (Ganz gewiß würde man heute bei ihm eine Sexsucht diagnostizieren und ihm den Besuch von Treffen einer Zwölf-Schritte-Gruppe nahelegen.) Dieser Mann erklärte aufrichtig, daß er sich freiwillig in diese doch recht angsterregende Situation begeben habe, wenn man ihm dann bloß helfen könnte. Er befand sich zweifellos in einer psychischen Notlage und betonte, wie sehr ihn seine »Fixierung« quälte.

Der Assistenzarzt erläuterte den Fall mit einigen Betrachtungen, Gedanken und Vermutungen zur Lebensgeschichte des Patienten; hinterher kommentierte der Supervisor die Schlußfolgerungen des Assistenzarztes. Dann wurde der Patient um eine Stellungnahme gebeten und schließlich die Fragerunde für die Zuhörer eröffnet. Ich saß da und beobachtete, wie dieser arme Mann mit Fragen bombardiert wurde: »Welche Art von Brüsten mögen Sie?« – »Könnten Sie etwas genauer beschreiben, welche Brustwarzen Sie bevorzugen?« und so weiter. Er versuchte, so gewissenhaft wie nur möglich zu antworten, aber je länger dieses Fragespiel dauerte, um so deutlicher wurde mir, daß meine Kollegen sich inzwischen mit regelrechter Begeisterung ins Zeug legten. Die Professionellen im Raum hatten ihr wissenschaftliches Interesse längst hinter sich gelassen. Nach einiger Zeit fiel mir auf, daß die in diesen Veranstaltungen präsentierten »interessanten« Fälle stets sexueller Natur waren, und ich fragte mich, wer eigentlich an der sexuellen »Fixierung« (Sucht) litt. Heute bin ich überzeugt, daß es sich bei meinen damaligen Beobachtungen um nichts anderes als um institutionalisierte Sexsucht handelte. Diejenigen, die helfen sollten, waren selber »gefangen«.

Als die National Organization of Women noch in ihren Anfängen steckte, hielten es – wie mir ein vertrauenswürdiger Insider mitteilte – einige »Überwachungs«-Organisationen der Regierung für angebracht, die NOW schon im Keim zu ersticken. Dabei gingen sie ziemlich merkwürdig ans Werk. Sobald die NOW-Mitglieder zu ihren nationalen Zusammenkünften fuhren, erhielten ihre Ehemänner Anrufe, in denen es hieß, ihre Frauen würden bei diesen Treffen mit anderen Männern ins Bett gehen. Die Männer allerdings sprangen auf diese »Informationen« hin nicht an, denn sie wußten sehr wohl, daß nur wenige – sofern überhaupt – Männer daran teilnahmen. Daraufhin bekamen sie wenig später die Information geliefert, ihre Frauen würden dort mit *Frauen* ins Bett gehen. Es ist interessant, daß jede Taktik sexuellen Charakter hatte.

Unsere Gesellschaft sexualisiert einfach alles und macht es zum Objekt. Und diese Kombination ist tödlich. Wir wissen seit langer Zeit, daß Frauen und Minderheiten wie Kinder und Alte oft als nutzlose Objekte behandelt werden und daß sexuelle Instrumentalisierung zu Pornographie, Notzucht, Inzest und brutalem sexuellem Ausagieren führt.

Seit langem schon behaupten Feministinnen, sexueller Mißbrauch und Notzucht besäßen sowohl eine politische als auch eine individuelle Komponente. Das trifft ohne Zweifel zu. Da die Suchtgesellschaft und das – wie ich es in einem früheren Buch nannte – männliche System ein und dasselbe sind, haben sich die Männer weitaus besser in die Suchtgesellschaft, insbesondere die Sexsucht, eingepaßt, denn sie neigen dazu, das ganze Universum zu sexualisieren. Trotzdem müssen wir uns in Erinnerung rufen, daß diese süchtigen Verhaltensmuster eine erworbene Krankheit sind, die sowohl Männer als auch Frauen nicht verschont.

Natürlich sind auch Frauen von diesem Suchtsystem beeinflußt und haben sich in dem Maße in es eingefügt, indem sie ihre Suchtkrankheiten ausleben. Unsere einzige Chance liegt in der Konfrontation mit dem eigenen Suchtprozeß und im Beginn der persönlichen Genesung. Bisher betrachtete sich jede Minderheitengruppe oder -bewegung als alleiniges Opfer oder zumindest als bedeutsamstes Opfer oder als das Opfer, dem am übelsten von der Gesellschaft mitgespielt wurde. Doch genau diese Denkweise *ist* Bestandteil des Suchtsystems und bewirkt, daß wir innerhalb des Suchtprozesses gespalten und gleichzeitig fest in ihm verwurzelt sind. Es ist richtig, daß wir *zu Opfern gemacht wurden,* und das gleiche gilt *auch für andere.* Wollen wir als Gruppe genesen, müssen wir unser verhängnisvolles Einmaligkeitsdenken aufgeben und gleichzeitig unsere Einzigartigkeit *und* Allgemeinheit erkennen.

Die Sucht – und das dürfen wir nie vergessen – gehört uns. Wir haben sie in unseren Familien, Institutionen und in unserer Gesellschaft erlernt, aber es ist unsere Sucht. Doch sie ist erlernt – und somit kann sie wieder ver-lernt werden. Wenn wir sie erlernt haben, sind wir eigentlich *nicht* wir selbst. Auch die Genesung gehört uns. Sobald wir uns für sie entscheiden, gewinnen wir unsere persönliche Freiheit zurück und können beginnen, uns aus der Suchtgesellschaft zu lösen.

Normalerweise sind diejenigen das Ziel gewalttätiger sexueller Sucht, die hilflos und entrechtet sind: Frauen, Minderheiten und Kinder, eben Menschen, die keine Macht innerhalb der Gesellschaft haben.

MacNamara und Sagarin schreiben in ›Sex, Crime, and the Law‹, daß »es meist Männer mit niedrigem sozioökonomischem Status sind, die nach einem Notzuchtverbrechen verhaftet werden«[12]. Je mehr wir über Sexsucht wissen, um so deutlicher erkennen wir, wie subtil und verborgen sich Gewalttätigkeiten in »anständigen Familien« abspielen, um so deutlicher muß uns klarwerden, daß Sexsucht jeden innerhalb der Gesellschaft betrifft.

Allerdings müssen wir uns auch einige wichtige Zusammenhänge verdeutlichen, wenn wir die Genesung von Individuen, Familien, Institutionen und der Gesellschaft im Hinblick auf die Sexsucht betrachten.

Die Auswirkungen der Sexsucht auf die Gesellschaft

Mit der Zunahme sexueller Gewaltdelikte nahmen auch die Kinderprostitution und der Verkauf von pornographischem Material zu. Sexsucht kann gewinnbringend sein. Ich selber habe auf dem Gebiet der organisierten Kinderprostitution geforscht und mit Eltern gesprochen, denen ihre Kinder »gestohlen« wurden.

Dabei fragte ich mich oft, weshalb so wenig gegen diese Art der Kriminalität unternommen wird. Die Eltern entführter Kinder mußten sich erst selber organisieren und die Polizei auffordern, längst vorhandene Techniken einzusetzen. Tatsächlich war man noch vor wenigen Jahren nicht in der Lage, die Spuren eines »gestohlenen« Kindes aufzunehmen, während es kein Problem war, einen gestohlenen Pelz mit Hilfe eines ausgeklügelten nationalen Verfolgungssystems ausfindig zu machen! Infolgedessen muß die Sexsucht in unsere Gesellschaft integriert sein, denn wie sonst könnte Kinderprostitution weiter unentdeckt gedeihen? Diese Tatsache erinnert mich immer wieder an die Erzählungen von Deutschen, denen ich begegnet bin und die lange Zeit sagten: »Ich wußte einfach nicht, daß es Konzentrationslager gab!« Unsere Sucht beschäftigt uns so sehr, daß wir völlig auf uns konzentriert sind und »einfach nicht wissen«, was passiert. Wir werden unempfindlich gegenüber allem, was um uns herum geschieht. Sobald irgend etwas in unserer Gesellschaft Fuß gefaßt hat, sehen wir es einfach nicht mehr. Es kommt uns normal vor, denn schließlich *ist* es Bestandteil der Suchtgesellschaft.

Sexsucht nimmt uns die Möglichkeit, Nähe zu uns selbst und zu anderen herzustellen. Jede Sucht verhindert die Nähe mit uns selbst. Nach Carnes ist Sucht eine pathologische Beziehung, in der Menschen durch sexuelle Besessenheit ersetzt werden.[13] Ich bin jedoch der Ansicht, daß *keine* Sucht einer Beziehung gleichzusetzen ist. Tatsächlich steht Sucht im Widerspruch zu einer Beziehung. Keinem Süchtigen wird es gelingen, eine Beziehung zu sich selbst oder irgendeinem anderen Menschen zu unterhalten. Süchte machen uns zu Zombies, und als solche sind wir verformbarer und leichter unter Kontrolle zu halten. Sexuelle Sucht ist etwas so Verborgenes und problemlos in unsere Gesellschaft Integriertes, daß sie bisher nicht behandelt wurde und die Menschen auf diese Art und Weise leichter zu manipulieren waren. Sexsucht speist sich aus Schuld- und Schamgefühlen und wird dazu benutzt, Menschen kontrollierbar zu machen. Sie läßt sich institutionell einsetzen, um sowohl die Schuldigen als auch die Bedrohten einzuschüchtern und zu kontrollieren.

Sexsucht vermag eine ganze Gesellschaft zu verwirren und zu demoralisieren. Im Verfall befindliche Gesellschaften zeigen deutliche Anzeichen von sexuellen Abhängigkeiten. Solange wir mit etwas so Grundlegendem wie Sexualität nicht umgehen können, befinden wir uns in einer großen Notlage.

Sexualität und Spiritualität sind Aspekte des menschlichen Wesens, auf die sich das System am stärksten konzentriert, die es am meisten kontrolliert. Beides sind fundamentale Aspekte des menschlichen Organismus. Beides sind auch Bereiche der menschlichen Existenz, die das System anscheinend am stärksten zu kontrollieren sucht. Das ist merkwürdig. Was würde eigentlich passieren, wenn die Menschen (besonders Frauen, die am stärksten kontrolliert werden) in Kontakt mit ihrer Sexualität stünden und aus ihrem wahren spirituellen Selbst heraus lebten? Wozu benötigt die organisierte Spiritualität unserer Gesellschaft – die Kirche – einen Unterdrückungs-Besessenheits-Dualismus, wenn es um Sexualität geht? Und letztendlich, welcher Zusammenhang besteht eigentlich zwischen Spiritualität und Sexualität?

Wir sollten nicht übersehen, wie die gesellschaftlich verbreitete Sexbesessenheit benutzt wird, um ganz grundlegende Funktionen der Gesellschaft wie etwa Paarung und Familiengründung zu kontrollieren. Wir müssen den Zusammenhang zwischen der gesellschaftlich verbreiteten Sexsucht und Inzest oder Kindesmißhandlung sehen und gleichzeitig erkennen, daß der Umgang auf einer rein politischen Ebene diesen Problemen nicht angemessen ist. Vielmehr müssen wir uns fragen, ob nicht vielleicht sogar der politische Prozeß selbst – soweit wir ihn kennen – eine Form der Sucht ist.

Anhand der Werbung läßt sich ebenfalls sehen, wie tief die Sexsucht in unserer Gesellschaft verwurzelt ist, wie stark ihr Einfluß auf den einzelnen Menschen, auf Institutionen und gesellschaftliche Strukturen ist. Auch hier sollten wir die gegenseitige Beeinflussung sehen, wie nämlich die Sexsucht die Werbung speist und diese wiederum den Nährboden für die Sexsucht bildet.

Mögliche gesamtgesellschaftliche Auswirkungen einer Genesung

Was würde nun geschehen, wenn wir unserer individuellen und gesellschaftlichen Sucht ins Gesicht sehen? Nehmen wir beispielsweise die Werbung. Sie müßte sich völlig ändern, und dies wiederum hätte enorme wirtschaftliche Folgen. Vermutlich können wir uns gar nicht vorstellen, wie nicht-sexualisierte Werbespots und -anzeigen aussehen könnten.

Sobald ein Mensch beginnt, seiner sexuellen Abhängigkeit als solcher zu begegnen, wird er plötzlich dafür offen sein, Nähe zu sich selbst und anderen herzustellen. Dies hätte zur Folge, daß er weniger anfällig für Manipulations- und Kontrollversuche wäre, die bisher auf der Basis von Schuld- und Schamgefühlen funktionierten.

Sobald sich ein Mensch zur Genesung von seiner persönlichen Sexsucht entschlossen hat, wird er nicht mehr ohne weiteres an den soziokulturellen Praktiken der sexuellen Sucht – wie etwa Pornographie oder sexualisierten Religionsformen – teilhaben wollen. Was bedeutet dies nun für die Kultur?

Und welchen Folgen sähen sich Bereiche wie Psychiatrie, Psychologie und Sozialarbeit gegenüber, wenn wir das, was früher als Psychopathie oder Soziopathie diagnostiziert wurde, tatsächlich als Sucht behandeln würden?

Worauf würde sich die Kirche konzentrieren, wenn sie von ihrem Obsessions-Repressions-Dualismus freikäme und einen Großteil ihrer Energie nicht mehr in diesen Dualismus stecken würde? Spiritualität vielleicht?

Dies alles sind nur einige wenige von vielen möglichen positiven (sogar revolutionären) Rückwirkungen, die eine Genesung von Süchten, insbesondere Süchten sexueller Art, nach sich zöge. Ich hoffe sehr, daß wir als Individuen und als Gesellschaft diesen Schritt bereitwillig auf uns nehmen.

Der Begriff Romanzensucht wurde bisher mit dem der Sex- oder Beziehungssucht durcheinandergeworfen. Doch wie ich schon erwähnt habe, ist es aus mehreren Gründen notwendig, die Sucht nach Liebe und romantischen Abenteuern von den beiden anderen Formen zu trennen. Denn erstens wird ein Mensch, der von Romanzen abhängig ist und an einem zentral auf Sexsucht bezogenen Genesungsprogramm arbeitet, nicht sein Hauptproblem treffen und keinen Erfolg erzielen.

Zweitens fördert die Vermischung dieser drei Suchtformen das Verleugnungssystem des Süchtigen. Nichts ist einfacher, als zu sagen: »Ich bin kein Sexsüchtiger, also treffen diese Merkmale nicht auf mich zu.«

Drittens hindert uns das Durcheinanderwerfen dieser Süchte daran, Informationen über und Verständnis für die jeweils spezifische Sucht zu gewinnen; genau dies jedoch ist für eine angemessene Einschätzung und Behandlung unabdingbar. Mit anderen Worten: Trennen wir diese drei Suchtformen nicht voneinander, käme dies einem Vorgehen gleich, bei dem wir etwa Drogen- und Alkoholmißbrauch als ein und dasselbe behandeln würden.

Jede Sucht hat bestimmte Merkmale mit allen anderen Suchtformen gemeinsam; jede Sucht ist jedoch auch durch ihre eigenen spezifischen Kernfragen und Probleme gekennzeichnet, die eine je spezifische Behandlungsform erfordern. Romanzensucht ist nicht dasselbe wie Sexsucht. Tatsächlich muß Sexsucht überhaupt nichts mit romantischen Gefühlen zu tun haben. »Liebes«- und Romanzensucht unterscheiden sich auch von Beziehungssucht. Wer von einer Beziehung abhängig ist, legt nicht notwendigerweise Wert auf Liebe oder Romantik (oder Sex). Menschen, die von Liebe und Romanzen abhängig sind, beziehen ihren Rausch, ihren »Kick«, nicht aus Sex und nicht aus Beziehungen, sondern aus »Liebe« und Romanzen.

In den geläufigen Büchern wird von Liebes-, Sex-, Romanzen- und Beziehungssucht geredet, als wären diese Begriffe beliebig austauschbar. Ich selber habe bis zu diesem Punkt den Ausdruck *Liebes- und Romanzensucht* verwendet, möchte von nun an aber aus einem ganz entscheidenden Grund auf das Wort *Liebe* verzichten: Meiner Ansicht nach *hat nämlich keine zwischenmenschliche oder Pseudo-Beziehungssucht irgend etwas mit Liebe zu tun.* Diese Suchtformen mögen etwas mit der *Illusion* von Liebe zu tun haben, aber bestimmt nicht mit wahrer Liebe. In Wirklichkeit verhindern sie jegliche Liebe und Nähe. Daher werde ich im weiteren den Begriff *Romanzensucht* benutzen.

Romanzensüchtige sind in ihre *Vorstellungen* von Romantik verliebt. Die andere Person interessiert sie eigentlich gar nicht. Romanzensüchtige sind Experten auf dem Gebiet der Illusion, ja, eigentlich leben sie sogar in der Illusion. Für sie ist der Glaube, daß »eines Tages der Märchenprinz (oder die Märchenprinzessin) kommt«, beileibe keine Phantasie, sondern eine reale Erwartung. Zudem können Romanzensüchtige auch von Ereignissen und romantischen (manchmal sogar kindlich »unschuldigen«) Situationen abhängig sein.

Merkmale der Romanzensucht

Jeder Romanzensüchtige weist die wesentlichen Merkmale auf, die bei jedem Süchtigen vorzufinden sind. Wie alle anderen Süchtigen haben Romanzensüchtige ein völlig verdrehtes Bild von der Realität. Ihre Denkprozesse sind wirr und unberechenbar. Sie sind dermaßen auf den Schein fixiert, daß die Realität offenbar gar nicht existiert.

Romanzensüchtige sind so unehrlich wie andere Süchtige auch. Sie signalisieren ihre Bereitschaft für eine Beziehung oder für Sex, wollen im Grunde genommen jedoch beides nicht. Vielmehr suchen sie den »Kitzel«, das »Risiko«, das in einer neuen Romanze oder einem romantischen Erlebnis liegt. Kerzenlicht, Blumen, sentimentale Schauplätze, verträumte Orte – das ist der Stoff, aus dem die Romanzensucht besteht. Solche Menschen beschäftigen sich viel mehr mit dem Drumherum als mit der anderen Person. Tatsächlich benötigen sie nicht einmal eine Pseudo-Beziehung, um ihre Krankheit auszuleben; ein Mensch, der von einem »Ereignis« – und nicht von einem Partner – zum nächsten wechselt, kann ebensogut romanzensüchtig sein.

Romanzensüchtigen dient die äußere Form als »Kick«. Wenn die Situation bloß romantisch und verträumt genug ist, dann ist alles in Ordnung. Romanzensüchtige haben ein wahres Talent für filmreife Inszenierungen: mit leiser Hintergrundmusik, Dämmerbeleuchtung und Illusion. Ihre Vorstellungen von Gefühlen in einer Beziehung beziehen sie aus Filmen und Popsongs, und genau diese Gefühle suchen sie unentwegt. Ein häufig auftretendes Merkmal dieser Sucht ist, daß von ihr Betroffene fast ausschließlich in der Zukunft leben und sich selbst nicht mehr gegenwärtig sind.

Verleugnung ist ein wichtiger Teil der Romanzensucht. Die reale Welt darf keinesfalls in die Phantasie eindringen. Es ist schon verblüffend, wie hartnäckig dieses Verleugnungssystem sein kann, wenn es dazu führt, daß über Jahre hinweg an enttäuschenden romantischen Begegnungen festgehalten wird und die abhängige Person immer noch erwartet, daß Beziehungen wie Märchen sein müssen. In dieser Hinsicht spielen auch unklare, uneindeutige Verhaltensmuster eine wichtige Rolle, denn sie verhindern, daß der Betroffene sich selbst gegenüber eine Verpflichtung eingeht oder sich Klarheit verschafft.

Wie alle anderen Süchtigen haben Romanzensüchtige ein geringes Selbstwertgefühl. Sie empfinden sich stets als Versager, was ihre hochgeschätzten und anspruchsvollen Illusionen angeht, und sie glauben, sie könnten den echten Prinzen (oder die Prinzessin) anziehen, wenn sie nur perfekter wären. Verliert sich diese Prinzen-/Prinzessinnen-Illusion irgendwann einmal in ihrem Leben, bleibt nichts mehr übrig.

Im Leben von romanzensüchtigen Menschen dreht sich alles um den oberflächlichen Schein. Sie wollen ihre möglichen Partner gar nicht *richtig kennen.* Sie wollen lediglich *eine gute Figur mit ihnen machen.* Romanzensüchtige Männer wollen »eine schöne Frau im Arm halten«. Romanzensüchtige Frauen dagegen träumen von dem großen, gutaussehenden Fremden – wobei wichtig ist, daß er wirklich ein Fremder *bleibt.*

Romanzensüchtige verstehen es hervorragend, unmittelbare Nähe herzustellen. »Wir sahen uns nur in die Augen, und ich wußte, daß es Liebe war.« – »Das war der Mensch, den ich mein ganzes Leben lang gesucht habe.« (Nächste Woche kann das schon irgendein anderer sein.) Sie haben Angst vor echter Nähe, und mittels ihrer Krankheit vermeiden sie diese auch – wie alle anderen Süchtigen.

Diese Sucht wirkt darüber hinaus stimmungsändernd. Man kann durch einen Song »high« werden, eine Umgebung, eine Erinnerung, eine Illusion oder ein Ereignis. In dieser Gesellschaft werden Romanzensüchtige geradezu mit Dingen bombardiert, die ihnen den erwünschten »Kick« verschaffen – und all diese Dinge bewirken eine Stimmungsänderung. In Woody Allens Film ›The Purple Rose of Cairo‹ geht es beispielsweise um Romanzensucht. Doch was immer Romanzensüchtige auch gerade erreicht haben, es genügt ihnen nie, und es ist nie so schön wie die Illusion.

Wir haben es hier – wie bei allen Süchten – mit einer fortschreitenden Krankheit zu tun. Romanzensüchtige verwenden immer mehr Zeit für ihre Illusionen und entfernen sich in zunehmendem Maße von sämtlichen Aspekten ihres eigenen Lebens, ihren Familien, ihrer Arbeit, ihren Beziehungen und sich selbst. Sie brauchen immer mehr, um den gleichen »Kick« zu erreichen.

Vielleicht fällt es einigen schwer, Romanzensucht als Krankheit wirklich ernst zu nehmen, und doch handelt es sich um eine fortschreitende Sucht, die für Körper, Geist und Seele verhängnisvolle Folgen haben kann. Gelegentlich suchen sich Romanzensüchtige ihren »Kick« in durchaus gefährlichen Situationen. Oftmals benutzen sie Sex als Vehikel für ihre Sucht, auch wenn sie eigentlich wenig oder gar kein Interesse daran haben. Sex verhilft ihnen nicht wirklich zu ihrem Rausch. Doch indem sie ihn als Vehikel verwenden, bringen sie sich selber in gefährliche, sogar verhängnisvolle Situationen. Denn natürlich kann, wer sich beim Autofahren zerstreut seinen romantischen Phantasien hingibt oder mit irgendwelchen anderen Aktivitäten beschäftigt ist, tödlich enden. Es erübrigt sich beinahe zu erwähnen, wie zermürbend sich der Verlust des Selbstwertgefühls, fehlgeschlagene Beziehungen und ein Leben in der Illusion auf den Betroffenen auswirken.

Zudem verlieren Romanzensüchtige mit der Zeit ihre Spiritualität und ihre persönliche Moral. Sie entfernen sich immer weiter von der Realität, der Wahrheit, den normalen sozialen Sitten und normalen Verhaltensweisen, um ihre Sucht zu befriedigen. Romanzensüchtige können Ehen zerstören und herumspielen, ohne sich um die Bedürfnisse und Gefühle anderer zu scheren.

Bei allen Romanzensüchtigen sind dieselben Wesensmerkmale vorzufinden, die auch bei allen anderen Süchten auftreten. Romanzensucht ist lediglich ein Aspekt eines zugrundeliegenden Suchtprozesses, ansonsten trägt sie alle Charakteristika der Sucht; das heißt, die von ihr betroffenen Menschen werden in zunehmendem Maße unehrlich, selbstbezogen, gefühlskalt, isoliert, ängstlich, verwirrt, schwarz-weiß denkend, kontrollierend, perfektionistisch, blind für ihre Krankheit (Verleugnung), unberechenbar, tadelnd und dysfunktional. Dabei dürfen wir nie vergessen, daß dies alles nicht die eigentliche Persönlichkeit des Romanzensüchtigen ausmacht, vielmehr ist dies seine Krankheit.

In jüngster Zeit erschienen zahlreiche Bücher wie zum Beispiel ›Wenn Frauen zu sehr lieben‹ und ›Liebe als Leid‹. Mit Hilfe dieser Bücher konnten sich viele Frauen selbst erkennen und ihre Erfahrungen in Worte kleiden. Dies stellt den ersten Schritt zu jeder Genesung dar. Sobald wir dieses »Aha«-Erlebnis eines »genau das ist es« haben, können wir uns auf den Weg zur Genesung begeben. Je genauer wir die Vorgänge in uns zu unterscheiden vermögen, desto größer wird unsere Heilungschance. Denn vielleicht erwecken Frauen (oder Männer) den Eindruck, als wären sie Sex- oder Beziehungssüchtige, und sind in Wirklichkeit doch abhängig von Romanzen. Vielleicht erwekken sie auch den Eindruck, als wären sie Co-Abhängige und/oder Co-Süchtige, sind aber tatsächlich Romanzensüchtige. Meiner Ansicht nach ist eine genaue Unterscheidung hauptsächlich aus dem Grund wichtig, damit eine Sucht identifiziert werden kann. Zuvor ist keine Genesung möglich.

Über Romanzensucht als solche wurde bisher nur wenig geschrieben; infolgedessen gibt es kaum Punkte, an die eine Diskussion anknüpfen könnte. Romanzensüchtige machen sich – wie Sexsüchtige – die wertvollsten und verletzlichsten Aspekte menschlichen Zusammenlebens zunutze, um ihre Sucht zu nähren. Vielleicht erscheint diese Suchtform als weniger gravierend als die Sexsucht, da zum einen die gesellschaftlichen Auswirkungen nicht so offensichtlich sind und sie zum anderen nicht von denselben Gewalttätigkeiten begleitet ist. Und dennoch: Für den Romanzensüchtigen ist dies eine ernste fortschreitende Krankheit, die seinen Mitmenschen und ihm persönlich Schmerz zufügt.

Romanzensüchtige sind auf die *äußeren Umstände* und *nicht* auf die Beziehung selbst fixiert. Sie warten unentwegt auf das Erscheinen des Traumpartners. In ihrer Phantasie sind ihre Partner beinahe immer Idealfiguren oder unerreichbare Größen. Romanzensüchtige haben unendlich viele Affären, und sollten sie tatsächlich verheiratet sein, nörgeln sie ständig an ihrem Lebensgefährten herum, der ihnen natürlich nicht den romantischen »Kick« liefern kann. Solche Menschen sind nicht in der Lage, eine glückliche, engagierte Beziehung aufzubauen. Sie haben mit anderen Süchtigen eine tiefe Angst vor Nähe gemein; ihre Mitmenschen dienen ihnen als Objekte, die ihnen den »Kick« verschaffen.

Allerdings muß die Romanzensucht nicht unbedingt in einer Beziehung ausgelebt werden. Auch Abenteuer oder bestimmte Situationen vermögen die Krankheit zu aktivieren. Wichtiges Element ist lediglich die mit dem »Kick« einhergehende Erregung.

Stufe eins

Auf Stufe eins leben Romanzensüchtige in ihrer Phantasie. Sie verwenden viel Zeit auf Schwärmereien, leben sie jedoch gewöhnlich nicht aus. Die Grenze zur Sucht ist dann überschritten, wenn diese Phantasien zum zentralen Lebensinhalt werden und man ihnen machtlos gegenübersteht. Sobald romantische Phantasien das Leben eines Menschen beherrschen, ist dieser Mensch romanzensüchtig geworden.

Stufe zwei

Stufe zwei umfaßt Romanzensüchtige, die ihre Phantasien ausleben. Sie beginnen, eine Affäre nach der anderen einzugehen, und sind häufig mehrfach verheiratet gewesen. Ihre Sucht beeinträchtigt nun ganz offensichtlich andere Menschen. Sie wenden ein erhebliches Maß an Zeit und Energie für Illusionen auf, und ihre Fähigkeit, die Realität zu überprüfen, geht ihnen verloren. Romanzensüchtige, die verheiratet sind, versuchen unablässig, ihre Ehegatten und Kinder in ihre Phantasiewelt zu pressen, ohne Rücksicht darauf, wer diese eigentlich sind. Auf dieser Stufe beeinflussen Romanzensüchtige ihre Umwelt bereits erheblich. Ihre Moral und die Bindung an ihre Spiritualität entgleiten ihnen.

Stufe drei

Wie bei allen anderen Suchtformen erfordert der erwünschte »Kick« mit fortschreitender Krankheit eine immer stärker werdende Intensität. Romanzensüchtige, die zu Stufe drei zählen, brauchen die Erregung und den Kitzel. Sie bringen sich selber in irgendwelche sexuellen Situationen, die als durchaus gefährlich gelten können. Am Sex sind sie nicht interessiert; vielmehr suchen sie den romantischen *thrill.* Oftmals treibt es Romanzensüchtige an verträumte Orte, wo sie sich mit wildfremden Menschen auf ein Liebesabenteuer einlassen, bei dem sie sogar ihr Leben aufs Spiel setzen.

Auf dieser Stufe nehmen Süchtige keine Rücksicht mehr auf die gesellschaftlichen Regeln oder akzeptierte Verhaltensmuster. Sie scheren sich nicht darum, ob Familien zerstört, Kinder zurückgelassen oder andere Menschen verletzt werden; Romanzensüchtige brauchen ihren »Kick«, und sie holen ihn sich. Einige versuchen sogar, Gewalt als Stimulans hervorzurufen, und haben sich aus diesem Grund jemanden gesucht, dessen Krankheit zu der ihren paßt. Wer von Romanzen und Liebesabenteuern abhängig ist, vermag seine persönliche Macht und Gesundheit nur zurückzugewinnen, wenn er sich seiner Krankheit stellt und die des anderen erkennt. Hält er jedoch daran fest, »Opfer« zu spielen, wird er auch weiterhin zum Opfer gemacht werden. Erinnern wir uns noch einmal: Diese Rolle haben Romanzensüchtige in ihren Familien, der Kirche, den Institutionen und der Gesellschaft erlernt; im Grunde genommen sind sie es gar nicht selbst.

Leben in romantischen Phantasien

Louise arbeitete im Sozialdienst der Kirche. In ihrer Erinnerung war sie ein einfaches und farbloses Kind, das ziemlich froh darüber war, bald einen Helferberuf zu ergreifen. Sie wollte ihr Leben in den Dienst ihrer Mitmenschen stellen und trat bei ihrem Einsatz für die Armen ausgesprochen entschieden und mutig auf.

Louise sah sich als eine Kämpferin, manchmal sogar als eine Jeanne d'Arc der Armen. Der Umgang mit ihr war nicht ganz einfach, weil sie in ihrer Rechtschaffenheit ziemlich fordernd und kontrollierend sein konnte. Aber plötzlich, mit Anfang Vierzig, begannen sich ihre romantischen Weltretter-Phantasien zu verdüstern, und sie beschloß, daß sie »einen Mann wollte«. Louise verfügte über wenig Erfahrung mit Männern, war aber trotzdem so wild entschlossen, ihre Phantasien umzusetzen, daß sie sich nun mit derselben Hingabe ihrer »Suche nach einem Mann« widmete wie einst ihrem Kampf für die Armen.

Sobald ihr irgendein Mann nett gegenübertrat oder ihr besondere Beachtung schenkte, stürzte sie sich in ihrer Phantasie sofort in eine romantische Affäre mit ihm. (Natürlich hatte das ganze wenig oder überhaupt nichts mit dem zu tun, wer oder was dieser Mann war oder was er fühlte und dachte.) Dann phantasierte sie stundenlang über ihre »Romanze« und stellte sich heimliche Stelldicheins an »verbotenen« Orten (zum Beispiel der Sakristei in der Kirche) vor, verstohlene Küsse und heimliche Berührungen. Echter Sex oder eine echte Beziehung spielte dabei eigentlich keine Rolle.

Oft nahm sie telefonischen Kontakt auf, brachte alle erdenklichen Entschuldigungen vor, um schließlich hinterher alles Gesagte zu glorifizieren und überzuinterpretieren. Nahm ihr »Phantasie-Liebhaber« daraufhin keinen Kontakt zu ihr auf, ärgerte sie sich und »attackierte« ihn, wenn sie sich schließlich doch noch trafen. Den Großteil ihres Lebens verbrachte sie in ihrer Phantasiewelt.

Schließlich wollte Louise ihre Kirchenarbeit endgültig aufgeben und »ein normales Leben führen«. Sie gestand freimütig ihren Entschluß, daß sie einen Mann wollte. Sie wollte keine Beziehung zu einem *bestimmten* Mann; sie wollte einen Mann. Da ihre Erfahrungen mit Männern jedoch fast ausschließlich auf der Ebene der Phantasie stattfanden, zwängte sie jeden Mann, der ihr begegnete, verbissen in ihre Phantasien. Spielte der Mann nicht mit, fühlte sie sich persönlich verletzt und betrogen. Louise las nun stundenlang Liebesromane und kaufte sich sogar einen Videorecorder, um irgendwelche romantischen Seifenopern aufzunehmen, die sie sich dann abends, nach ihrer Arbeit, ansah.

Jeder Mann, der ihr begegnete, war ein potentieller Liebhaber. Ob er verheiratet war oder eine Beziehung hatte, interessierte sie wenig. Dieser Verlust ihrer moralischen Wertvorstellungen jagte ihr schließlich Angst ein. Sie suchte Hilfe, bekannte sich als Sexsüchtige und besuchte die Treffen einer Sex- und Liebessüchtigen-Gruppe. Doch dies schien nicht zu helfen. In Wirklichkeit nämlich bot ihr die Identifizierung als Sexsüchtige die Gelegenheit, weiter für ihren Nachschub zu sorgen. Tief in ihrem Inneren wußte Louise, daß sie nicht sexsüchtig war. Indem sie an ihrer sexuellen Abhängigkeit arbeitete, blieb ihre Primärsucht unberührt. Louise war nach Romanzen süchtig, und Sex diente ihr lediglich dazu, ihre romantischen Phantasien zu befriedigen. Sie war überzeugt, sich eine Welt *schaffen* zu können, wie sie sie haben wollte, und als dies nicht gelang, fühlte sie sich persönlich angegriffen und als Versagerin. Allmählich nahmen Louises Depressionen und ihr Kontrollbedürfnis zu. Sie war sich selbst nie gut genug und beklagte sich, daß sie nicht attraktiv genug sei, sie niemand möge und sie nie das bekäme, was sie wollte. Ihre schwärmerischen Phantasien waren ihr zur Sucht geworden, und sie ließ alle Anzeichen einer fortschreitenden Krankheit erkennen.

Louise konstruierte sich ihre Phantasien auf eine Art und Weise zurecht, in der sie vermutlich niemals Wirklichkeit werden konnten, und entfernte sich dabei mehr und mehr von der Realität. Ihr Glaubenssystem war das einer Süchtigen, sie fühlte sich wertlos und unglücklich. Louise befand sich in der abwärts führenden Spirale der Sucht. Unglücklicherweise hatte sie sich in ihrer Genesung auf eine Sucht konzentriert, an der sie überhaupt nicht litt, und damit gleichzeitig ihre Primärsucht unberührt belassen. Unsere Genesung jedoch kann nur dann beginnen, wenn wir den spezifischen Suchtprozeß benennen.

Jagd nach Romanzen

Richard ist ein attraktiver Mittfünfziger. Er ist ein trockener Alkoholiker, sehr dem »New Age«-Denken zugetan und beschreibt sich selber als fähigen Junggesellen (was eigentlich heißt, geschiedenen Junggesellen). Er arbeitete früher als Manager und entdeckte die sexuelle Freiheit ungefähr zur selben Zeit für sich, in der auch sein Interesse für gesunde Ernährung, Kristalle und einige neue psychologische Techniken entstand.

Er ist ein interessanter Mann, belesen, sehr großzügig und erzeugt eine sehr charmante Atmosphäre. Frauen sehen in ihm den lebenden

Beweis dafür, daß »es doch noch ein paar gute Männer gibt« – ein Grund, weshalb es ihm nie an weiblicher Gesellschaft oder Sexualpartnerinnen fehlte.

Richard wurde vor einigen Jahren geschieden und hält eine höfliche, wenn auch distanzierte Beziehung zu seiner Ex-Frau und seinen Kindern aufrecht. Er arbeitet aktiv in verschiedenen »New Age«-Gruppen mit und gilt in seiner Stadt als Lebemann. Tatsächlich kann Richard Frauen völlig bezaubern und vermittelt jeder das Gefühl, als wäre sie der Mittelpunkt des Universums (jedenfalls für diesen Augenblick). Befindet er sich in der Gesellschaft mehrerer Frauen, beachtet er jede, konzentriert sich jedoch vorsichtig, aber äußerst aufmerksam, auf diejenige, die seiner Ansicht nach den höchsten Status innehat. Richard kennt die verschiedensten psychologischen Tricks, die er raffiniert einsetzt, um Frauen zu umgarnen. Frauen reagieren begeistert auf seine Briefchen, Blumen und anderen Aufmerksamkeiten.

Trotz der vielen Frauen in seinem Leben (von denen sich jede als etwas »Besonderes« fühlte) unterhielt Richard eine ständige Beziehung zu einer Frau, die in einem anderen Bundesstaat wohnte und auf eine Ehe mit ihm hoffte. Doch gewisse »Umstände« von seiner und ihrer Seite machten eine Heirat bisher nicht möglich, also unterhielten sie eben nur »diese Beziehung«.

Richard verschweigt »diese Beziehung« seinen anderen Partnerinnen nicht, und trotzdem haben die meisten Frauen das Gefühl, daß er so »richtig« nur mit ihnen verbunden ist. Er hat ständig ein sexuelles Verhältnis mit irgendeiner Frau, nur weiß seine »Beziehung« nichts davon. »Ich finde, sie sollte sich nicht mit solchen verletzenden Kleinigkeiten belasten«, sagt er; inzwischen hat er sie sogar dazu ermuntert, ihre sexuellen Bedürfnisse doch anderwärts zu befriedigen. Er hätte dafür Verständnis. Sie lebte weiter in der Überzeugung, zwischen ihr und Richard bestünde eine verläßliche Beziehung.

Richard gibt offen zu, daß dies seine bisher beste Beziehung gewesen sei. Er liebte diese Frau mehr als jede andere, mit der er in seinem Leben zusammen war; nur wollte er eben nicht, daß sie sich zu sehr aneinander binden. Doch je näher der Zeitpunkt rückte, an dem einem Zusammenleben nichts mehr im Wege stand, desto unheimlicher wurde ihm diese Beziehung. Also arrangierte er es so, daß *sie* schließlich das Verhältnis beendete. Romanzensüchtige Menschen übernehmen nur ungern die Verantwortung für das Beenden einer Beziehung, viel lieber provozieren sie es so lange, bis ihre Partner diese Rolle übernehmen – indem sie offensichtlich andere Affären eingehen oder einfach anfangen, auf dem anderen »herumzuhacken«.

Oberflächlich betrachtet, ließe sich Richard als Sex- oder Beziehungssüchtiger einstufen. Er schläft ständig mit einer oder mehreren

Frauen und geht von einer »Beziehung« zur nächsten. Eigentlich jedoch zählen weder Sex noch Beziehungen für ihn. Beides benutzt er einzig und allein, um seine schwärmerischen Illusionen und seine Romanzensucht zu unterstützen.

Es ist sogar fraglich, ob Richard Sex überhaupt so sehr genießen kann, obwohl er sexuell ständig aktiv ist. Auf der Jagd nach Romanzen dürfte Sex eigentlich nur langweilig sein. In ehrlichen Momenten erklärt Richard, daß er die Frauen »bedienen« muß und es ihn nervt, wenn er aufwacht und eine Frau neben ihm liegt, die etwas von ihm will. Dann wäre er viel lieber alleine.

Richard hat auch wenig Interesse an Beziehungen an sich. Für ihn zählen nur die Schönheit, das Ansehen oder der Ruhm seiner Partnerinnen, aber in einer »Beziehung« zu ihnen möchte er im Grunde gar nicht stehen, schon gar nicht längerfristig und eng. Richard genießt seine Rolle als Charmeur und Verführer, er mag die Gefühle bei Kerzenschein und Blumen und die Flucht in romantische Szenerien. Bei jedem Treffen, bei jedem Rendezvous ist er großartig. Im tagtäglichen Leben jedoch wäre er viel lieber für sich selbst und zöge es vor, seinen Raum für sich zu haben.

Richard ist romanzensüchtig. Er ist dermaßen auf seine Suche nach Romanzen fixiert, daß er sich niemals auf eine Frau einlassen würde, von der er glaubte, er könne echte Liebe für sie empfinden. Wie eine Biene huscht er von einer Blume zur nächsten und nascht den Honig, nur möchte er nicht die verschiedenen Stadien einer Blume durchleben.

Richard lebt für den romantischen Augenblick. Und dieser Augenblick mag vielleicht durch die Anwesenheit einer Frau in seiner Intensität gesteigert werden, aber diese Frau ist nicht unbedingt notwendig. Der romantische Moment kann nahezu jede Erfahrung sein, die eben als romantisch *empfunden* wird – zum Beispiel ein Bad unter einem Wasserfall auf einer exotischen Insel, ein Festessen mit Eingeborenen unter Palmen, Kamelreiten bei den Pyramiden oder die Fahrt in einer Gondel durch Venedig. Wer romanzensüchtig ist, benutzt alles, was innerhalb unserer Gesellschaft als romantisch gilt, um an seinen »Kick« zu gelangen.

Im Mittelpunkt steht immer der »Kick«. Infolgedessen entgeht dem Süchtigen häufig das eigentliche Erlebnis. Romanzensüchtige sind dermaßen mit ihrem »Sieh bloß her! Ich schwimme nackt mit einer wunderschönen Frau unter einem Wasserfall« beschäftigt, daß ihnen das Gefühl für die Situation selbst verlorengeht. Viel wichtiger als das Erlebnis selbst ist die *Illusion* des Erlebnisses. Selbstverständlich muß nach diesem »Erlebnis« auch darüber geredet werden, ja, dieses Darüberreden ist sogar genauso wesentlich wie das Erlebnis. Im Grunde genommen ist die Frau (oder der Mann) nur ein Teil des Schauplatzes, das diesem Erlebnis Vollkommenheit verleiht. Die andere Person ist lediglich ein Requisit auf der Bühne der Phantasie.

Wenngleich Richards Leben der Traum eines jeden Junggesellen sein mag, leidet er doch an einer fortschreitenden Sucht. Man könnte sogar sagen, Richard ist von den Illusionen, die ihm früher der Alkohol ermöglichte, übergewechselt zu den Illusionen der Romanzensucht. Richard sorgte dafür, daß »die beste Beziehung, die er jemals hatte«, beendet wurde. Es fehlt ihm nie an Partnerinnen, aber er erklärt, er habe »eigentlich niemanden, mit dem er sein Leben teilen kann«. Und wie andere Süchtige ertappt er sich häufig dabei, wie er sich in immer gefährlichere und außergewöhnlichere Situationen begibt, um Erregung zu finden.

Vielleicht sagen Sie jetzt: »Was ist eigentlich so schlimm an Richard? Für mich hört sich das nach einem ziemlich tollen Leben an.« Das ist es in vielerlei Hinsicht auch. Ganz gewiß ist es ein Hugh-Hefner-Traum. Sobald Frauen seine Aufmerksamkeiten und taktischen Manöver ernst nehmen und der Ansicht sind, es bestünde eine echte Beziehung zwischen ihnen und Richard, sagt er einfach: »Das ist ihr Problem. Ich habe sie nie verführt.« Das stimmt und es stimmt auch wieder nicht.

Tatsächlich vergewaltigt Richard niemanden; er mißbraucht auch keine Kinder. Wo also liegt das Problem? Er paßt sehr gut zu Frauen, die sex- oder beziehungssüchtig sind – zumindest am Anfang. Aber er will nur den Kitzel, die neue Erfahrung.

Unglücklicherweise ist Richard jedoch einsam und deprimiert. Er setzt seine romantischen »Kicks« ein, damit er seinen Gefühlen und sich selbst aus dem Weg gehen kann. Er benutzt diese »Kicks« wie früher den Alkohol. Mit dem Trinken hörte Richard auf, als er unter ziemlich dramatischen Umständen einsehen mußte, daß er am Alkohol zugrunde ging. An welchen Punkt muß ihn seine Romanzensucht bringen? Richard fühlt sich momentan nicht machtlos über diese Sucht. Was könnte ihn dazu bewegen, der Sucht ins Gesicht zu sehen?

Phantasien vom Unerreichbaren

Mary war eine erfolgreiche Geschäftsfrau. Es hatte sie lange, harte Stunden gekostet, um dahin zu kommen, wo sie jetzt war: in die Position einer kompetenten, respektierten Frau im Management. Vor einiger Zeit hatte Mary erkannt, daß sie arbeitssüchtig war, und daraufhin angefangen, mit dem Zwölf-Schritte-Programm für diese Sucht zu arbeiten. Mary war attraktiv, lebhaft und energisch und bei nahezu allen Leuten beliebt. Manchmal, wenn Mary über ihr Leben nachdachte, beschlich sie das beklemmende Gefühl, daß sie sich durch ihre

Arbeitssucht die Chance zu einer Ehe und Familie genommen hatte; doch sobald ihr dieser Gedanke bewußt wurde, überkamen sie Zweifel, ob sie Ehe und Familie überhaupt wünschte.

Zu Beginn ihrer Genesung stiegen in Mary Gefühle und Erinnerungen hoch, die sie bisher unterdrückt und die sie mit Hilfe ihrer Arbeitssucht zu umgehen versucht hatte. Während dieser Phase erkannte Mary, daß sie Überlebende eines Inzests war. Das war ein Schock für sie, denn vor ihrer Genesung war ihr das nicht bewußt gewesen. Die Aufarbeitung ihrer Inzestproblematik brachte auch viel Licht in ihre Verhaltensmuster als Erwachsene. In gewisser Weise hatte sich Mary immer vor Männern gefürchtet, doch dann glaubte sie wiederum, daß sie Männer brauchte. Sie spürte einen unterschwelligen Groll Männern gegenüber, der immer dann stärker wurde, wenn sie das Bedürfnis nach einem Mann hatte.

Mit Anfang Zwanzig hatte Mary ein ziemlich aktives Sexualleben geführt und viele Liebesaffären mit Männern gehabt, die meist verheiratet waren. Es war nicht eine einzige ernsthafte Affäre darunter, und Mary ist heute davon überzeugt, daß ihr sexuelles Ausagieren in Zusammenhang mit ihrer Inzestproblematik stand. Nachdem sie an ihrem Inzesttrauma und ihrer Arbeitssucht gearbeitet hatte, kam ihr der Verdacht, sie könnte sexsüchtig sein, und sie begann mit dem Zwölf-Schritte-Programm der Sex- und Liebessüchtigen. Hinzu kam schließlich noch, daß Mary sich zeitlebens ausgiebig romantischen Phantasien hingegeben hatte. Meistens stellte sie sich Liebesabenteuer mit Männern vor, die regelrechte Symbolfiguren für Romanzen waren; ihr Favorit war Robert Redford. Während sie mit dem Zwölf-Schritte-Programm der Sex- und Liebessüchtigen arbeitete, spürte sie, daß dieses Programm eigentlich nicht richtig auf sie paßte. Sie merkte, daß sie durch die Aufarbeitung der mit ihrem Inzest zusammenhängenden Problematik aufgehört hatte, sexuell auszuagieren, und anscheinend auch nicht mehr auf Sexualität oder sexuelle Phantasien fixiert war. Im Grunde genommen – davon ist Mary heute überzeugt – ist die Romanzensucht ihr eigentliches Problem, das sich lediglich aufgrund ihrer Inzesterfahrungen zunächst im Bereich der Sexualität ausgedrückt hatte. Durch diese Inzesterfahrungen hatte sie gelernt, jede Beziehung zu sexualisieren.

Mary konnte nur über Sexualität Beziehungen aufbauen. Ihre sexuellen Phantasien und ihr sexuelles Abreagieren dienten lediglich als Vehikel für ihre romantischen Vorstellungen und Obsessionen. Als sie sich näher mit ihrer Romanzensucht befaßte, fielen ihr mehrere Merkmale auf. Ganz egal, was in ihrem Leben gerade los war, in ihrer Phantasie existierte stets eine romantische Figur, auf die sie sich bezog (normalerweise mußte Robert Redford herhalten). Gewöhnlich waren Marys Phantasien nicht sexueller Art, und sie drehten sich auch nicht um echte Beziehungen. Sie waren nur romantisch. Die Person, mit der sie sich zusammentat, stand immer auf dem Podest und war unerreichbar. Sobald sie sich zu diesen »Idealfiguren« in Beziehung setzte, zog sie natürlich den kürzeren und kam sich minderwertig vor, und so wurde ihr ohnehin geringes Selbstwertgefühl weiter geschwächt. Denn obwohl sie äußerst attraktiv war, *wußte* sie doch, einen Robert Redford könnte sie nicht reizen. Marys Depressionen nahmen zu. Allmählich wirkten sich ihre Phantasien und die daraus entstehenden Depressionen auch auf andere Bereiche ihres Lebens aus. Sie verglich alle potentiellen Freier mit Redford, und natürlich reichten sie nicht an ihn heran. Sämtliche Erfahrungen mit Männern verglich sie mit ihren »Erfahrungen« mit Redford. Ihre Isolation und ihre Zwanghaftigkeit nahmen zu. Im wirklichen Leben gab es nicht eine einzige Beziehung, die auch nur annähernd an ihre romantischen Phantasien heranreichte. Sie mochte sich nicht eingestehen, daß sie einen Großteil ihrer Zeit in einer Phantasiewelt verbrachte, und bemerkte, wie ihre Arbeit ihr mehr und mehr aus den Händen glitt. Da Mary bereits Erfahrungen mit Zwölf-Schritte-Programmen hatte, begann sie nun ein weiteres im Zusammenhang mit ihrer Romanzensucht. Dies schien ihrer Problematik nun endlich angemessen.

Heute weiß Mary, daß ihre »sexuelle Süchtigkeit« eigentlich eine Romanzensucht war, die lediglich durch die Verwechslung mit einer Sexsucht verdeckt war. Dahinter steckte keine wohlüberlegte Absicht. Ihre Romanzensucht war vielmehr nie benannt worden – weder von ihr noch von anderen. Selbstverständlich war es auch Teil ihrer Krankheit, daß sie daran dachte, sie brauche ihr romantisches Phantasieleben nicht aufzugeben, wenn sie nur an ihrer Sexsucht arbeitete und sexuell abstinent lebte. Schließlich wissen wir mittlerweile, daß Süchtige alles daransetzen, um ihren Nachschub zu gewährleisten.

Die Benennung ihrer »Kern«-Sucht verschaffte Mary große Erleichterung. Seitdem sie sich selbst als Romanzensüchtige identifiziert und ein Genesungsprogramm begonnen hat, ist ihr Leben voller »Aha«-Erlebnisse.

Suche nach Perfektion

Peter war ein großer, ansehnlicher und flotter Mann. Genauer gesagt, war er ein ziemlich eitler Pfau. Durch sein regelmäßiges Lauftraining war sein Körper nicht nur muskulös und athletisch, sondern auch angenehm braungebrannt. Er war sehr stolz auf seinen Körper, und eigentlich stolzierte er eher, als daß er ging.

Peter war ein Meister der Kosmetik. Für ihn zählte das Oberflächliche, auch wenn er stets bekundete, er suche eine enge, bedeutungsvolle Beziehung. Sein Lieblingssatz lautete: »Ich fühle mich so unglaublich gut, wenn ich eine atemberaubend schöne Frau an meiner Seite habe.« Obwohl Peter seine langjährige Ehefrau Evelyn angeblich innig liebte, kam es zur Scheidung, weil er auf einer »offenen« Ehe bestand. Anfangs hatte sich Evelyn dazu bereit erklärt, es mit dieser offenen Ehe zu versuchen. Dann allerdings entschied sie sich – wenn auch nicht ganz freiwillig – für die Scheidung, als sie nämlich erkannte, daß sie eine stabile, verbindliche Ehe mit einem Mann wünschte, den sie wirklich liebte. Peter und Evelyn hatten mehrere Kinder, und die Scheidung war für die ganze Familie traumatisch. Aber Peter brauchte eben viele Frauen in seinem Leben (schließlich mußte er seine Romanzensucht pflegen!).

Für Peter zählte nur eine Sache an einer Frau: wie sie aussah und wie sie als *Paar* wirkten. Eine seiner romantischen Lieblingsphantasien war die vom »perfekten Paar«. Seine jeweilige Partnerin mußte gut geschminkt und frisiert sein. Am liebsten wäre es ihm gewesen, wenn die Frau, mit der er gerade zusammen war, jeden Morgen mit perfekt sitzendem Haar und Make-up aufgewacht wäre. Sie mußte jederzeit dem Stereotyp der gutaussehenden Frau entsprechen, sogar im Bett!

Obwohl Peter nach außen hin sehr verführerisch auftrat und viele Affären hinter sich hatte, war seine Angst vor Sexualität geradezu krankhaft. Seine Partnerinnen empfand er oft als sexuell zu fordernd, und er selbst fand wenig Spaß am Sex. Er vollzog den Geschlechtsverkehr wie eine zu erfüllende Pflicht. Zwar phantasierte er von Sex und vom perfekten Orgasmus, aber seine eigenen Erfahrungen kamen nie an diese Phantasien heran. Tief in seinem Inneren glaubte er wirklich, Sex sei ein schmutziges Geschäft, unangenehm und vielleicht sogar unsauber. Er badete sich jedesmal ausgiebig vor und nach dem Geschlechtsverkehr und verlangte dies auch von seinen Partnerinnen.

Peter redete unaufhörlich von »nur für ihn bestimmten Partnerinnen«, mit denen er in seinen Phantasien exotische Orte besuchte. Er wußte haargenau, was er von einer Frau erwartete. Sie mußte schön wie ein Filmstar sein, einen akademischen Beruf haben, belesen, weitgereist, stark und mächtig sein (um mit ihm auf einer Stufe zu stehen); gleichzeitig sollte sie auch sportlich und energisch, warm, herzlich und behutsam sein. Sie mußte für sich selber und für ihn sorgen können und durfte nicht von ihm abhängig sein. Aber sie mußte ihm auch das Gefühl vermitteln, daß er der Starke ist; sie durfte nicht an seine Männlichkeit rühren. Er stellte sich eine Frau vor, die sich ihre finanzielle Unabhängigkeit bewahrte, damit sie ihm nicht auf der Tasche lag, aber er wollte sich ihr auch keinesfalls unterlegen fühlen (er selber hatte wenig Geld). Peter stammte aus dem Süden, und die Frau seiner Träume mußte wohl so etwas wie eine Kombination aus Jane

Fonda und einer »Southern Belle« sein, das heißt charmant, aber unselbständig, abhängig und gleichzeitig unabhängig. Bisher war ihm noch keine Frau begegnet, die diesen Anforderungen entsprochen hätte, und bei unserem letzten Treffen war er noch immer auf der Suche nach ihr.

Peter hielt die Maßstäbe, die er an Frauen anlegte, für nicht unrealistisch, wenngleich er etwas irritiert darüber war, daß er sie bisher noch nicht gefunden hatte. Sobald die Frau, mit der er gerade zusammen war, seinen Ansprüchen nicht genügen konnte, kritisierte er sie, wurde nörgelig, ausfallend und machte sie dafür verantwortlich, daß die Beziehung nicht funktionierte. Er verfügte über einigen psychologischen Scharfsinn, und die Taktiken seiner psychologischen Kriegsführung waren sehr beeindruckend. Es gelang ihm tatsächlich, eine noch so fähige Frau innerhalb weniger Sekunden in den Dreck zu ziehen. Die Frauen gingen aus den Beziehungen mit ihm körperlich und emotional angeschlagen hervor; ihr Selbstwertgefühl war beträchtlich geschrumpft oder ganz verschwunden. Egal, was sie auch anstellten, es war nie richtig, nie genug. *Sie* waren nie genug. Jedesmal beendete die Frau die Beziehung zu ihm. Peter selbst hätte in keinerlei Hinsicht jemals die Verantwortung für die Beziehung übernommen.

Peter war häufig unglücklich und deprimiert. Da er sich selber auch nie »genügte«, sah er keinen Hoffnungsschimmer in seinem Leben. Während seiner düsteren Stimmungen übte er scharfe Selbstkritik, die sich dann in Form von Gewalt gegen andere ausdrückte. Wenn ihn seine Verzweiflung überfiel, kannte er keine Grenzen.

Kurz vor seinem fünfzigsten Geburtstag schwängerte Peter eine seiner »unvollkommenen« Frauen und heiratete sie widerstrebend. In einer Anwandlung romantischer Gefühle beschloß er, sich ein zweites Mal an der Vaterschaft zu versuchen. An die Stelle seiner bisherigen Entwürfe von der perfekten Gefährtin traten nun phantasierte Porträts von der »perfekten Familie«. Und so ging alles auf die nächste Generation über.

Peter trägt viele Züge eines typischen Romanzensüchtigen. Sein Leben kreist um romantische Phantasien. Die Wirklichkeit ist ein einziges Ärgernis. Er benutzt Phantasien, um jegliche Nähe zu vermeiden, und gibt dennoch im gleichen Moment zu verstehen, daß er eigentlich nichts als Nähe wünscht. Peter ist vollkommen auf das Körperäußere, die Physis, fixiert und hält Aussehen und Auftreten für die wichtigsten Aspekte eines Menschen oder einer Beziehung. Seine Traumbeziehungen sind unerreichbar. Er stellt jede Frau auf ein Podest, um es ihr schließlich unter den Füßen wegzuziehen.

Peter zeigt noch weitere Suchtformen. Er beschäftigt sich unablässig mit seinem Körper und trainiert so häufig, daß er oft an Verletzungen und anderen körperlichen Problemen leidet. Peter ist auch magersüchtig und achtet ständig auf seine Ernährung, und zwar auf seine eigene und die seiner Partnerin. Zudem ist Peter völlig auf Geld fixiert, denn um seine Phantasien auszuleben, ist Geld notwendig. Und er wendet in zunehmendem Maße körperliche Gewalt an. Je mehr seine Frustrationsgefühle und je schlimmer der Irrsinn seiner süchtigen Gedankenwelt wuchsen, desto häufiger wurde er verbal und physisch gewalttätig. Seine Gewalttätigkeit äußert sich oft, indem er bei anderen Gewaltanwendung provoziert oder indem er ein rücksichtsloses Fahrverhalten an den Tag legt, nachdem er aus Situationen kommt, die er selbst heraufbeschworen hat. Mit dem Fortschreiten seiner Krankheit entwickelte sich Peter zu einem immer fahrlässigeren, beängstigenderen und gefährlicheren Autofahrer.

Peters Leben funktioniert offensichtlich nicht, und er erwartet, daß irgendein anderer Mensch es für ihn in Ordnung bringt. Seine romantischen Phantasien haben mittlerweile den Grad der Verzweiflung erreicht. Da seine romantischen Bedürfnisse immer extremer werden, braucht Peter mehr und mehr Perfektion und Romantik, um an seinen »Kick« zu gelangen. Entsprechen er selbst und andere nicht seinen Vorstellungen, greift er zu den Mitteln der Selbstzerstörung und Gewalt.

Peter hat bereits Therapien und einige Zwölf-Schritte-Programme hinter sich. Allerdings identifizierte er sich bisher nicht als Romanzensüchtiger. Infolgedessen befindet er sich nicht auf dem Weg zur Genesung.

Ein Rückblick auf die Stufen der Romanzensucht

Romanzensüchtige der *Stufe eins* üben ihre Sucht nahezu ausschließlich in der Phantasie aus. Sie leben in einer Welt von Liebesromanen, Filmen und Schnulzen. Die Grenze zur Sucht ist in dem Moment überschritten, wo Romanzensüchtige ihren Phantasien machtlos gegenüberstehen und diese Phantasien zerstörerisch auf das normale Leben einwirken – nehmen wir zum Beispiel eine Mutter, die nicht auf ihre Kinder achten kann, wenn ihre Lieblingsserie im Fernsehen läuft (erst vor kurzem ertranken zwei Kinder, während die Mutter vor dem Fernseher saß); oder der Mann, der sich in seiner gesamten Freizeit in Liebes-, Kriminal- oder Abenteuerromane vergräbt. Solche Menschen stehen nicht voll in ihrem Leben. Sie vermeiden Gefühle und Beziehungen zu anderen Menschen. Die Realität entschwindet aus ihrem Leben, und allmählich zeigen sie typische Suchtmerkmale wie Unehrlichkeit, Selbstbezogenheit und Kontrolle.

Romanzensüchtige der *Stufe zwei* leben ihre Phantasien aus. Louise etwa vermochte ihre Romanzensucht noch in »vertretbaren Bahnen« zu halten, als sie eine »Retterin der Armen« war. Ihre Phantasien beschränkten sich auf den eher privaten Bereich, und ihre Arbeit kam anderen Menschen zugute. Als sich ihre Krankheit jedoch verschlimmerte, gab sie die für sie einst sinnvolle Arbeit auf und widmete sich ihrer Sucht. Sie begab sich auf die »Jagd« nach Männern und versuchte, ihre realen Beziehungen in ihre Phantasiewelt zu pressen. Jede vorsichtige Kontaktaufnahme wurde von ihr als Romanze ausgelegt. Schließlich drangen ihre zwanghaften, illusorischen Aktivitäten immer weiter in ihr Leben ein. Ihre kontrollierenden Verhaltensmuster vermehrten sich sprunghaft. Louise behandelte Männer zunehmend als Objekte, die der Befriedigung ihrer Romanzensucht dienen mußten; zudem zog sich Louise von ihren Freundinnen zurück, da diese ihr nicht den »Kick« verschaffen konnten. Für ihre unmittelbare Umgebung war offensichtlich, daß Louise sich für wertlos hielt und ihr Selbstwertgefühl abnahm.

Vermutlich ließe sich Richard ebenfalls dieser zweiten Stufe zuordnen. Er lebt seine Romanzensucht zwar aus, aber wie er selbst sagt: »Ich tue niemals jemandem weh (außer sich selber oder möglicherweise enttäuschten, selbsternannten Partnerinnen), und ich tue vielen Frauen einen Gefallen.« Dennoch lassen sich bei Richard allmählich die Verschleißerscheinungen aufgrund seines Lebensstils erkennen. Es kostet ihn viel mehr Energie, mit all diesen Frauen den Kontakt aufrechtzuerhalten, als sie glücklich zu machen. Es bleibt ihm wenig Zeit für sich, und eigentlich hat er bereits den Kontakt zu sich selbst verloren. Er begibt sich mit »phantastischen« Frauen an romantische Orte, ist vollkommen auf das Erlebnis fixiert, und oftmals entgeht ihm das eigentliche Geschehen. Richard fehlt jedes Bewußtsein dafür, daß Sex auch ein Gefühl von Nähe entstehen lassen kann. Nähe flößt ihm Angst ein. Sex ist einzig dazu da, seine Romanzensucht zu befriedigen.

Richard sieht in Frauen lediglich Objekte. Wer sie eigentlich sind, interessiert ihn nicht; ihm bedeutet nur, »was« sie darstellen. Wenn sie nicht schön sind, »mit den tollsten Brüsten, die er je gesehen hat«, dann müssen sie wenigstens reich, berühmt, bedeutsam oder einflußreich sein. Richard ist, wie andere Romanzensüchtige, an der Verpakkung interessiert.

Abgesehen von der Möglichkeit, daß er sich mit AIDS infiziert, setzt Richard sein Leben nicht aufs Spiel. Oberflächlich betrachtet, fügt er auch niemandem Schmerz zu. Gleichwohl widmet er sein Leben zunehmend der Sucht, und da er sich nicht für die Genesung von seinem Alkoholismus oder seiner Romanzensucht entschieden hat, fordern beide ihren Tribut. Richard mußte erst kurz vor dem Tod stehen, bevor er das Trinken aufgab. Wie weit muß es kommen, bis er seiner Romanzensucht ins Gesicht sieht? Vielleicht bewegen ihn seine Depression und seine Einsamkeit dazu. Denn Richard hat den Kontakt zu der für ihn wichtigsten Person verloren – nämlich zu sich selbst.

Auf *Stufe drei* äußert sich Romanzensucht auf eine Art und Weise, die für den Süchtigen selbst und andere Menschen schädlich ist und an die Grenze der Illegalität reicht oder sie gar überschreitet.

Mary und Peter bewegen sich auf dieser Stufe. Die fortschreitende Krankheit erfordert immer stärkere Reizsituationen, um den »Kick« zu erleben. Die Erregung durch einen verbotenen Moment oder gar eine möglicherweise gewalttätige Interaktion wird ein Teil der Sucht. Der Verfall moralischer Wertvorstellungen ist hier unübersehbar.

Mary war an einem Punkt angelangt, an dem sie keine Vorbehalte mehr gegen Abenteuer mit verheirateten Männern hatte, obwohl dieses Verhalten eindeutig gegen ihre persönliche Moral verstieß. Da sie eine hochbezahlte Position im Management innehatte, stellte ihr niemand Fragen, wenn sie zu ihren nachmittäglichen Rendezvous verschwand. Sie brach mit ihren eigenen Wertvorstellungen in zwei ganz wesentlichen Bereichen ihres Lebens, doch es störte sie einfach nicht.

Peter wurde durch seine Romanzensucht sogar dazu veranlaßt, die Grenze zur Gewalt zu überschreiten. Er wandte nur selten körperliche Gewalt an, außer vielleicht gegen sich selbst durch seine Diät-Kuren und sportlichen Aktivitäten sowie seinen rücksichtslosen Fahrstil, meistens jedoch beschränkte er sich auf verbale und psychische Gewalt. Seine Romanzensucht und die damit verbundenen Phantasien und Illusionen waren mittlerweile so fest in seinem Leben verankert, daß er die meiste Zeit in seiner zwanghaften Suchtkrankheit verbrachte. Andere Aspekte seines Lebens wie Arbeit, Familie, Freunde oder wichtige Beziehungen waren längst in den Hintergrund gedrängt. Sein gesamtes Leben konzentrierte sich auf die Konflikte in seinen Beziehungen; er verstand es, die friedlichste Situation in einen Krieg zu verwandeln. Die Erleichterung war ihm richtiggehend ins Gesicht geschrieben, wenn eine Frau sich auf die Schlacht einließ und so zu einer weiteren »unvollkommenen« Frau werden mußte.

Peter verdiente seinen Lebensunterhalt mit dem Schreiben von Artikeln und Büchern; demzufolge verbrachte er einen Großteil seiner Zeit allein. Als recht erfolgreicher Autor mußte er allerdings nicht allzu viele Stunden auf seine Arbeit verwenden. Doch genau diese Tatsache verschaffte ihm die Zeit, in der er seine Isolation und seine ausgiebigen romantischen Phantasien ausbauen konnte. Die Grenze zwischen seiner Phantasiewelt und den von ihm konstruierten Realitäten verschwamm immer mehr. Er betrachtete sich als über jedes Gesetz erhaben und glaubte tatsächlich, er könnte tun, was er wollte.

Seine »dunklen Stimmungen« – wie er sie nannte – nahmen an Häufigkeit zu, und er schwankte zwischen extremem »Macho«-Gehabe und extrem kindlichen und verletzlichen Verhaltensmustern hin und her. Sein Leben funktionierte nicht mehr. Peter war an einem Punkt angelangt, an dem seine Romanzensucht sich als potentielle körperliche Gefahr für ihn und andere Menschen äußerte.

Auf *Stufe vier* umfaßt Romanzensucht Verhaltensmuster, die in Form von Gewalt nach außen treten. Nicht mehr Kerzenschein und Rosen sind gefragt, sondern pure Gewalt. Süchtige auf dieser Stufe gelangen nur noch durch gewalttätige, lebensbedrohende Situationen an ihren »Kick«. Solche Situationen können mit Sex oder anderen Personen in Zusammenhang stehen, sie können den Süchtigen jedoch auch lediglich dazu veranlassen, persönliche Risiken auf sich zu nehmen, die er als romantisch (und lebensgefährlich) empfindet. Auf dieser Stufe läßt sich der romantische Kitzel am ehesten ohne das Dazutun anderer erreichen. Doch wie andere Süchtige benötigt der von Romanzen abhängige Mensch immer mehr, um »high« zu werden. Phantasien und Filme reichen nicht mehr aus. Vielmehr muß das reale (phantasierte) Leben herhalten. Der Süchtige vermag auf dieser Stufe die »Front« zu wechseln, indem er die Sexualität oder eine Beziehung gar nicht erst aufnimmt, sondern direkt nach dem erregenden »Kick« strebt. Oder aber etwas, das anfangs nach Beziehungssucht aussah, entpuppt sich nun klar als die zwanghafte Suche nach einem Partner, der wirklich krank und potentiell gefährlich ist. Hier haben Romanzensüchtige die Stufe zum Zerstörerischen hin überschritten. Sie zerstören sich selbst und/oder andere.

Ähnlich den Stufen der Sexsucht, sind auch die hier genannten nicht voneinander getrennt zu sehen. Vielmehr manifestieren sich bei den betreffenden Personen Verhaltensmuster auf mehreren Stufen. Zudem läßt sich beim Übergang von einer Stufe zur nächsten ein Fortschreiten der Krankheit feststellen – wenngleich Süchtige der Stufe eins ebenso krank sein können wie Süchtige der Stufe vier.

Natürlich müssen nicht alle soeben diesen Stufen zugeordneten Verhaltensmuster ein Anzeichen für Sucht sein. Trotzdem sollte jeder, bei dem eines dieser Muster deutlich erkennbar auftritt, ernsthaft die Möglichkeit, daß er romanzensüchtig ist, in Betracht ziehen.

Romanzensucht ist eine Form des Verrücktseins, da sie, wie alle anderen Süchte, mit einer Realitätsverzerrung einhergeht. Die Krankheit schreitet genauso voran wie die Realitätsverzerrung, die im Dienste der Krankheit steht. Der Süchtige verhält sich immer »verrückter«. Die Realität reicht Romanzensüchtigen nicht aus; infolgedessen muß sie verzerrt werden, damit die Bedürfnisse befriedigt werden können.

Je mehr sich der Süchtige in seine Krankheit verstrickt, um so stärker tendiert er zu Feindseligkeit und Schuldzuweisung. Seine Mitmenschen spüren die Last seiner Krankheit.

»Normale« Phantasien nehmen mit der Zeit die Züge von Verzweiflung an; gelegentliche Liebesverhältnisse verleihen ihnen ein Gefühl der Hoffnungslosigkeit. Romanzensüchtige sind ständig von romantischen Vorstellungen und Erlebnissen in Anspruch genommen und auf sie fixiert. Die Besessenheit von dem Rausch einer neuen Liebe verwandelt sich in den Rausch der Erregung. Romanzensüchtige sind von ihren Liebesaffären betrunken, und ihre Sucht wirkt sich nicht weniger auf ihren Verstand aus als jede andere Droge oder chemische Substanz. Wer die veränderten Denkweisen von Menschen bezweifelt, die »verliebt« sind, sollte sich stets daran erinnern, daß eine romantische Liebe tatsächlich eine Situation ist, die den Verstand verändert und durchaus zu einer fortschreitenden, verhängnisvollen Krankheit führen kann.

Wenn wir uns die romantische Liebe als Eintritt in eine Romanzensucht vorstellen, gelingt es besser, Sexsucht und Romanzensucht voneinander zu trennen. Das Vehikel mag das gleiche sein, doch der Suchtkern ist unterschiedlich. Ich habe nicht vor, mich an dieser Stelle näher mit der romantischen Liebe auseinanderzusetzen, gleichwohl ist es notwendig zu sehen, wie romantische Liebesphantasien zu Romanzensucht führen, genau wie die kulturelle Sexualisierung zu Sexsucht führt. Dennoch sind es nicht dieselben Süchte. Meiner Ansicht nach sind die meisten Sexsüchtigen nicht auf der Suche nach einer Romanze. Ebensowenig glaube ich, daß Romanzensüchtige einen mit Sex in Zusammenhang stehenden »Kick« anstreben. Möglicherweise ähneln sich die Verhaltensmuster der Süchtigen, und dennoch sollten diese beiden Suchtformen getrennt betrachtet werden, damit eine Genesung beginnen kann.

Zusammenhang mit anderen Suchtformen

Andere Süchte als Deckmantel

Da unsere Gesellschaft mittlerweile von Sexsucht durchsetzt und auf sie fixiert ist, wird diese Suchtform leicht mit Romanzensucht vermischt. Romanzensüchtige setzen Sex zwar oft als Mittel ein, um ihre Sucht zu unterstützen, aber tief im Inneren verspüren sie nur wenig oder gar kein Interesse am Sex. Sowohl Männer als auch Frauen, die von Romanzen abhängig sind, betrachten Sex lediglich als Mittel, um ihre romantischen Phantasien auszuleben, als Möglichkeit, die Objekte ihrer Phantasie an sich zu binden. Da sie ein so geringes Selbstwertgefühl besitzen, sehen sie sich selbst mit negativen Augen; da sie zudem ihre romantischen Helden/Heldinnen aufs Podest heben, glauben sie, sie müßten ihnen etwas bieten, wenn sie deren Aufmerksamkeit auf sich ziehen wollen. Also benutzen sie Sex. Sexsüchtige verführen Romanzensüchtige mit Wein, Kerzenlicht, Musik und Blumen. Umgekehrt verführen Romanzensüchtige eben mit Sex. Das Resultat bleibt gleich: Jede Form der Nähe wird vermieden.

Andere Süchte als Rechtfertigung

Romanzensüchtige rechtfertigen ihre Sucht oft, indem sie ganz entschieden ihren Wunsch nach einer wirklich innigen, bedeutsamen Beziehung beteuern. Sie machen sich selbst und anderen vor, daß ihre romantischen Verhaltensweisen nur als Mittel dienen, um etwas besonders Wertvolles aufzubauen. (Beziehungssüchtige fallen darauf gern herein.)

Auch chemische Substanzen stehen manchmal im Dienst von Romanzensüchtigen. Ein Gläschen Wein, eine Prise Koks, ein bißchen Gras – all dies intensiviert den romantischen Höhenflug um einiges.

Andere Süchte als Rationalisierung und Nichtigkeitserklärung

»Zu einem wahrhaft romantischen Erlebnis gehört immer ein guter Wein, nicht wahr?« Es gibt viele andere Süchte, mit denen sich die Romanzensucht rationalisieren und steigern läßt. In der Werbung gehören zu jeder romantischen Szene Zigaretten und Alkohol. Ist Romantik ohne derartige Accessoires überhaupt möglich? Und wird Romantik nicht benutzt, um Nähe auszuschließen? Ist die Illusion nicht schöner als die Realität?

Meiner Ansicht nach werden Menschen sogar geldsüchtig, um ihre Abhängigkeit von Romanzen zu fördern. Romantische Illusionen kosten viel Geld. Ein kurzer Flug, um den Geliebten zu »überraschen«, ein kleines teures Geschenk – das alles kostet. Da ächzen die Kreditkarten.

Übrigens bin ich ebenfalls davon überzeugt, daß Romanzensüchtigen oftmals eine Beziehungssucht als Deckmantel dient. Es mag den Anschein haben, als suchten sie sehnlichst nach einer Beziehung, und doch wollen sie in Wirklichkeit nur den romantischen »Kick«. Gelegentlich werden romantische »Kicks« sogar benutzt, um den Schwierigkeiten in einer Ehe aus dem Weg zu gehen, da der Glaube vorherrscht, mittels romantischer Situationen ließen sich die Probleme beheben. Romanzensucht ist, wie alle anderen Süchte, äußerst heimtückisch.

Die Rolle der Familie

Die meisten romanzensüchtigen Menschen stammen aus dysfunktionalen Familien. Da in der gängigen Literatur Romanzen-, Sex- und Beziehungssucht nie gesondert betrachtet wurden, ist ihnen auch meist eine gemeinsame Entstehungsgeschichte zugeschrieben worden.

Bei näherer Betrachtung findet sich eine beträchtliche Anzahl von Inzestüberlebenden unter den Menschen, die von Romanzen abhängig sind. Sie neigen dazu, jede Beziehung zu sexualisieren, wobei die Sexualisierung als Werkzeug des romantischen »Kicks« und nicht etwa eines sexuellen »Kicks« dient.

Häufig haben Romanzensüchtige sich ein Denksystem zurechtgelegt, in dem sie selbst die Rolle des Wertlosen und Minderwertigen einnehmen. Gefühlsbetonte Phantasien haben oft zum Ziel, einer feindseligen, furchteinflößenden, gelegentlich sogar gewalttätigen Familiensituation zu entfliehen. Sie können jedoch auch für die Flucht vor einer schlichten, langweiligen, »perfekten« Familiensituation benutzt werden. Romanzensüchtige stammen oft aus Familien, die großen Wert darauf legen, »Eindruck zu schinden«, und die alles daransetzen, daß andere sie so sehen, wie sie sich selbst sehen möchten, oder wie sie *denken,* daß andere sie sehen möchten. Romanzensüchtige kommen häufig auch aus »Schein-Familien«: Sie wurden als kleine Prinzessinnen oder Prinzen erzogen und erwarten, daß die Welt ein großes »Schauspieler-Ensemble« darstellt, aus dem sie ihre Illusionen entnehmen. Menschen, die als kleine »Majestäten« erzogen wurden, durchleben ein permanentes Hin und Her in ihren Gefühlen – einmal sind sie die Könige ihrer Illusionen, dann wieder ein »Stück Dreck« –, nur ihre eigenen Erwartungen wie die ihrer Eltern können sie niemals erfüllen. Kommt dann keine Hilfe von außen, werden sie wütend.

Romanzensüchtige wurden von ihren Familien nie auf die reale Welt vorbereitet. Manchmal versuchen sie, mit Hilfe ihrer Illusionen dem Horror ihrer Wirklichkeit zu entfliehen, und manchmal sind diese Illusionen einfach »der Stoff, aus dem die Träume sind«. Kinder, die in solchen Familien voll Schein aufwachsen, werden immer wie Püppchen angezogen und müssen ihre Rolle als Teil des perfekten Familienbilds spielen; durch ihre Geburt wurde nicht selten das Bild des perfekten Paares zerrüttet. Tatsächlich sind es die Kinder in solchen Familien, die den Beweis für die perfekte Familie erbringen müssen. Sie setzen alles daran, um diese Illusion aufrechtzuerhalten, und infolgedessen reproduzieren sie die Sucht innerhalb der Familie.

Diese familiäre Sucht verläuft – wie alle anderen Süchte – progressiv und nimmt daher in jeder nachfolgenden Generation gravierendere Formen an, da die Aufrechterhaltung der Illusion zunehmend schwieriger wird. Menschen, die in solchen dem Schein verpflichteten Familien aufwachsen, passen sich gut an das Leben mit Drogen-, Sex- oder Beziehungssüchtigen an. Sie selber neigen häufig zu Eßsüchten, ganz besonders zu Mager- oder Freßsucht. In diesen Familien wurde ein perfektes Selbsttäuschungssystem entwickelt, dem sich alle Mitglieder verschrieben haben. Gäbe man die Probleme offen zu, wäre die Familienillusion bedroht. Dieses von der Familie getragene Verleugnungssystem bleibt so lange intakt, bis irgendeine Krise auftaucht. Jeder einzelne muß sich selber aufgeben, damit er dieser familiären Scheinwelt gerecht wird. Romanzensüchtige haben nicht nur den Kontakt zu sich selbst verloren, sie fürchten auch, daß sie zurückgestoßen oder verlassen werden, wenn sie nicht reibungslos in das Phantasiebild ihrer Familie passen. Dies wiederum erzeugt Gefühle von Wertlosigkeit und »Schlechtigkeit«. In dieser Hinsicht vermag die romantische Phantasterei zumindest vorübergehend als Trost zu wirken.

Romanzensüchtige können sich nicht vorstellen, daß ihre Bedürfnisse auf normale Weise befriedigt werden (was schließlich auch nie der Fall war); infolgedessen glauben sie, auf ganz außergewöhnliche Methoden zurückgreifen zu müssen, um auch nur ein Minimum an Anerkennung und Pflege zu bekommen. Der gesunde Teil des süchtigen Menschen wünscht sich Gefühle und Nähe; der andere, von romantischen Illusionen abhängige Teil ersetzt solche normalen menschlichen Bedürfnisse durch Erregtheit und Romantik.

Zudem empfinden sich Romanzensüchtige immer als unzulänglich, egal, wie sehr sie sich auch bemühen; aus diesem Grund legen sie sich ein Repertoire unnatürlicher Verhaltensweisen zu und schaffen gekünstelte Situationen, damit ihre Bedürfnisse vielleicht doch befriedigt werden. Romanzensüchtige glauben außerdem, sie müßten selbst alle Teile der Komposition für die Erfüllung ihrer Wünsche bestimmen, und entwickeln sich folglich zu richtiggehenden Meisterdirigenten. Sie sind geschickt im Manipulieren und Kontrollieren und vertreiben auf diese Weise oft diejenigen, die ihre Bedürfnisse eigentlich befriedigen *könnten.*

Allerdings muß uns klar sein, daß es nicht nur die Familie ist, die unsere Denk- und Verhaltensmuster formt. Familien stehen unter dem Einfluß der Institutionen in der Gesellschaft; sie sind es, die uns Rollen und Einstellungen lehren.

Die Rolle der Institutionen

Viele Institutionen unterstützen die mit der Romanzensucht einhergehenden Fluchtphantasien. Die Kirche beispielsweise trägt hierzu auf verschiedene Art und Weise bei. Zu nennen wäre hier einmal die Lehre vom »besseren Leben« nach dem Tod. Diese Lehre nährt Fluchtphantasien und vermittelt den Menschen die Illusion, sie bräuchten sich nicht mit dem Hier und Jetzt und der Realität herumzuschlagen. Die Verwendung gewisser religiös-liturgischer Rituale fördert ebenfalls unrealistische Hoffnungen und Fluchtgedanken, indem hypnotische, illusionäre Effekte erzeugt werden, die wir mit Spiritualität in Verbindung bringen.

Eine weitere Strategie, mit der die Kirche Romanzensucht unterstützt, ist das Bild von der keuschen und reinen Frau einerseits und dem Mann als Vorbild, dem es nachzueifern gilt, andererseits. Es sind perfekte Modelle – jeder Makel ist unzulässig. Um ihnen gleichzukommen, ist es notwendig, das Mittelmaß, das eine reale Person in einem realen Körper bedeutet, hinter uns zu lassen. Infolgedessen müssen wir uns selbst und anderen gegenüber als »Betrüger« auftreten, da wir schließlich eine Existenz ohne die Leiden und Nöte des Lebens vor Augen haben. Auch die Kirchen sind – wie viele Familien – Meister im Lehren von Eindruckschinden.

Unsere Schulen wiederum leisten ihren Beitrag zur Unterstützung der Romanzensucht, indem sie bestimmte Bücher, Gedichte, Märchen verwenden und eine Romantisierung der Geschichte betreiben. Oft genug hören wir verklärende Versionen unserer Geschichte. Krieg etwa bietet die Gelegenheit zum Heldentum. Die Opfer eines Krieges dagegen sind nicht real; sie sind lediglich Statisten. Wenn alte Männer die Wahrheit über den Krieg erzählen würden, so sagt man, gingen junge Männer nicht mehr hin. In den Schulen hören wir wirklich nicht immer die Wahrheit; vielmehr lernen wir dort Dinge, die unsere Suchtgesellschaft am Leben halten. Die Familie ist nicht die einzige Institution, von der wir unsere Einstellung beziehen.

Wenn wir über die Schule in den USA und ihren Beitrag zur Romanzensucht reden, dürfen wir dabei eines nicht übersehen: die Rolle der Sportstars und der Schönheitsköniginnen bei irgendwelchen Abschlußbällen. Sie wirken nicht zuletzt auf die Erziehung von Menschen ein, die von romantischen Vorstellungen abhängig werden. Die aufdringlichsten und einprägsamsten Ereignisse in der High-School-Zeit bauen oftmals auf romantischen Illusionen auf. Schummerlicht, romantische Musik und Cinderella-Look gehören zu solchen Ereignissen. Wir werden wirklich bestens auf die Romanzensucht vorbereitet.

Eine süchtige Gesellschaft ist auf Illusion aufgebaut. Die tragenden Säulen sind Illusionen: die der Kontrolle, des Perfektionismus, der Unehrlichkeit, der Verwirrung, des verzerrten Denkens und des Denkens verändernder Erfahrungen und Wahrnehmungen. Romanzensucht ist ein wesentliches Element einer solchen Gesellschaft. Es ist wichtig, daß alles »nicht so ist, wie es scheint«. Eine auf Illusionen aufbauende Gesellschaft muß ihre Illusionen pflegen.

Nehmen wir beispielsweise die Medien. Sie sind wichtige Lehrer der Illusion. Filme, Videos und kitschige Serien führen uns in die Techniken und Fertigkeiten der Romanzensucht ein. Songs über Liebe dienen als Mantras für unmittelbare Nähe, Liebe auf den ersten Blick und heroische Beziehungen – und selbstverständlich alles in einer Atmosphäre von Kerzenschein und Rosenstrauß. Durch all dies wird uns beigebracht, daß Liebe und Beziehungen eben tragisch sind und Tragödie nichts anderes als Romantik bedeutet.

Die Romanzensucht unterstützt die Werbung. Gleichzeitig speist sie sich durch Werbung im Fernsehen und in Zeitschriften. In den Medien wird sogar der »normale Mensch« romantisch verklärt. Die notwendigen Accessoires erschlagen uns regelrecht. Die Werbung versteht es bestens, Sex und Romantik miteinander zu verbinden. Das eine wirkt verkaufsfördernd auf das andere.

Werfen wir schließlich noch einen Blick auf die Kosmetikindustrie und die Schönheitschirurgie: Beide basieren auf einer Illusion, nämlich der der Perfektion. Was geschähe, wenn die Menschen ihren äußeren Schein aufgäben, ihre Masken abnähmen und zeigten, wer sie wirklich sind? Hier ist die Rede von Millionen, vielleicht sogar Billionen von Dollars!

Die Auswirkungen der Romanzensucht auf die Gesellschaft

Eine der gravierendsten Auswirkungen der Romanzensucht auf unsere Gesellschaft besteht darin, daß sie die Illusion, die im Zentrum der Gesellschaft steht, unterstützt und den notwendigen Umgang mit dem Leben, mit anderen Menschen und dem Universum – und zwar so, wie sie wirklich sind – vermeiden hilft. Sobald wir mit einem illusionären *Konzept* der Wirklichkeit leben, befinden wir uns immer einen Schritt weit von der Realität entfernt. Auf diese Art und Weise werden die Menschen verwirrt, ängstlich und machtlos. Wenn der einzelne innerhalb der Gesellschaft sich in diesem Zustand befindet, ist er für die Leitlinien eines verwirrten Systems leicht zugänglich. Beide – Individuum und Gesellschaft – gehen dann auf eine zerstörerische Weise miteinander um.

Romanzensucht enthebt die Menschen ihrer Pflicht, an der »schmutzigen Arbeit« oder der Langeweile des Lebens teilzunehmen. Das bleibt jenen überlassen, die keine »Majestäten« sind oder die sich damit beschäftigen wollen. Romanzensüchtige fühlen sich erst auf den Plan gerufen, wenn es um wichtige Dinge oder Krisen geht – aber nicht um alltäglichen Kram.

Es ist schwierig, in einer auf Illusionen aufgebauten Gesellschaft die Wahrheit herauszufinden. Schließlich bedeutet die Wahrheit eine Bedrohung der illusionären Gesellschaft. Jesus sagte: »Ihr werdet die Wahrheit erkennen, und die Wahrheit wird euch frei machen.« In einer illusionären Gesellschaft allerdings gibt es nur wenig Freiheit.

Ich möchte an dieser Stelle betonen, daß ich weder den einzelnen Süchtigen noch die auf Illusion gegründete Gesellschaft anprangern will. Mir kommt es darauf an, das Wechselspiel zwischen diesen beiden aufzuzeigen, das letztendlich zum Fortbestehen der Suchtgesellschaft beiträgt.

Romanzensucht hält den einzelnen Menschen – und damit die Gesellschaft – unmündig und unreif. Die amerikanische Kultur wurde von anderen Ländern oft mit einem Heranwachsenden verglichen; zu dieser Sichtweise trägt die Romanzensucht bei. Denn um die Abhängigkeit eines Romanzensüchtigen aufrechtzuerhalten, sind eine gewisse Naivität und Arglosigkeit wichtig und unerläßlich. Eines der größten Hindernisse bei der Genesung bedeutet tatsächlich die Angst davor, diese Naivität aufzugeben. Im Schwarzweißdenken des Süchtigen bedeutet das Aufgeben der Naivität, daß er zynisch wird – und das möchten Romanzensüchtige keinesfalls!

Romanzensüchtige halten ihr Leben immer auf der Schwelle von Erregung, Chaos und Krisen. Sie mögen Aufregung. Das gleiche gilt für die Romanzensucht auf gesellschaftlicher Ebene. Läuft alles ein bißchen flau, muß schnell ein kleiner Krieg her. Durch die Entfremdung von den wahren Gefühlen ist immer ein bestimmtes Quantum an Aufregung notwendig, um überhaupt noch ein wenig Leben in sich zu spüren. Und romantische Phantasien können diese Aufregung liefern. Allerdings bewirkt dieser Prozeß ein völliges Abspalten der tatsächlichen Tragweite der damit verbundenen Folgen.

Es gibt ganze Industriezweige, die sich um die Romanzensucht herum angesiedelt haben. Ich habe bereits an früherer Stelle erwähnt, daß diese Industrie (Unterhaltung, Kosmetik, Schönheitschirurgie, um nur einige zu nennen) das Wirtschaftswachstum erheblich beeinflußt und umgekehrt.

Mögliche gesamtgesellschaftliche Auswirkungen einer Genesung

Sobald sich die Menschen entschließen, ihrer Romanzensucht ins Gesicht zu sehen und von ihr zu genesen, werden wirtschaftliche Rückwirkungen vermutlich nicht ausbleiben. Möglicherweise entstünden andere Filme mit völlig neuen Inhalten. Möglicherweise ließe sich auch eine klare Linie zwischen Phantasie und Wirklichkeit ziehen, die die Phantasie als solche klar erkennbar machte. Und ganz gewiß bekämen die Kosmetik- und Kleiderindustrie sowie die Schönheitschirurgie die Auswirkungen zu spüren, wenn wir weniger Wert auf das Eindruckschinden und äußerliches Gehabe legen würden.

Bestimmte Krankheiten wie Eß- und Magersucht und Depression träten sicher weniger häufig auf. Denn sobald die Menschen ihrer Romanzensucht ins Gesicht sähen, würden sie wahrscheinlich nicht so leicht in andere Süchte zurückfallen, oder sie wären nicht mehr ohne weiteres bereit, sich auf die Süchte anderer Menschen einzulassen.

Wenn wir als Individuen reif werden, besteht auch die Hoffnung, daß wir als Nation zur Reife gelangen. Wenn das Leben in der Realität zur Norm wird, können wir auf ein reifes Verantwortungsgefühl innerhalb von Gemeinschaften und Regierungen hoffen. Jeder einzelne würde sodann seinen Anspruch auf eine Spiritualität einklagen, die eine volle Teilnahme am Leben als Erwachsener bedeutet und nicht kindliche, dümmliche Verhaltensmuster.

Möglicherweise können wir als Gesellschaft endlich anfangen, erwachsen zu werden. Wir konnten den Unschuld-Zynismus-Dualismus aufgeben und unsere persönlichen Belange sowie unsere Staatsangelegenheiten als Erfahrungen erleben, in denen Unwissenheit mit Weisheit gepaart ist. Vielleicht klingt das alles nach romantischen Spinnereien und vielleicht sieht es sogar aus, als sei ich selber in der Romanzensucht gefangen – und doch habe ich so oft das Wunder der Genesung erlebt, daß ich meiner Ansicht nach die *Möglichkeiten* und wahrscheinlichen Auswirkungen einer gesamtgesellschaftlichen Genesung nicht zu hoch einschätze.

Ich könnte mir vorstellen, daß – wie es gegenwärtig in der Spirituosen- und Tabakindustrie der Fall ist – in den Industriezweigen, die auf Romanzensucht aufbauen, eine ganze Reihe von Kräften mobilisiert werden wird. Trotzdem erwarte ich, daß die Industrie mit der gleichen Erfindungsgabe wie früher auf Veränderungen reagieren und sogar zu Produktionsweisen übergehen wird, die eine gesunde Schönheit und Genesung fördern. Wir haben gesehen, daß die Genesung eines Individuums sich auf das gesamte Familiensystem auswirkt. Wir haben gesehen, daß die Genesung mehrerer Individuen sich auf ganze Organisationen auswirkt. Die Verbreitung solcher Ideen ist nicht bloße Phantasie oder Illusion (das glaube ich nicht!). Ich vertrete hier nicht etwa die Ansicht, daß eine Ursache-Wirkung-Beziehung zwischen der Gesellschaft und dem einzelnen Romanzensüchtigen besteht. Vielmehr will ich die Einsicht hervorheben, daß der Gesellschaft daran gelegen ist, der Romanzensucht Vorschub zu leisten, und daß Romanzensüchtige zum Fortbestehen einer illusionären Gesellschaft beitragen.

Bei der Beziehungssucht sollten wir zwei Haupttypen unterscheiden. Unter den ersten Typ fallen Menschen, die immer irgendeine Beziehung brauchen, die nach Beziehungen selbst süchtig sind – seien diese nun real oder phantasiert. Zum zweiten Typ zählen Menschen, die von einer ganz *bestimmten* Beziehung zu einer ganz *bestimmten* Person abhängig sind. Im ersten Fall ist der Süchtige auf eine *Idee* fixiert, im zweiten Fall auf eine Person. Beziehungssüchtige vom Typ II können oftmals über lange Zeiträume hinweg ohne jede Bindung auskommen, doch sobald sie dann eine Beziehung eingehen, fixieren sie sich sofort auf den Partner.

Beziehungssüchtige vom Typ I sind eher süchtig nach der Vorstellung von einer Beziehung. Eigentlich haben sie keine Beziehungen, sondern Geiseln. Sie gehen eine Bindung mit ihrer *Idee* von einer Beziehung ein, wobei der wirkliche Partner überhaupt keine Rolle spielt. Beiden Typen ist gemeinsam, daß sie bereitwillig ihre spirituellen und moralischen Wertvorstellungen aufgeben, damit sie an der Illusion festhalten können, sie lebten in einer Beziehung. Tatsächlich ist es die Illusion, die Beziehungssüchtigen vom Typ I den »Kick« ermöglicht. Die stimmungsverändernde Droge ist für sie die Phantasie oder der Glaube, sie *hätten* eine Beziehung. Sie sind von einer mutmaßlichen Bindung besessen und nicht von einer Person. Der von Patrick Carnes aufgestellte »Kreislauf der Sucht«[1] trifft diesen Umstand präzis. Bei beiden Beziehungstypen läßt sich folgendes beobachten:

Besessenheit: Die Beziehung beherrscht das gesamte Denken, sie wirkt sich fast tranceartig und stimmungsverändernd aus; die Betreffenden gehen vollkommen in der Beziehung auf.

Ritualisierung: Aufnahme von Verhaltensweisen, die im Zusammenhang mit dem »Aufbau einer Beziehung« stehen, wie etwa Gewichtsverlust, Verschönerungskuren durch neue Frisuren, Kleidung, Make-up und so weiter, oft mit ritualisiertem »Werbe«-Verhalten verbunden.

Zwanghaftes Beziehungsverhalten: umgehender Aufbau *einer Beziehung* und möglichst bald über »Heirat« sprechen oder tatsächlich heiraten (eine beziehungssüchtige Frau hatte im Alter von 42 Jahren bereits zehnmal geheiratet) oder sich anderweitig *festlegen* oder unbedingt an der Beziehung festhalten, als ginge es ums Leben.

Verzweiflung: Bewußtsein dafür, daß dieser »Fix« nicht funktioniert, und damit verbundene Gefühle der Hoffnungslosigkeit und Machtlosigkeit.

Beziehungssüchtige vom Typ I wollen um alles in der Welt *eine Beziehung*. Stecken sie erst einmal in ihrer Krankheit, interessiert es sie weniger, wer oder was die andere Person eigentlich ist. Sie wollen einfach jemanden. Für sie ist eine Beziehung nicht etwas, das sich entfaltet und wächst; sie prüfen nicht, ob Hintergrund, Wertvorstellungen oder Lebenserwartungen überhaupt zusammenpassen. Beziehungssüchtige »gehen einfach drauflos«.

Sie sind meisterhafte »Betrüger«. Da die Beziehungssucht ihr zentraler Lebensinhalt ist, haben sie eine Reihe von Fertigkeiten entwickelt, mit deren Hilfe sie (kranke, Nicht-, Pseudo-) Beziehungen aufbauen.

Diese Fertigkeiten, die Beziehungssüchtige vom Typ I und Typ II entwickelt haben – zuhören, Gefühle mit dem anderen teilen (wenn auch keine realen, wertvollen Gefühle), da sein und Aufmerksamkeit schenken –, sind recht verführerisch und nützlich. Tatsächlich sind Beziehungssüchtige aufgrund dieser Fertigkeiten, die sie als lästige Tricks einsetzen, nur schwer zu »entlarven« (durch sich selbst oder andere). Beziehungssüchtige haben die Ratgeberbücher zum Thema Beziehungen verschlungen, sie haben die Übungsteile mit großer Hingabe durchexerziert und sind nun Experten auf dem Gebiet von Beziehungs-»Techniken«. Außerdem täuschen sie häufig »Offenheit« vor. Sie setzen ihr Manipulations- und Kontrollgeschick unter dem Vorwand ein, sie wollten eine Beziehung aufbauen. Sie »sorgen für ihren Nachschub«, indem sie immer die »richtigen« Dinge tun. Beide Typen von Beziehungssüchtigen beherrschen die oberflächlichen Techniken sozialer Interaktionen. Sie haben zwar keine Ahnung, was eine Freundschaft ist und wie echte Nähe hergestellt werden kann, aber sie können hervorragend Beziehungen simulieren. Ihre *Angst* vor Nähe veranlaßt sie, viel lieber mit der Illusion von Nähe zu leben. Beziehungssüchtige vom Typ I heiraten eine Beziehung und nicht ihren Partner.

Beiden Typen ist der absolute Horror vor dem Alleinsein gemeinsam. Sie fühlen sich schon allein, wenn nur kurzzeitig kein Mensch in ihrer unmittelbaren Nähe ist. Daher müssen sie sich fast zwangsläufig von einer Beziehung in die nächste stürzen. Sie nehmen sich nie die Zeit, um die schmerzvollen Gefühle nach dem Ende einer Beziehung zu durchleben, vielmehr tragen sie all diese unverarbeiteten Gefühle in die neue Beziehung hinein.

Besonders Beziehungssüchtige vom Typ II leiden unter selektivem Gedächtnisschwund. Damit sie in einer Beziehung leben oder diese aufrechterhalten können, vergessen sie gezielt Elemente dessen, was vor einem Jahr, letzte Woche oder gestern war.

Beziehungssüchtige belügen sich selbst und andere, damit nicht sichtbar wird, welche Opfer sie für sich und die Familie auf sich nehmen – um in der Beziehung verbleiben zu können. Nicht selten setzen sie das Wohl ihrer Kinder aufs Spiel, damit sie an ihren »Kick« kommen. So gefährden sie für die Sucht ihre eigene Sicherheit und die ihrer Kinder.

Aber Beziehungssüchtige geben nicht nur ihre moralischen und spirituellen Wertvorstellungen auf. Sie verwenden auch unendlich viel Zeit auf den Versuch, die Beziehung aufrechtzuerhalten, so daß ihnen die notwendige Zeit für ein wie immer geartetes spirituelles Leben oder für ihre Persönlichkeitsentwicklung fehlt. Solche »ausgelaugten« Beziehungssüchtigen stumpfen durch ihre Krankheit zunehmend ab, und ihr spirituelles Bewußtsein bedeutet ihnen nichts mehr, oder es kostet sie zuviel Kraft.

Zudem haben Beziehungssüchtige ein ausgeprägtes Kontrollbedürfnis. Sie sind überzeugt, daß sie Beziehungen allein durch pure Willenskraft *machen* können; sie meinen, die anderen durch bloße Hartnäckigkeit zur Liebe bewegen zu können. In diesem Bemühen werden sie immer kontrollierender, defensiver und vorwurfsvoller.

Männer, die von Beziehungen abhängig sind, glauben, ohne eine Frau nicht leben zu können; beziehungssüchtige Frauen dagegen sind der Ansicht, daß sie ohne einen Mann keine Identität haben. Egal, ob heterosexuelle, schwule oder lesbische Beziehungssüchtige, sie alle *brauchen* einen Partner. Für diese Menschen ist es absolut wichtig, Hälfte eines Paares zu sein. Menschen, die unter dieser Sucht leiden, beziehen ihr Selbstbild aus der Beziehung. Sie haben keine Vorstellung davon, wie sie eine *eigene*, aus ihnen selbst wachsende Identität aufbauen könnten. Selbst dann, wenn sie Zeit und Raum für sich selbst bräuchten, phantasieren sie vom Zusammensein und bleiben aneinander hängen. Ihr Motto lautet: »Wenn du nicht da bist, habe ich das Gefühl, als ob ich nicht lebe – also muß ich dich lieben« – um es mal mit den Worten vieler populärer Songs auszudrücken.

Von solchen Schlagworten sind viele Beziehungssüchtige in unserem Kulturkreis geprägt. Für sie sind Leid und Liebe dasselbe. Das eine gehört zum anderen; wer nicht leidet, kann auch nicht lieben.

Bei Beziehungssüchtigen treten dieselben Suchtmerkmale wie bei allen anderen Süchtigen auf. Sie sind genauso isoliert, unehrlich, kontrollierend, manipulierend, perfektionistisch, selbstbezogen et cetera. Beziehungssucht ist schmerzhaft und verläuft progressiv. Beispielsweise erzählte mir einer meiner Klienten, der sich im chronischen Stadium der Krankheit befand, daß er sich in seiner Beziehungssucht genauso unberechenbar und zerstörerisch verhielt wie einige Zeit zuvor, als er sich aufgrund seiner Drogen- und Alkoholsucht in Behandlung begab. Sobald er einer Beziehung nachjagte, packte ihn derselbe sein Denken verändernde Rausch wie während seiner Trinkerzeit.

Beziehungssüchtige sind oft durch die Tatsache beunruhigt oder darauf eifersüchtig, daß ihr Partner bereits vor ihnen verheiratet war oder eine Beziehung hatte. Sie können es nicht ertragen, daß der Mittelpunkt ihrer Sucht mit jemand anderem außer ihnen zusammengewesen sein kann. Damit es eine »echte« Beziehung ist, muß sie in einem Vakuum existieren, frei in Zeit und Raum schweben. Je mehr die Krankheit fortschreitet, desto größer wird die Eifersucht. Meiner Ansicht nach gehört Eifersucht nicht zu den normalen menschlichen Gefühlen. Doch für einen Menschen, der von Beziehungen abhängig ist und der in seiner Krankheit steckt, ist es *vermutlich* ein normales Gefühl.

Gerade aufgrund dieser Eifersucht oder dieser verzweifelten, verwirrenden Gefühle ertappen sich Beziehungssüchtige oft unwillkürlich beim Herumschnüffeln und Nachspionieren. Mit diesem Verhalten setzen sie zwar ihre persönliche Moral und ihre eigentliche Einstellung aufs Spiel, aber letztendlich ist die Moral im Verhältnis zur Krankheit nur noch zweitrangig.

Beziehungssüchtige sind ständig unruhig und deprimiert. Da sich ihr Selbstwertgefühl, ihre Bedeutung und ihre Sicherheit einzig aus der Beziehung speisen, *müssen* sie sich an sie klammern. Wer dies von einer Beziehung verlangt, erwartet natürlich etwas vollkommen Unmögliches. Und dennoch führt diese unbewußte oder bewußte Tatsache in immer stärker ausgeprägte kontrollierende Verhaltensmuster. Wird sich ein Beziehungssüchtiger schließlich der Vergeblichkeit seiner Kontrollversuche bewußt, gerät er in zunehmende Verzweiflung, er macht anderen ständig Vorwürfe, provoziert Streitereien und empfindet doch immer Gefühle der Verzweiflung dabei.

Doch selbst wenn sie den zerstörerischen Charakter der Beziehung erkannt haben, halten die Beziehungssüchtigen noch daran fest. Mit der Zeit fühlen sich Beziehungssüchtige immer verrückter und sind nicht mehr in der Lage, ihrem eigenen Instinkt zu trauen.

Die Schauspielerin Goldie Hawn liefert in ihrer Rolle in dem Film ›Schütze Benjamin‹ ein gutes Beispiel für eine Beziehungssüchtige. Sie wurde für die Ehe großgezogen, sonst gar nichts. Judy Benjamin, die Heldin des Films, verfügt über keinerlei Vorstellungen von sich selbst. Ihr Lebensziel bestand in der Ehe, in der man schon für sie sorgen würde. Als ihr zweiter Ehemann am Hochzeitstag stirbt, weiß sie nicht, was sie tun soll, und kommt irgendwie auf die Idee, in die Armee einzutreten. Plötzlich erleben wir eine Person, die allmählich ein Selbstwertgefühl, eine eigene Persönlichkeit entwickelt. Sie schlittert erneut in eine »Beziehung« mit einem annehmbaren Mann und steht an der Schwelle zu ihrer dritten Ehe. Diesmal allerdings ist sie nicht bereit, ihren Gefühlen von Vernarrtheit nachzugeben, als sie die Wahrheit über ihn herausfindet. Sie hat ein Stück eigene Persönlichkeit entwickelt, und daher geht sie. Es sind geradezu klassische Szenen, in denen sie seine Bettgeschichten mit anderen Frauen und seine (wie ich vermute) sexuelle Süchtigkeit entdeckt. Er versucht sie davon zu überzeugen, daß sich hinter ihrem Mißtrauen nichts als ihre eigene Verrücktheit, ihr Mangel an Liebe und Verständnis und so weiter verbirgt. Diese Szenen sind meiner Ansicht nach allen Beziehungssüchtigen vertraut. Judy fällt fast auf seine Manipulationen herein, doch dann vertraut sie ihren Wahrnehmungen und geht. Ein Beziehungssüchtiger hätte bis zum bitteren Ende durchgehalten.

Was wir bis vor kurzem noch als Co-Abhängigkeit bezeichnet haben, ist vermutlich Beziehungssucht, und wahrscheinlich sind auch viele Co-Sexsüchtige in Wirklichkeit Beziehungssüchtige. Kontrollierendes Verhalten, das im Zentrum der Co-Abhängigkeit steht, mag genausogut auf Beziehungssucht hindeuten. Daher müssen wir Co-Abhängigkeit und Beziehungssucht getrennt betrachten und beide Begriffe »aufklären«.

Bandbreite der Beziehungssucht

Bevor wir im folgenden näher auf die Beziehungssucht eingehen, möchte ich noch einmal betonen, daß wir Sex-, Romanzen- und Beziehungssucht jeweils für sich betrachten müssen – was in der gängigen Literatur bisher kaum geschehen ist. Jede dieser drei Suchtformen »fühlt« sich anders an, hat einen anderen Fixpunkt, und ich bin der Meinung, daß uns mehr Klarheit darüber die Genesung erleichtern wird.

In dem Lernprozeß über Süchte, über ihre Rolle innerhalb der Gesellschaft und über die Möglichkeiten einer Genesung sind das Wissen und die Erfahrung all jener wichtig, die sich bereits auf dem Weg zur Genesung befinden oder in diesem Bereich tätig sind. Auf diese Art und Weise ist die Beschreibung verschiedener Stufen von Beziehungssucht entstanden, wie ich sie im folgenden aufführe.

Stufe eins (Anorexie) umfaßt Menschen, die von Beziehungen besessen sind; sie sind davon besessen, sie zu *vermeiden.* Hier ist nicht die Rede vom zufriedenen »Einzelgänger« oder dem Menschen, der freiwillig ohne Beziehung lebt. Vielmehr geht es um Menschen, die denken, sie hätten eine Beziehung, und sogar davon besessen sind, die jedoch alles daransetzen, um sie zu *vermeiden.* Der Schlüssel in bezug auf die Sucht liegt hier in der Zwanghaftigkeit. Es handelt sich um Menschen, die nach außen hin verängstigt und phobisch wirken können. Ihre Gefühle sagen ihnen, sie *sollten* eigentlich eine Beziehung haben, sollten Teil eines Paares sein, aber tief innen sitzt eine Angst davor. Je weiter sich die von dieser Sucht Betroffenen in ihre Besessenheit hineinsteigern, desto größer wird ihre Isolation. Sie sind Menschen, die möglicherweise nie als Süchtige entlarvt werden oder die alle möglichen anderen Süchte benutzen (substanzgebundene zum Beispiel), um ihre eigentliche Sucht zu verbergen.

Auf der *zweiten Stufe* beschäftigen sich die Süchtigen oft mit phantasierten Beziehungen. Im Unterschied zu romantischen oder sexuellen Phantasien haben diese nur selten Mondschein, Rosen oder sexuelle Liaisons zum Inhalt. Vielmehr geht es um die Vorstellung, mit einem anderen Menschen eine Paarbeziehung zu haben. Diese Phantasien drehen sich fast ausschließlich darum, mit anderen *ein Paar zu sein,* und um den Glauben daran, daß es eine *Beziehung* ist. Ein beziehungssüchtiger Mensch vermag sogar in einer phantasierten Beziehung mit jemandem zu leben, den er kennt (oder auch nicht), und möglicherweise hat der oder die Partnerin gar keine Ahnung davon. Die Grenze zur Sucht ist hier überschritten, wenn der Süchtige allmählich an die Realität dieser Phantasien zu glauben beginnt, wenn er sein Leben nach ihnen gestaltet, die Phantasien in seinen beruflichen Alltag, seine Freundschaften eindringen läßt, sein süchtiges »High« aus der Phantasie-Beziehung zieht und zunehmend verwirrt wird und sich zurückzieht. Solche Fälle sind aus der Psychiatrie bekannt, aber sie wurden nie im Hinblick auf Beziehungssucht behandelt. Vielleicht sollten wir heute, da wir über eine ganze Reihe von Informationen über den Suchtprozeß verfügen, unsere Behandlung darauf ausrichten.

Stufe drei möchte ich »normale« Beziehungssucht nennen, und zwar aus dem einfachen Grund, weil dies die Stufe ist, an die wir denken, wenn wir von Beziehungssucht reden. Zudem ist die Sucht auf dieser Stufe innerhalb unserer Gesellschaft weit verbreitet. Hier geht es um genau die Männer und Frauen, von denen wir in Büchern wie ›Wenn Frauen zu sehr lieben‹, ›Liebe als Leid‹, ›Looking for Love (In All the Wrong Places)‹ und in dem Klassiker ›Love and Addiction‹ lesen. Es sind Menschen, die ihre Beziehungssucht *in* Beziehungen ausleben. Oftmals haben sie bereits viele Beziehungen hinter sich und begeben sich von einer in die nächste, manche wiederum halten einfach an einer Beziehung fest, auch wenn es gar keine echte ist. Entscheidend ist einzig und allein, *in* einer Beziehung zu leben, in irgendeiner Beziehung. Geht ein Versuch schief – und das passiert in den meisten Fällen –, läuft sich der Betreffende schon für den nächsten warm. Beziehungssüchtige dieser Stufe heiraten Menschen, die sie nicht einmal richtig kennen oder mögen – nur um verheiratet zu sein. Ihr Streben nach Beziehungen hat etwas Verzweifeltes an sich; und der Gedanke, sie könnten möglicherweise *allein* sein, flößt ihnen eine deutlich spürbare Angst ein. Partner sind bloße Objekte für den Beziehungs-»Kick«. Nur um den »Kick« zu gewährleisten, verharren Süchtige in schmerzhaften, toten und destruktiven Beziehungen. Obwohl in dieser Hinsicht viel mehr von betroffenen Frauen geschrieben und berichtet wird, sind mir in meiner Praxis ebenso viele Männer begegnet, die an dieser Sucht leiden.

Stufe vier umfaßt Gewalt und Tod. Tatsächlich können Menschen an ihrer Beziehungssucht zugrunde gehen. In dieser Hinsicht bin ich beim Gespräch mit dem Leiter einer Klinik für Schmerzerkrankungen auf einige interessante Statistiken gestoßen. Eine ganze Reihe von Leuten begab sich in diese besondere Klinik, wenn sie sich im Endstadium einer Krebskrankheit befanden, unter Rückenschmerzen oder anderen chronischen Zuständen litten. Wie mir mein Bekannter berichtete, konnte etwa achtzig Prozent der Patienten geholfen werden. Von diesen achtzig Prozent wiederum litt der gleiche Prozentsatz unter – wie er es nannte – spirituellen, psychischen »Schmerzen«. Er vertrat die Ansicht, daß die meisten Patienten dieser Gruppe in einer toten oder destruktiven Beziehung lebten und diese Beziehungen wahrscheinlich den Schlüssel zu den physiologischen Problemen dieser Menschen lieferten. Suchtbeziehungen können tatsächlich tödliche Folgen haben, und zwar auf physischer, geistiger und spiritueller Ebene. Es hat fast den Anschein, als könnten sie einen Menschen zermalmen.

Beziehungssucht ist noch durch weitere lebensbedrohende Aspekte gekennzeichnet. Aufgrund der stimmungsverändernden, verrückten und illusionären Aspekte dieser Sucht verlieren die Betroffenen jedes Bewußtsein dafür, daß ihnen verschiedene Möglichkeiten zur Wahl stehen; statt dessen halten sie weiterhin an Situationen fest, in denen sie körperlicher Gefahr ausgesetzt sind. Auf dieser Krankheitsstufe ist das Urteilsvermögen dermaßen beeinträchtigt, das Selbstwertgefühl so niedrig, daß die Abhängigkeit jede Kräftemobilisierung verhindert. Gelegentlich *hoffen* die Betroffenen sogar darauf, getötet zu werden. Tatsächlich zeigen sie oft Selbstmordtendenzen. Mord und Selbstmord gehören auf dieser Krankheitsstufe zu den durchaus wahrscheinlichen Möglichkeiten, da sie als einziger Ausweg erscheinen. Die drohende Gefahr, ohne das »Beziehungsobjekt« auskommen zu müssen, erzeugt auf die eine oder andere Art Gewalt. Dies sind die Endstadien der Beziehungssucht. Nicht selten kommt in dieser Phase der Gebrauch von chemischen Substanzen mit ins Spiel. Die Beziehungssucht hat hier einen Grad erreicht, an dem nichts mehr zählt.

Gewiß ist es nicht einfach, Beziehungssucht wie auch Romanzensucht als eine tödliche Krankheit zu sehen. Wer jedoch auf diesem Gebiet gearbeitet hat, weiß, daß diese Sucht denselben Verlauf nimmt wie jede andere Sucht auch und daß sie fortschreitend und tödlich ist. Tote Beziehungen sind buchstäblich tödliche Beziehungen. Meiner

Meinung nach wissen wir heute viel mehr über Suchtbeziehungen als über Beziehungssucht. Beziehungssucht führt zu Suchtbeziehungen; aber sie sind nicht dasselbe.

Beziehungssucht – einige Fallbeispiele

Beziehungs-Anorexie

Tony war Mitte Vierzig, als er entdeckte, daß er an einer Beziehungs-Anorexie litt. Er war mit seiner Familie im italienischen Viertel einer großen Stadt aufgewachsen. Tony zeigte wirklich kein besonderes Interesse an Beziehungen, und selbst während seiner High-School-Zeit verabredete er sich selten – obwohl er eigentlich glaubte, er *sollte* es tun. Statt dessen überlegte er stundenlang, warum er es nicht tat. Selbstverständlich erwartete seine Familie von ihm, daß er heiratete, und er selbst ging ebenfalls davon aus. Allerdings schien unwichtig zu sein, *wen* er heiraten sollte oder *warum* oder welche Beziehung überhaupt zu einer Ehe führen könnte. Die ganze Sache verwirrte ihn ein bißchen, und insgeheim glaubte er, irgend etwas sei nicht in Ordnung mit ihm. Und während er mit dieser Verwirrung kämpfte, aß er. Essen verschaffte ihm Wohlbefinden.

Als Tony der ersten Frau begegnete, die ihm etwas Interesse entgegenbrachte, fragte er sie, ob sie ihn heiraten wolle. Sie wollte. Er besaß keine Vorstellung davon, was nun eigentlich kommen sollte, und aus diesem Grunde zog er sich immer weiter zurück und »aß« die nächsten Jahre. Er fühlte sich deprimiert und isoliert, hielt aber dennoch zwanghaft an dieser »Beziehung« fest. Tony unternahm nichts, um eine echte Beziehung aufzubauen; er gab sich schlichtweg mit dem Umstand zufrieden, daß er in *irgendeiner* Ehe lebte. Wenige Jahre später verließ er seine Frau, weil er der Meinung war, er sei schwul. Er lebte nun mit einem Mann zusammen, verhielt sich in dieser neuen Beziehung jedoch genauso wie vorher. Die beiden mieteten sofort eine gemeinsame Wohnung, Tony zog sich zurück und aß, und nichts passierte. Ein paar Jahre später brach auch diese Verbindung auseinander, und Tony lebt seitdem allein. Trotzdem gelang es ihm nicht, diese letzte Beziehung loszulassen, er ist aber andererseits auch nicht in ihr »drin«. Sie »hängt einfach irgendwie in der Luft«.

Mittlerweile hat Tony erkannt, daß er eßsüchtig ist, und arbeitet erfolgreich an einem Zwölf-Schritte-Programm der Anonymen Eßsüchtigen. Zudem glaubt er, er sei co-abhängig. Während eines unserer Gespräche sagte er: »Glauben Sie, daß es so etwas wie eine Beziehungs-Magersucht gibt?«

»Ich weiß nicht«, antwortete ich. »Was meinen Sie?«

»Ich glaube, das ist meine Krankheit«, erwiderte er daraufhin. »Ich habe immer solche ›Grenz‹-Beziehungen. Eigentlich bin ich nie richtig in ihnen drin, aber anscheinend komme ich davon auch nicht los.« Sein alter »Liebhaber« lebte immer noch in seiner Nähe, war ihm in eine andere Stadt gefolgt, und Tony machte sich unentwegt Sorgen über diese »Nicht-Beziehung«.

»Ich merke genau, wie ich mich verändere, wenn ich in meine Eßstörungen verfalle. Und dabei beobachte ich, daß diese Suchtkrankheit von denselben Gedanken, Gefühlen, Verzerrungen, Räuschen, geringen Selbstwertgefühlen, von Kontrolle und Unehrlichkeit begleitet ist wie mein ständiges Ausweichen vor Beziehungen. Ich glaube, ich bin ein Beziehungs-Magersüchtiger«, erklärte Tony. »Ich vermeide Beziehungen und bin gleichzeitig ständig von ihnen besessen. Und sobald ich in diesem zwanghaften Verhalten stecke, werden alle Merkmale meiner Suchtkrankheit deutlich.«

Phantasie-Beziehungen als »Kick«

Christine war ein Junkie, und zwar im Hinblick auf phantasierte Beziehungen. Sie hatte es bereits mit mehreren Partnern versucht, aber es »klappte« nie. Dennoch war sie immer noch davon überzeugt, daß sie eine »Beziehung« bräuchte, nur waren ihre Erfolgsaussichten nicht besonders groß. Sie hatte versucht, aus einer flüchtigen Bekanntschaft eine Beziehung zu machen, aber es hatte nicht funktioniert, also gab sie es auf. Was sie jedoch nicht aufgegeben hatte, war ihre Beziehungssucht. Christine beschäftigte sich auf zwanghafte Weise mit Beziehungen. Jedesmal, wenn sie ihren Phantasien über mögliche Partner nachhing, ging es nicht um sexuelle oder romantische Phantasien, sondern einfach darum, daß sie sich als Teil eines Paares sah. Paare tun dieses; Paare tun jenes. Und genau daran wollte sie teilhaben.

Da Christine allein arbeitete, konnte sie viel Zeit auf ihre Phantasien verwenden. Für ihre Phantasien vernachlässigte sie sich selbst und ihre Arbeit. Sie erfand dramatische Beziehungen, die sie in ihrer Phantasie ausschmücken konnte. Obwohl Christine aus einer Alkoholikerfamilie stammte und ihr keine intakten Beziehungsmodelle zur Verfügung standen, wollte sie doch unbedingt eine Bindung. Phantasiebeziehungen schienen ihr sicherer. Sie war überzeugt, daß sie ihren Mann finden würde, wenn sie nur gut genug, schön genug und verständnisvoll genug wäre.

Christine konnte hervorragend zuhören, denn schließlich wußte sie, daß Männer es gerne mögen, wenn Frauen zuhören. Also lauschte sie aufmerksam und versuchte aufrichtiges Verständnis für jeden Mann aufzubringen, der ihr begegnete. Ihr Leben glich jenem kleinen Vogel aus einem Kinderbuch, der aus dem Nest fällt und jeden fragt: »Bist du meine Mutter?«[2] Christine stellt jedem Mann, den sie kennenlernt, die unausgesprochene Frage: »Bist du mein Traummann?« Sie ist überzeugt, daß dieser irgendwo existiert – sie muß ihn nur finden. Christines Leben dreht sich einzig und allein um ihre Suche nach dem Traummann. Sie versucht jeden, der ihr begegnet, in ihre Phantasie zu zwängen. Und sie hat einen Punkt erreicht, wo es lediglich der Phantasie bedarf, um den Rausch zu erleben.

Von einer Beziehung zur nächsten

Lou steckte wieder mal in Schwierigkeiten. Er war gerade wieder kurz davor, ohne »Beziehung« zu sein, und schon überfielen ihn Gefühle der *Verzweiflung*. Er war in einer Alkoholikerfamilie groß geworden, mit einem Vater, der in regelmäßigen Abständen Nervenzusammenbrüche erlitt, und einer Mutter, die trank. Lou war während seiner Kindheit mißbraucht worden, und erst jetzt war die Erinnerung daran langsam aufgetaucht.

Lou war seinem Zuhause so früh wie möglich entflohen – nämlich noch im Teenageralter –, indem er seine Freundin schwängerte und sie heiratete. Er beendete diese Ehe, um ein zweites, drittes, viertes und fünftes Mal zu heiraten. Dabei war er stets darauf bedacht, daß die nächste Beziehung bereits arrangiert war, bevor er seine jeweils laufende beendete. Jedesmal, wenn er eine Frau verließ, ging er entweder verärgert weg, nachdem er einen Streit (unbewußt) vom Zaun gebrochen hatte, oder er schlich sich davon, wenn seine Frau gerade nicht da war – keine Verabschiedung, kein Bedauern. Er rannte weg. Und zwar von einem »Beziehungs-Fix« zum nächsten. Er hatte sein Leben lang nichts anderes getan. Nach seinen fünf Ehen nahm Lou Beziehungen mit Männern auf und wiederholte die eben beschriebenen Abläufe. Sobald es den Anschein hatte, als wäre eine Beziehung in die Brüche gegangen, saß Lou schon am Telefon und organisierte seinen nächsten »Kick«. Er verlor keine Zeit. Denn in dem Moment, in dem es keine Verbindung gab, in die er sich begeben konnte, hatte er nichts und war er nichts. Er gab sich mit allem und jedem zufrieden.

Lou beobachtete andere Menschen sehr genau, denn er wollte die »Techniken« beherrschen, die für eine Beziehung notwendig sind. Da ihm seine ursprüngliche Familie in dieser Hinsicht wenig mit auf den Weg gegeben hatte, glaubte er, daß er diese Techniken nur zu lernen brauchte, um das zu bekommen, was er wollte.

Auf Schule und berufliche Aus- und Weiterbildung hatte Lou nie besonderen Wert gelegt. Und so blickte er mit fast fünfzig Jahren auf einen riesigen Scherbenhaufen, den seine kaputten Beziehungen zurückgelassen hatten. Er hatte keine Ersparnisse oder Pläne für seine Zukunft.

An jede Beziehung hatte Lou Ansprüche gestellt: Der andere sollte ihm eine Identität geben, Sicherheit bieten (finanzielle und emotionale), ihm einfach sagen, wer er eigentlich ist, und auf ihn achtgeben. Um eine Beziehung zu haben, gab er bereitwillig alles auf.

Lou hatte sich zu einem perfekten Beziehungs-»Hochstapler« entwickelt, so daß eigentlich niemand wußte, wer sich hinter seiner Fassade verbarg. Sobald sich Lous Freunde über eine seiner neuen »Fluchten« unterhielten, kam heraus, daß jeder Lous Person anders wahrnahm. Es kannte ihn einfach niemand. Jeder kannte einen anderen Betrüger und glaubte, dies wäre der wirkliche Lou. Er erzählte jedem, was er oder sie hören wollte.

Während seiner letzten dramatischen Situation war Lou von einem breiten Freundeskreis umgeben, den er in seinen Zwölf-Schritte-Gruppen gefunden hatte. Seine Nüchternheit von Drogen und Alkohol war stabil, und er arbeitet zuverlässig in seinem »Programm«. Es sah fast so aus, als ginge es ihm so gut wie noch nie zuvor. Bis er dann plötzlich zusammenbrach, als ein früherer Geliebter eine neue Beziehung einging. Von diesem früheren Liebhaber war Lou völlig besessen; er war sofort bereit, für ihn alles aufzugeben: Familie, Freunde, Job und den Kreis der Leute, die ihn unterstützten. Er gestand sogar, daß er dieselben verrückten Gefühle hatte wie in jener Zeit, als er seine Alkohol- und Drogensucht zu behandeln anfing. Seine Freunde aus der Zwölf-Schritte-Gruppe waren über sein Suchtverhalten besorgt und befürchteten, er könne wieder mit dem Trinken anfangen. Sie beschlossen einzugreifen. Bei dieser Krisensitzung zeigte sich Lou äußerst kalt, ärgerlich, in sich gekehrt und bösartig. Als es an ihm war, seiner Beziehungssucht offen ins Gesicht zu sehen, erklärte er, daß er dazu nicht *bereit* wäre, wenn dies gleichbedeutend mit dem Aufgeben der Beziehung zu seinem Ex-Liebhaber wäre. Lou war wieder einmal soweit und wollte weglaufen.

Allerdings war der »Hochstapler« in ihm noch heimtückischer geworden. Seine Krankheit befand sich in einem fortgeschrittenen Stadium, und er setzte seinen Betrug ein, um für seinen Nachschub zu sorgen. Obwohl er weder für sich noch für andere richtig da war, versuchte er doch immer so zu tun, als wäre alles in Ordnung. Lou hatte einen Plan. Er wollte weglaufen und zu seinem Ex-Geliebten ziehen, wollte aber, daß die anderen glaubten, daß er genau dies nicht tun würde. Für ihn war es sehr wichtig, bei anderen den Eindruck zu hinterlassen, er stecke nicht mitten in seiner Krankheit.

Unglücklicherweise wollte der Ex-Liebhaber nichts von der Rolle wissen, die Lou ihm in seiner Beziehungsphantasie zugedacht hatte. Plötzlich wußte Lou nicht, wohin – er gönnte sich keinen Augenblick des Bedauerns, sondern griff sofort wieder zum Telefonhörer und stellte sich auf die nächste Beziehung mit einem anderen früheren Liebhaber ein. Er läuft unverändert weg. Tatsächlich verhält sich Lou genauso wie in seinen Trinkerzeiten.

Süchtige geben alles auf oder stellen alles Erdenkliche an, um für ihren Nachschub zu sorgen. Dies sind typische Verhaltensmuster, die auch bei allen Beziehungssüchtigen auftreten. Der Nachschub ist in ihrem Fall die phantasierte »Beziehung« oder die aktuelle. Sobald Lous sogenannte Beziehungen unter Streit und Tränen »auseinandergingen«, baute er unverzüglich die nächste Sache auf. Lou nahm sich nicht die Zeit, um seinen Schmerz zu überwinden oder in Ruhe Abschied zu nehmen; er nahm sich auch nicht die Zeit, um nachzuforschen, welche Bedeutung die Intervention seiner Freunde haben könnte. Er ist »wieder auf freiem Fuß«. Da die Liebe und Unterstützung, die ihm seine Freunde boten, sich nicht in Form *einer* Beziehung ausdrückte, beraubte er sich selbst dieser Hilfe. All die Fertigkeiten, die er sich im Verlauf seiner langjährigen Sucht angeeignet hat, stellt er einzig in den Dienst seiner Beziehungssucht – und das, obwohl er weiß, daß eine Genesung seine *Bereitschaft* und seinen *Willen* voraussetzt. Man kann sich nur schwer vorstellen, welchen »Tiefpunkt« Lou in dieser Sucht erreichen muß, um sich ihr wirklich zu stellen. In lichten Momenten erklärt er, daß seiner Ansicht nach die Beziehungssucht seine eigentliche Sucht sei. Dennoch ist die Situation unendlich verfahren, da Lou im Grunde genommen nur Fertigkeiten beherrscht, die zu Pseudo-Beziehungen führen. Der einzelne fällt, wenn er nicht im Kontakt mit anderen ist, darauf leicht herein. Erst als Lous Freunde ihre Sichtweisen seiner Person miteinander verglichen, wurde allen klar, daß keiner von ihnen wußte, wer Lou eigentlich ist.

Den Tod riskieren, um eine Ehe zu retten

Barbara war bereits fünfundzwanzig Jahre verheiratet, als sie ihren letzten Selbstmordversuch unternahm; aufgrund ihrer langjährigen Einnahme von Anti-Depressiva war sie an einem Punkt in ihrem Leben angelangt, wo sie glaubte, sie würde entweder Selbstmord begehen oder an den Medikamenten sterben. Sie hatte verschiedene Therapien hinter sich, mochte auch den Psychiater, bei dem sie gerade in Behandlung war, aber nichts schien zu helfen. Beide, Barbara und ihr Mann, waren gläubige Katholiken, die von der Auflösung einer Ehe nichts hielten. Tatsächlich gab sie ihren Glauben und die Gebote der

Kirche als Grund dafür an, daß sie ihrem Leben bisher kein Ende gesetzt hatte – sie selbst und ihre Kinder schienen in diesem Zusammenhang keine Rolle zu spielen.

Nach außen hin sah es so aus, als führten Barbara und Hal eine perfekte Ehe. Beide betätigten sich aktiv in der Kirche und in der Gemeinde. Er war ein erfolgreicher Geschäftsmann, und obwohl Barbara Lehrerin gewesen war, hatte sie den Beruf aufgegeben, um Hal zu heiraten.

Während Hal sehr klare Vorstellungen davon hatte, wie seine Frau zu sein hatte und was sie darstellen sollte, bemühte sich Barbara unentwegt darum herauszufinden, was er wollte. Entsprechend verhielt sie sich. Sie war hübsch, schlank, intelligent (aber nicht zu intelligent) und religiös – genau, wie er es wollte. Ihre »ansonsten perfekte Ehe« wurde lediglich durch ihre Depressionen und gelegentlichen Selbstmordversuche beeinträchtigt. Beide glaubten, es sei *Barbara*, mit der etwas nicht stimme – und mit diesem Glauben konnten beide gut leben.

Eines Tages machte Barbaras Therapeut sie mit dem Begriff Co-Abhängigkeit vertraut. Sie arbeitete einige Bücher zu diesem Thema durch und entdeckte, daß sie co-abhängig war. Daraufhin besuchte sie einige Zwölf-Schritte-Treffen und fühlte sich zunehmend wohler. In dieser Zeit gelang es ihr sogar, die Anti-Depressiva mit Hilfe ihres Therapeuten abzusetzen. Allmählich fühlte sie sich stark wie lange nicht mehr. Sie besuchte einige Fachkurse am örtlichen College und war manchmal nahezu glücklich. Sie litt noch immer unter gelegentlichen depressiven Anfällen und Selbstmordgedanken, *und* es ging ihr viel besser.

Langsam erkannte Barbara, daß sie für die Beziehung *alles* tun würde. Obwohl sie wenig Interesse an Sex verspürte, stand sie ihrem Mann doch immer pflichtbewußt zur Verfügung, wenn er es wollte. Erst als ihr Selbstwertgefühl wuchs, änderte sich das. Hal war nicht begeistert.

Barbara wurde immer klarer, wie vollkommen sie in ihren Versuchen gefangen war, nur so zu sein, wie sie glaubte, daß Hal sie haben wollte. Auf diese Weise hatte sie über die Jahre hinweg jeglichen Kontakt zu sich selbst verloren. In Wirklichkeit glaubte sie sogar, sie *habe* gar kein Selbst. Sie war davon überzeugt, daß sie ihr eigentliches Wesen längst abgetötet hatte und ihre Depressionen eine Folge dieses Selbstverlustes waren. Nur ihr Körper hatte überlebt.

Nachdem Barbara nun mehr mit sich selbst in Berührung kam, tauchten plötzlich alte Gefühle und Erkenntnisse auf. Sie war eine Inzestüberlebende und begann, die damit zusammenhängenden Gefühle aufzuarbeiten. Dabei unterstützte sie Hal in jeder Weise – jedenfalls solange sie mit ihm ins Bett ging und ihre Genesung keinen

Einfluß auf die Ehe hatte. Als die Arbeit an ihrer Inzestproblematik Fortschritte machte, war es ihr allerdings nicht mehr möglich, mit ihm zu schlafen. Hal zog aufgebracht aus, wollte die Scheidung und verabredete sich mit anderen Frauen.

Genau in diesem Moment erkannte Barbara, daß sie beziehungssüchtig war. Sie drehte richtiggehend durch, war wütend und wollte alles tun, um Hal zurückzuholen. Voller Zorn sagte sie: »Er hat mir versprochen, mich in guten und in schlechten Zeiten zu lieben. Er hält zu mir, solange ich krank bin, und jetzt, wo ich gesund werde, will er die Scheidung.« Barbara befand sich gerade an dem Punkt, wo sie möglicherweise Nähe zulassen konnte. Aber Hal wollte keine Nähe. Er wollte Sex.

Hal war ebenfalls süchtig, und zwar nach Sex. Barbara hatte sich bereitwillig für diese Beziehung aufgegeben. Allerdings konnte sie sich mit Hilfe der traditionellen Therapie ihrer Sucht nicht stellen; sie begab sich schließlich aufgrund ihrer Beziehungssucht in Behandlung und befindet sich nun auf dem Weg der Genesung.

Beziehungssucht kann wie jede andere Sucht tödlich enden. Barbara ging daran fast zugrunde. Sie hatte sich beinahe selbst getötet – psychisch, spirituell und körperlich. Sie war soweit, alles mögliche zu unternehmen, um jenes »Nicht-Wesen« darzustellen, das ihr Mann in einer Ehe erwartete – sogar sich umzubringen. Aber Barbara hatte das Glück, daß sie die Beziehungssucht als ihre eigentliche Sucht erkannte, und »kämpfte sich nun langsam wieder ins Leben zurück«, wie sie es ausdrückt. Ihre suizidalen Depressionen waren eine Folge ihrer Beziehungssucht. Daher konnte ihr auch keine medikamentöse oder »psychotherapeutische« Behandlung helfen, denn damit, erklärt Barbara, »haben sie die falsche Krankheit behandelt«.

Rückblick auf die verschiedenen Stufen der Beziehungssucht

Meiner Ansicht nach ist Beziehungssucht die subtilste und heimtückischste der in diesem Buch dargestellten Suchtformen. Dafür gibt es mehrere Gründe. Der wichtigste ist, daß alle Fertigkeiten, mit deren Hilfe die Krankheit ausgelebt wird – Fertigkeiten, die nach unserem Dafürhalten eine enge, vertraute Beziehung schaffen – auf eine unehrliche, »betrügerische« Weise eingesetzt werden. Das ist entwaffnend. Diese Fertigkeiten lernen wir früh, und sie sind zudem tief in der Gesellschaft verankert. Lassen Sie mich hierzu ein Beispiel nennen:

Vor einiger Zeit diskutierte ich mit einer meiner Freundinnen – einer hervorragenden Therapeutin und Mutter – über Beziehungssucht.[3] Dabei sprach sie einen für mich bis dahin nicht erkannten Aspekt an. »Weißt du«, sagte sie, »ich mache mir viel Sorgen über die Entwicklung, die die ›Beste Freunde‹-Beziehungen zwischen meiner Tochter und ihren Freunden nehmen. Ich stelle fest, daß sich bei diesen Kids haargenau dieselben Merkmale und Prozesse abzeichnen, wie ich sie bei erwachsenen Beziehungssüchtigen antreffe.« Zunächst war mir nicht ganz klar, was meine Freundin damit meinte, da solche »Bester Freund«-Beziehungen bei allen Kindern auftreten und im allgemeinen als ziemlich »normal« für eine bestimmte Lebensphase gelten. Was sie damit meinte, war, daß Kinder all jene gestörten Beziehungs-»Fertigkeiten« lernten, die sie später als Erwachsene in Suchtbeziehungen anwenden. Diese Fertigkeiten äußern sich in Form von Eifersucht, »Mangel-Einstellungen« (wenn mein bester Freund einen anderen Freund hat, bleibt für mich nicht genug übrig), Kontrolle, Intrigen, Leiden, dauernde Krisen, Unehrlichkeit und dem Verlangen, fortwährend zusammenzusein (»beste Freunde« zu sein heißt, wir sind nie getrennt). »Diese Kinder bauen Beziehungen auf und verhalten sich letztendlich genauso wie jene Beziehungssüchtigen, die ich in meiner Praxis behandle«, sagte sie. Diese jungen Teenager wiederholen die Modelle, die sie in bezug auf Beziehungen erlernt haben, und benutzen im Grunde genommen Fertigkeiten, die der Beziehungssucht förderlich sind. Die Modelle, von denen sie umgeben sind, und die Songs, die ihnen unentwegt in den Ohren dröhnen, bereiten sie auf ihre zukünftige Rolle als Beziehungssüchtige vor. Ständig wird uns eingetrichtert, daß wir als Paar auftreten müssen, wenn wir als »komplett« erscheinen wollen, doch bei den als Modellen zur Verfügung stehenden Beziehungen handelt es sich ausschließlich um süchtige und nicht intakte Beziehungen. Diese Erkenntnis entmutigte meine Freundin sehr, auch weil ihre scharfsinnige Beobachtung zeigt, wie vollkommen Beziehungssucht in unsere Gesellschaft integriert ist.

Beide Typen der Beziehungssucht sind auf jeder Stufe möglich und haben viele Merkmale gemeinsam, die ich bereits an früherer Stelle über Beziehungssucht beschrieben habe. Beziehungssüchtige vom Typ I brauchen eine Beziehung, *irgendeine,* und wenn sie diese haben, dann nur in süchtiger Form. Andere Menschen sind wirkliche Objekte für sie, die Person oder eigentliche Persönlichkeit hat nur geringe Bedeutung. Sie legen dieselbe hektische Gier an den Tag, wie das bei Trinkern der Fall ist, die hinter ihrem nächsten Drink her sind. Jeder »Kick« ist ihnen recht. Wie ein Radargerät suchen sie den Horizont nach Möglichkeiten ab.

Beziehungssüchtige vom Typ II gehen in gewisser Weise selektiver vor. Sie hängen sich an einen Menschen, und *den* müssen sie haben. Mit der Zeit geben sie sich selbst auf, ihre Träume, ihre Identität, ihre Einstellungen und ihren Willen, nur um an einer bestimmten Person festzuhalten. Wir gehen davon aus, daß all dies für die Erhaltung von Beziehungen notwendig ist (sogenannte Kompromisse), und daher lassen wir uns bereitwillig auf diese süchtigen Verhaltensmuster ein, um »stabile« Beziehungen zustande zu bringen. Diese Verhaltensweisen gelten unter den Menschen absolut als die Regel, und auch dieser Beziehungstyp gilt als so alltäglich in unserem Kulturkreis, daß wir beides mittlerweile als »normal« erachten. Da Sucht zudem fortschreitend ist und unsere Sinne abstumpft, geht uns allmählich die Fähigkeit verloren, Abstand dazu zu gewinnen und die schmerzhafte Absurdität unseres Verhaltens zu erkennen. Wir sind gefangen. Unglücklicherweise sind wir sogar in einer Sache gefangen, die vollkommen in unsere Gesellschaft integriert ist. Meiner Ansicht nach haben bei uns auch die Arbeits- und Geldsucht im gleichen Maße Fuß gefaßt. Sobald alle etwas für normal und gut halten, ist es schwer, dies als eine Sucht – eine Krankheit – zu erkennen. Statt dessen verwenden wir verschiedene Pseudonyme für die Beziehungssucht: Nähe, Verbindlichkeit, Sicherheit, Treue, Einigkeit, Ergebenheit, Zusammengehörigkeit und Liebe.

Beziehungssüchtige erhalten in der Regel wenig Unterstützung, um sich zu bessern, und oftmals stehen sie als leidende Märtyrer da, die alles mögliche verkraften. Ich habe den Verdacht, daß hinter vielem, was wir anfangs als Co-Abhängigkeit identifizierten, in Wirklichkeit die Beziehungssucht steckt. Aufgrund ihrer Sucht waren die Betroffenen nur allzu bereit, in einer vollkommen zerstörerischen Beziehung zu verharren; zudem hatte die Beziehung ihr Selbstwertgefühl, ihr Wahrnehmungsvermögen und die persönliche Stärke schon derart in Mitleidenschaft gezogen, daß sie gar nicht mehr die Kraft besaßen, wegzugehen oder irgend etwas anderes zu tun. Ich denke, wir erweisen diesen Menschen einen schlechten Dienst, wenn wir sie als Opfer behandeln und ihnen damit die Erkenntnis vorenthalten, daß auch sie an einer fortschreitenden verhängnisvollen Krankheit leiden, von der sie genesen können, wenn die Krankheit benannt wird.

In gewisser Hinsicht sind die Stufen der Beziehungssucht den Entwicklungsstadien der Krankheit vergleichbar; dennoch kann sich jeder, der von Phantasiebeziehungen abhängig oder sexuell magersüchtig ist, ebenso im ernsten chronischen Stadium der Beziehungssucht befinden. Das Leben von Tony und Christine wurde bereits in hohem Maße durch die Sucht beeinträchtigt, beide zeigten sämtliche Merkmale eines Süchtigen. Lou und Barbara dagegen steckten bereits im schweren chronischen Stadium ihrer Krankheit. Sie opfern bereitwillig jeden Aspekt ihres Lebens, ja sogar ihr Leben selbst, um ihren »Kick« zu befriedigen. Beide sind bereits ganz unten, und für beide bedeutet dies möglicherweise den Tod, sollten sie sich ihrer Sucht nicht stellen und von ihr genesen. Barbara versucht dies ernsthaft. Lou dagegen ist zur Genesung noch nicht bereit; vielleicht muß er noch größere Krisensituationen heraufbeschwören, um so in die Knie gezwungen zu werden. Eine Beschäftigung mit den hier vorgestellten Stufen der Krankheit bietet uns schließlich die Möglichkeit, zu erkennen, daß Beziehungssucht eine ernsthafte Krankheit und eine völlig eigenständige Form von Sucht darstellt.

Zusammenhang mit anderen Suchtformen

Andere Süchte als Deckmantel

Interessanterweise benutzen Beziehungssüchtige sowohl Sex- als auch Romanzensucht als Deckmantel und Vorwand, um an ihren »Kick« zu gelangen. Wie bereits an früherer Stelle erwähnt, zeigen Beziehungssüchtige eigentlich kein echtes Interesse an Sex oder Romanzen, sie sind lediglich auf die Beziehung fixiert.

Vor kurzem erhielt ich einen Brief von Jean, die sich selbst als Beziehungssüchtige erkannt hat. Da sich aus diesem Brief verschiedene charakteristische Aspekte der Beziehungssucht herauslesen lassen, möchte ich ihn im folgenden zitieren:

»Vor drei Wochen, an einem Wochenende, fühlte ich mich ängstlich. Der Tag beunruhigte mich, also betete ich und beschloß, mich ein bißchen hinzulegen und eine Weile zu ruhen. Ich schlief ein, und als ich aufwachte, hatte ich plötzlich das Wort ›Beziehungssucht‹ im Kopf. Ich beschäftigte mich damit und merkte, daß ich mir irgendwie selber nicht gut genug und mit mir unzufrieden war. Mir wurde bewußt, daß genau dieses Gefühl oft an Wochenenden auftritt, und zwar dann, wenn ich allein zu Hause bin.

Ein Wochenende später schaute ich zufällig aus meinem Fenster und sah meinen früheren Freund vorbeijoggen. (Er ist leidenschaftlicher Läufer, und mein Appartement liegt direkt am Strand.) Plötzlich wollte ich nicht mehr mit mir allein sein. Ich wollte ihm folgen. In diesem Augenblick kam meine Krankheit wieder zum Ausbruch. Im Verlauf der nächsten Woche hatte ich ein starkes Bedürfnis danach, meinen ›Kick‹ mit ihm zu bekommen – was normalerweise bedeutet hatte, ihn anzurufen oder mich mit ihm zu treffen, um, wie in der Vergangenheit, dann mit ihm zu schlafen – etwas, was mir extreme Schuldgefühle verursacht und mich diese Beziehung völlig ablehnen ließ. Aus diesem Grund hatte ich ihm erklärt, es sei mir unmöglich, mich mit ihm zu treffen, ihn anzurufen oder etwas mit ihm zu unternehmen, und ihn gebeten, auch mich nicht mehr anzurufen. Dieser wenige Wochen zurückliegende Kampf mit meiner Krankheit war äußerst hart, weil ich zum erstenmal dem Verlangen nach meinem ›Kick‹ nicht nachgegeben habe. Ich konnte sehr viel von dem, was in mir vorging, in den Gruppentreffen bei den ›Anonymen Co-Abhängigen‹ besprechen und zusätzlich auch mit meiner Sponsorin. Diesmal war ich in der Lage, den Verlust Schritt für Schritt zu betrauern. Ich hatte immer das Bedürfnis, mich weiter an die Beziehung (den Nachschub) zu klammern, da ich aus der Erinnerung an sie noch so vieles bekam. Mein Nachschub besteht darin, daß ich mich noch immer auf den Mann konzentrieren kann. Indem ich mich an die Erinnerung klammere, spüre ich, daß ich noch geliebt werde. Solange ich mich noch auf ihn fixieren kann und dabei fühle, daß er mich mag, heißt das für mich, daß ich nicht über den Verlust hinwegkommen und die volle Verantwortung für mich übernehmen muß. Phils Festhalten an der Beziehung verleiht mir in gewisser Weise ein Selbstwertgefühl und Sicherheit. Unsere Beziehung ist nun schon zwei Jahre vorbei – ich habe sie beendet –, eine ziemlich lange Zeit, um noch immer im Prozeß des Loslassens zu stecken.

Diese Woche lief mir bei einem Spaziergang im Park ein anderer Ex-Freund zweimal über den Weg. Beide Male unterhielten wir uns. Das erste Mal war alles in Ordnung. Ich konnte einiges wiedergutmachen und dabei ziemlich klar bleiben. Das zweite Mal unternahm ich plötzlich den Versuch, ihm zu erklären, was in mir vorging, und ich wollte, daß er es versteht. Plötzlich wollte ich auch wieder gerettet werden. Dabei mußte ich erkennen, wie emotional unzugänglich er ist und wie verschieden seine und meine Realität sind. Noch immer will ich nicht die volle Verantwortung für meine Genesung von der Beziehungssucht, die mich an ihn band, übernehmen. Ich ertappte mich dabei, daß ich irgend etwas in dieser Beziehung als mein zentrales Problem analysieren wollte und so die Verantwortung für mich ablehnte. Schließlich weiß ich, daß Bobby von Alkohol, Sex und Sport abhängig ist und wir unsere Süchte in unserer Beziehung gegenseitig unterstützten. In seiner Gegenwart ist meine Nüchternheit gefährdet.

Nachdem ich meiner Sponsorin von meiner Begegnung mit ihm erzählt hatte, wurde mir bewußt, wie sehr ich mich für dieses Zurückfallen in meine Krankheit mit ihm schämte. Sie erklärte mir, daß mir diese Schamgefühle erlaubten, für meinen Nachschub zu sorgen, mich auf Bobby zu fixieren und in meiner Krankheit zu verharren: Ich sollte mir meinen ›Perfektionismus/Stück-Dreck-Dualismus‹ genauer ansehen und mir die Zeit nehmen, mir selbst zu sagen, daß ich ein Mensch bin, und mir dann zu verzeihen.

Heute geht es mir ziemlich gut. Vor kurzem habe ich mich mit meinem Kummer beschäftigt und eine Bestandsaufnahme meiner früheren Beziehungen gemacht, aber ich habe immer noch Angst, in meine Krankheit zurückzufallen. Dieser Prozeß ist mit starken Gefühlen verbunden, ich muß mein Verleugnungssystem durchbrechen und loslassen. Das Eingeständnis meiner Machtlosigkeit verschaffte mir Erleichterung, aber ich will noch immer an meinen Kontrollversuchen festhalten. Ich gönne mir selber Ruhephasen und nehme mir Zeit, mich mit anderen auszutauschen.«

Jean hat Angst vor dem Alleinsein und weiß, daß sie eine Beziehungssüchtige ist. Sie ist sich darüber im klaren, daß nur sein Anblick (oder der Gedanke an ihn) ihre Krankheit auslösen kann, und schon verfällt sie in ihre zwanghaften Verhaltensmuster. Sobald diese Muster in der Vergangenheit auftauchten, ging sie mit ihm ins Bett; das ließ Schuldgefühle in ihr aufkommen und hatte ihre abrupte Abkehr von ihm zur Folge. Sie suchte nicht etwa den sexuellen »Kick«, aber sie setzte Sex ein, um ihren Beziehungs-»Kick« zu bekommen. Hinterher fühlte sie sich nie gut. In dem von Jean beschriebenen Fall allerdings gab sie ihrer Besessenheit nicht nach, schließlich befindet sie sich auf dem Weg der Genesung. Dieses Nicht-Nachgeben und der Verzicht auf den »Kick« gestatten Jean, ihre Gefühle zuzulassen und mit einem Teil ihrer Trauerarbeit zu beginnen. Aus ihrem Brief ging sehr klar hervor, daß sie für ihren »Kick« noch nicht einmal die wirkliche Person benötigt. Allein die Erinnerung reichte dafür aus. Jean weiß, daß ihre einzige Chance zu einer Heilung darin besteht, ihre Gefühle wirklich zu fühlen und zu verarbeiten. Es ist ihr bewußt, daß sie die volle Verantwortung für sich und ihr Leben übernehmen muß, um das zu erreichen.

Ähnlich verhält es sich in der Verbindung zu Jeans zweitem Freund. Nur zeigt sich hier noch deutlicher, daß ein Rückfall in ihre Krankheit allein *ihre* Angelegenheit ist und mit ihm wenig, wenn überhaupt etwas, zu tun hat. Aufgrund ihrer Beziehungssucht fühlte sie sich zu einem Menschen hingezogen, der gleich mehrfach süchtig war, und ihre Süchte griffen gut ineinander. Sie hatte einen Sexsüchtigen gefunden, der sich ihrer Beziehungssucht anpaßte. Jeder hatte mit seiner eigenen Krankheit zu kämpfen. Nun befindet sich Jean auf dem Weg der Besserung. Allerdings war diese Genesung davon abhängig, daß sie ihre Beziehungssucht als solche erkannte und an ihrer Genesung arbeitete. Sie hätte diesen beiden Männern noch jahrelang die Schuld zuschieben können (und hat es vermutlich auch getan); aber ihre Genesung setzte erst ein, als sie ihre *Krankheit* erkannte und daran arbeitete. Und durch diesen Schritt gewann sie auch ihre Macht zurück.

Andere Süchte als Rechtfertigung und Rationalisierung

Oft benutzen wir unsere Beziehungssucht, um andere Süchte zu rechtfertigen, oder wir benutzen andere Süchte, um unserer Beziehungssucht Vorschub zu leisten.

Freßsucht, Magersucht oder Bulimie gehen oft mit Beziehungssucht einher. So kann sie etwa als Vorwand dazu dienen, um besondere körperliche Attraktivität zu rechtfertigen (zum Beispiel sehr dünn); oder aber übermäßiges Essen wird durch die mit der Beziehungssucht verbundenen Streß- und Belastungserscheinungen gerechtfertigt. Auch chemische Substanzen werden in Verbindung mit dieser Sucht oft eingenommen. Wird zum Beispiel jemand immer dicker, kann das der Versuch sein, der Beziehungssucht nicht nachzugeben. Man kann derart auf Beziehungen fixiert sein, daß jemand jede sich nur bietende *Möglichkeit* für eine Beziehung zu umgehen versucht (Beziehungs-Magersüchtige) und zu diesem Zweck andere süchtige Verhaltensmuster benutzt. Dabei müssen wir uns stets in Erinnerung rufen, daß es sich hier um Suchtverhalten handelt, welches als Sucht zu behandeln ist – auch wenn wir dieses Verhalten mit Hilfe psychologischer Konzepte zu »erklären« vermögen.

Die Entstehung von Beziehungssucht

Beziehungssucht ist, wie schon erwähnt, vollkommen in unsere Gesellschaft integriert: Bei nahezu allen Verhaltensmodellen, die uns zum Aufbau einer Beziehung zur Verfügung stehen, handelt es sich um Modelle von Suchtbeziehungen.

Die Rolle der Familie

Es ist fast überflüssig zu erwähnen, daß ein von Beziehungen abhängiger Mensch in einer dysfunktionalen Familie groß geworden ist. Tatsächlich trifft dies auf die meisten, wenn nicht sogar alle Süchtigen zu; anscheinend sind solche dysfunktionalen Familien sogar die Norm in unserer Gesellschaft. Dennoch müssen wir uns fragen, warum jemand, der aus einer dysfunktionalen Familie kommt, zu der einen Sucht neigt und nicht zu irgendeiner anderen. Oder warum wir trotz eines erlernten zugrundeliegenden Suchtprozesses eine bestimmte Gruppe von Süchten nur bei einigen Menschen vorfinden, bei anderen wiederum nicht. Ich weiß es nicht. Denn wir befinden uns noch immer – auch das erwähnte ich bereits – in einem Lernprozeß in bezug auf die Unterschiede und Ähnlichkeiten, die zwischen den verschiedenen Suchtformen bestehen. Daher kann jedes kleine Informationsstückchen zu unserem Wissen, unserem Verständnis und der erhofften Genesung beitragen.

Oftmals sieht es so aus, als gäbe es für Beziehungssüchtige nur einen einzigen Weg, um einer zerstörerischen unglücklichen Familiensituation zu entkommen: die Beziehung. Die Hoffnung auf eine Beziehung ist gleichzeitig die Hoffnung auf das Ticket in die Freiheit. Werden Beziehungen aus diesem Blickwinkel betrachtet, ist es natürlich leicht verständlich, daß andere Menschen und Beziehungen zum Objekt gemacht und als »Kick« benutzt werden. Oft sind Menschen, die aus solchen Beweggründen eine Beziehung eingehen, noch jung und unerfahren. Aus ihren Familien bringen sie nur vage oder gar keine Vorstellungen über intakte Beziehungen mit. Infolgedessen verstehen sie die ihnen durch die Gesellschaft vermittelten Botschaften so, daß eine Beziehung ihnen Schutz bietet und ihnen Identität verleiht. Da sie jedoch kaum irgendwelche Fähigkeiten zum Aufbau einer echten Beziehung besitzen, sehen sie in einer Beziehung geradezu ein magisches Heilmittel. Man könnte beinahe sagen, sie seien süchtig nach dem »Paar-Sein«. Normalerweise haben sie keinerlei eigene Identität aufgebaut; sie empfinden sich selbst als einen Haufen Protoplasma, der seine Struktur braucht – und da ist jede überkommene Struktur willkommen. Diese Charakteristika treten besonders oft bei Beziehungssüchtigen vom Typ I auf, aber sie sind nicht nur auf sie beschränkt. Das zentrale, vorwiegende Merkmal besteht hier in dem vollständigen Fehlen einer Eigen-Definition sowie einer nur geringen oder gänzlich fehlenden Unterstützung seitens der Familie, um ein solches Selbstbewußtsein zu entwickeln. Solche Beziehungssüchtige sind wie Chamäleons: zwecks Aufbaus einer »Beziehung« können sie sich geschickt in genau die Person verwandeln, die der Partner wünscht. Diese Fähigkeit beherrschen sie perfekt. Und eigentlich weiß niemand, wer sie wirklich sind.

Doch obwohl es ihnen an richtungweisenden Beziehungsmodellen aus ihren Familien mangelt und sie nicht wissen, was eine Partnerschaft eigentlich bedeutet, sehen sie in Beziehungen die einzige Überlebenschance. Die in der Sucht vorherrschenden verdrehten Denkmuster lauten: »Meine Eltern haben wirklich eine furchtbare Beziehung, und sie sind wahrscheinlich beide krank, aber letztendlich haben sie überlebt.« Somit haben sie bereits zu Hause gelernt, daß zum Überleben – wenn auch nur zum minimalen – eine Beziehung gehört. Dies ist möglicherweise eine Lehre, die besonders Kinder aus Familien erlernt haben, die »wegen der Kinder zusammenbleiben«. Sobald innerhalb von Familien der Erhalt von Beziehungen mit Überleben gleichgesetzt wird, kann dies zu Beziehungssucht führen.

Die Rolle der Kirche

Auch die Kirche hat einen ganz erheblichen Beitrag zur Entstehung und Förderung der Beziehungssucht geleistet. Vermutlich besteht ein Zusammenhang zwischen der sexuellen Besessenheit der Kirche und ihrer Auffassung, daß ein Individuum nur in der Paarverbindung als normal gilt. Alleinstehende Personen stellen in den meisten Fällen eine Bedrohung für die Grundsätze der Kirche dar, nach denen die Organisation einer sozialen Gemeinschaft in Form von Paaren und Familien aufgebaut ist. Alleinstehende Kirchendiener – sofern sie nicht unverheiratete Priester oder Nonnen sind – stellen eine Gefahr für die Kirchengemeinschaft dar. Das verstärkt vor allem bei jungen Geistlichen (insbesondere männlichen) den Druck, noch zu heiraten, bevor sie ihre Arbeit in der ersten Gemeinde aufnehmen. Ich kenne jedoch viele Studenten, die während ihrer Priesterseminarzeit so hart arbeiten und studieren mußten, daß ihnen weder die Zeit noch die Energie für den Aufbau einer Beziehung blieb – und plötzlich wurde eine Heirat von ihnen erwartet. Im Grunde ist die Kirche eine Gemeinschaft von heterosexuellen und in Paarbeziehungen miteinander lebenden Menschen. Und wer in dieser »Gemeinde« akzeptiert werden möchte, muß sich »anpassen«; es gibt kaum Freiräume für abweichende, andersartige Vorstellungen vom Zusammenleben. Vor allen Dingen aber liegt die Betonung nicht auf der *Qualität* einer Beziehung, sondern darauf, *in* einer zu leben.

Verschärfend kommt noch hinzu, daß von jedem, der erst einmal in einer Beziehung – besonders einer Ehe – lebt, erwartet wird, daß er darin *verbleibt,* egal, ob sie gut oder schlecht ist. Selbst wenn eine Ehe auf alle Beteiligten zerstörerisch wirkt, wird vorausgesetzt, daß man sie weiter aufrechterhält. Dieser Glaube hat nicht nur die Beziehungssucht gefördert, er hat auch dazu beigetragen, daß ein Mensch ohne Bindung nicht anerkannt wird. Mit Hilfe dieser Glaubenslehre hat die Kirche ein Konzept gestärkt, das einen statischen Zustand in menschlichen Beziehungen mit Sicherheit gleichsetzt: Solange man am Statischen festhält (dem, was man gegenwärtig hat) und es vor jeder Veränderung bewahrt, ist man sicher. Beziehungssüchtige suchen verzweifelt nach einer irgendwie gearteten Sicherheit, und diese, so glauben sie wenigstens, vermag ihnen eine Beziehung zu vermitteln. Ironischerweise opfern die einzelnen Menschen auf diese Weise ihre Moral und ihre spirituellen Wertvorstellungen, um die Gebote der Kirche zu erfüllen.

Die Rolle der Gesellschaft

Innerhalb unserer Gesellschaft bilden Suchtbeziehungen die Norm, und das Einüben von Beziehungssucht wird aus allen erdenklichen Richtungen gefördert. Eine bereits erwähnte Vorbereitung auf die Beziehungssucht ist das typische »Beste/r Freund/in«-Szenario. Aber es sind die unsere Kinder umgebenden Modelle, die sie in die Dynamik dieses »Bester Freund«-Syndroms drängen. Denn was lernen Kinder von der Gesellschaft über Beziehungen? Sie lernen, es wäre nicht genug für alle da. Sie glauben, daß sie nicht genug abbekommen, wenn ihr bester Freund noch einen anderen Menschen oder mehrere andere mag. Es ist nie genug da, vor allem nicht genug Liebe. Die Heranwachsenden gehen davon aus, daß Eifersucht etwas ganz Normales in einer Beziehung ist, da sie in ihrer Umgebung überall vorhanden ist. Und aus diesem Grund sind sie ständig mit ihren eigenen Eifersuchtsgefühlen beschäftigt.

Als »beste Freunde« lernen wir, daß in einer Beziehung eine Krise auf die andere folgt, und sind in dieser Intensität gefangen. Eine Form dieser Intensität sind zum Beispiel Eifersuchtskrisen – aber es gibt noch viele andere. Nur eins wissen wir sicher, denn das haben wir gelernt: Krisen in einer Beziehung sind etwas »Normales«. Soll eine Beziehung in dieser Gesellschaft als wertvoll gelten, dann muß sie intensiv sein.

Die Partner in einer Beziehung müssen *immer* zusammensein – auch das haben wir gelernt. Zeiten, in denen wir voneinander getrennt sind, sind bedeutungslos und werden nur leidvoll erduldet, denn schließlich verleiht erst die Beziehung unserer Existenz einen Wert.

Hinzu kommt, daß die Kinder während ihrer Entwicklung unaufhörlich mit U-Musik bombardiert werden, die ausschließlich Werbung für Suchtbeziehungen betreibt. Die Texte lassen keine Zweifel daran, daß erst die Beziehung dem Leben des einzelnen Menschen Sinn gibt, daß Beziehungen durch Krisen erschüttert werden, daß eine Beziehung immer Leid bedeutet und daß nahezu alles, was von außen kommt, die Beziehung gefährdet. Gerade U-Musik verstärkt den Irrglauben, Beziehungen müßten ständig kontrolliert – und bewahrt – werden, oder aber sie brechen auseinander. Nur in den seltensten Fällen wird der Eindruck erweckt, daß zwei Menschen vielleicht zusammenleben, weil sie es möchten und es gut für sie ist.

Auch Film und Fernsehen suggerieren, eine Beziehung habe ausschließlich etwas mit Phänomenen wie inmittelbarer Nähe, Intensität und Abhängigkeit zu tun. Man muß schnell zur Sache kommen, wenn man in knappen zwei Stunden Sendezeit eine Beziehung auf die Beine stellen will.

Eigentlich ist unsere ganze Gesellschaft um die Idee des heterosexuellen Paares organisiert. Schwule haben sich oftmals darüber aufgeregt, um schließlich in ihren Kreisen dann doch genau die gleichen »Paar«-Regeln aufzustellen. Alleinstehende Menschen sind – aus welchem Grund auch immer sie allein sind – eine Gefahr für die »gepaarte Gesellschaft«. Menschen, die nicht Teil eines Paares sind, finden nur schwer sozialen Anschluß – sie gehören einfach nicht dazu. Der Druck, innerhalb einer Beziehung zu leben, ist gewaltig. Eigentlich sind es Beziehungen, die den Menschen ihre Berechtigung in dieser Gesellschaft verleihen. Daher ist es auch nicht verwunderlich, daß die Beziehungssucht sich ausbreitet. Denn im Grunde genommen unterstützt – oder, besser, braucht – die Gesellschaft beziehungssüchtige Menschen, egal ob sie zum Typ I oder zum Typ II gehören.

Die Auswirkungen der Beziehungssucht auf die Gesellschaft

In den letzten Jahren haben wir viel über die Beziehungssucht lernen können. Eine der wichtigsten Erkenntnisse ist, daß sie tödlich enden kann. Der Streß, der mit einer kranken Beziehung einhergeht, kann zum Tode führen; bestimmte Krankheitsbilder hängen anscheinend mit dem Streß zusammen, der durch das Ausharren in einer toten oder kaputten Beziehung entsteht. Eine ganze Reihe von Menschen führt beispielsweise ihre Krebserkrankungen direkt auf eine Beziehungssucht zurück. Jene Kräfte, mit denen wir die Streßerscheinungen unseres Lebens zu bewältigen versuchen, können genausogut die Lebensquelle in uns zerstören.

Diese Streßerscheinungen wirken sich auf unseren Arbeitsplatz und unsere wichtigsten Institutionen aus. Sind unsere grundlegenden Beziehungen erst einmal krank, sind wir auch selbst krank. Für den menschlichen Organismus sind Beziehungen wichtig, aber sie können uns weder unsere Identität noch unseren Eigenwert geben. Fehlt es uns an beidem, können wir vermutlich nicht unseren Beitrag für die Entwicklung der Gesellschaft leisten; so verstanden, trägt Beziehungssucht zum Verfall der Gesellschaft bei.

Eine weitere Folge der Beziehungssucht ist, daß sie ein allgemeines Gefühl von Abhängigkeit entstehen läßt, das schließlich auch beim einzelnen gefestigt wird. Natürlich ist es unmöglich, als Gesellschaft zu reifen, wenn die einzelnen Mitglieder dieser Gesellschaft weiterhin wie unreife, abhängige Kinder agieren. Beziehungssucht trägt zu dieser Unreife bei. Wenn es uns schon nicht gelingt, in den Beziehungen zu jenen, die uns am nächsten stehen, wie Erwachsene zu handeln, wird es uns noch viel weniger im Umgang mit der gesamten Gesellschaft gelingen. Ich hatte schon erwähnt, daß die Vereinigten Staaten von anderen Staaten als eine adoleszente Nation gesehen werden. Und ich frage mich, ob unsere Tendenz, uns als Heranwachsende zu verhalten, nicht in direktem Zusammenhang mit unseren als Norm geltenden Beziehungsmodellen steht.

In vielen Büchern konnten wir nachlesen, daß Frauen in zerstörerischen Beziehungen leben und diese in gewisser Weise sogar erwarten und akzeptieren. Über Männer wurde in dieser Hinsicht bedeutend weniger ausgesagt – und doch sind nach meinen Erfahrungen ebenso viele Männer wie Frauen beziehungssüchtig. Nur ist diese Sucht bei Männern oft durch eine andere, auffälligere Sucht verdeckt.

Unsere Gesellschaft ist von der Beziehungssucht durchdrungen, diese Sucht zerstört die Gesellschaft als Ganzes. Beziehungssucht verhindert jegliche Nähe mit dem Selbst oder mit anderen. Und wenn keine Nähe mehr möglich ist – dann gibt es Krieg.

Mögliche gesamtgesellschaftliche Auswirkungen einer Genesung

Während der Vorarbeiten zu diesem Buch dachte ich darüber nach, welche Auswirkungen es hätte, wenn die Menschen von den hier beschriebenen Suchtformen genesen würden. Mir fielen sofort Veränderungen ein, die sich vor allem in den Medien, insbesondere aber in der Werbung abspielen würden. Vermutlich würden sich die Menschen – vorausgesetzt, sie hängen nicht mehr an ihrer Sucht – kaum noch süchtigmachende Songs anhören oder Filme und Fernsehprogramme ansehen, in denen Suchtbeziehungen dargestellt werden. Auch die Werbung – die zum Beispiel darauf aufbaut, daß wir bei der Partnersuche das richtige Deodorant verwenden – verlöre einen Großteil ihrer Bedeutung. Wir würden unser Geld und unsere Zeit für andere Dinge verwenden.

Stellte man sich der Beziehungssucht und würde die Genesung voranschreiten, hätte dies meiner Ansicht nach auch eine Verbesserung der physischen Gesundheit zur Folge. Ganz gewiß traf das bei mir selbst zu, und ich konnte dies auch bei anderen Menschen beobachten. Wir müssen uns klar darüber werden, welchen Einfluß Beziehungen auf die Gesundheit nehmen. Denn da Suchtbeziehungen geradezu im Zentrum unserer Kultur stehen, haben sie weitaus schwerwiegendere Auswirkungen auf den einzelnen Menschen, als es wünschenswert ist. Stünden sie nicht so sehr im Mittelpunkt, wären wir vermutlich in der Lage, andere Aspekte unseres Lebens vollkommener zu entwickeln.

Im allgemeinen wissen wir, daß die Genesung von einer bestimmten

Sucht mit einem verbesserten physischen Gesundheitszustand einhergeht. Was geschähe, wenn dies auf breiter Ebene der Fall wäre? Welche Auswirkungen hätte dies auf unsere Lebensqualität, unsere Energie, Kreativität und Produktivität? Wir wissen, daß die Beziehungssucht uns weit früher umbringt, als wir normalerweise sterben würden. Eine Genesung könnte also wirklich einige interessante Auswirkungen haben.

Zu diesen Folgen gehört ebenfalls, daß die Kirche neu überdenken müßte, was bindend versprochene Beziehungen ohne die Last der Sucht bedeuten. Denn eigentlich haben wir kaum eine Vorstellung von dem, was persönliche Freiheit in Verbindung mit einer engen, vertrauten Beziehung heißt. Und doch ist die Kombination möglich.

Solange wir nicht bereit sind, den weitreichenden Einflüssen der Beziehungssucht ins Auge zu sehen, werden wir niemals wissen, was Beziehungen eigentlich sein könnten und was es für die Gesellschaft bedeuten könnte, wenn gute Beziehungen zur Norm würden.

Was ist der Sexsucht, der Romanzensucht und der Beziehungssucht nun gemeinsam? Sexsüchtige »machen an«, Romanzensüchtige »machen sich davon«, und Beziehungssüchtige »klammern sich an«. In den vorangehenden Kapiteln habe ich diese drei Suchtformen jeweils separat untersucht, um sie in ihrer jeweiligen Eigenart zu verstehen. Doch auch wenn diese Süchte getrennt zu sehen sind, so haben sie doch vieles gemeinsam.

Sie sind bei allen Menschen zu finden. Unabhängig von Geschlecht, Rasse, sozioökonomischem Status oder Bildungsniveau – diese Süchte können bei jedem auftreten, und zwar überall und zu jeder Zeit.

Es handelt sich um Süchte, und alle drei besitzen die gleichen Merkmale wie andere Suchtformen. Sie sind fortschreitend und enden tödlich. Sie zerstören das Leben einzelner Menschen, von Familien, Institutionen und ganzen Gemeinschaften. Mit fortschreitender Krankheit treten bei jedem Süchtigen bestimmte Verhaltensmuster auf wie Kontrollieren, Unehrlichkeit, Selbstbezogenheit, Perfektionismus, forderndes Verhalten, Verwirrung, Isolation und Dysfunktionalität. Mit der Zeit verändern diese Süchte – genau wie die substanzgebundenen Süchte – sogar Einstellungen und Denkvermögen, und sie verlangen bei fortgeschrittener Krankheit nach einer immer größeren »Dosis«, um den »Rausch« zu erleben.

Um seiner Sucht nachzugeben, muß das Individuum sich immer mehr aufgeben. Dies hat zur Folge, daß der Süchtige allmählich seine ethischen, moralischen und spirituellen Wertvorstellungen verliert, und wie bei allen anderen Suchtformen wird er feststellen, daß er Familie, Kinder, Arbeit, soziale Verantwortlichkeiten und sich selbst vernachlässigt. Ein Süchtiger ist nicht in der Lage, irgend etwas beständig und verläßlich für sich oder für die Gesellschaft zu leisten, und welcher Art seine Leistung auch sein mag, ihre Qualität wird sich verschlechtern.

Diese drei Süchte – nach Sex, Romanzen und Beziehungen – verursachen tiefen persönlichen Schmerz, und die Betroffenen verlieren in zunehmendem Maße die Kontrolle über ihre Sucht und über ihr Leben.

Als Kampfplatz dienen diesen drei Suchtformen in erster Linie Beziehungen. Die Beziehungen (oder, um genauer zu sein, die Pseudo-Beziehungen) sind die Voraussetzung dafür, daß die Sucht auch ausgelebt werden kann. Aufgrund dieses gängigen »Mißbrauchs« von Beziehungen im Dienste der Krankheit wurden diese drei Suchtformen in einen Topf geworfen und wie eine einzige Sucht behandelt.

Nun hat die Tatsache, daß diese Süchte in Pseudo-Beziehungen zum Tragen kommen, in der bekannten Literatur zu der Annahme geführt, die Betroffenen suchten im Grunde genommen nach Liebe, nach Beziehungen voll Vertrauen und Nähe. Doch das stimmt nicht. Vielleicht sucht der gesunde Teil eines Menschen oder sein nichtsüchtiges wahres Selbst wirklich Liebe und Nähe, aber gleichzeitig verlangt die Sucht (oder der Suchtprozeß) ihren »Kick« und benutzt Beziehungen dazu, um ihn zu erlangen. Der Partner oder die Beziehung spielt dabei eigentlich keine Rolle; beide dienen nur einem Zweck: dem Rausch. Und auf der Suche nach dem »Kick« vermag der nach einer Pseudo-Beziehung Süchtige genauso skrupellos vorzugehen wie der Drogensüchtige.

Unglücklicherweise rühren diese Suchtformen im Dienste der Sucht an ganz sensible grundlegende Bedürfnisse in jedem Menschen, was nicht selten zu einiger Verwirrung führt. Süchtige *brauchen* fast immer noch irgendeinen weiteren Menschen (egal, ob Phantasiegestalt oder wirkliche Person), an dem sie ihre Krankheit ausüben; sie schützen das Bedürfnis nach Verbundenheit und Nähe vor und behandeln den anderen doch wie einen Gebrauchsgegenstand. Dabei ist es unerheblich, ob es sich um einen Beziehungs-, Romanzen-, oder Sexsüchtigen handelt: Jeder dieser drei benutzt einen anderen Menschen. Und doch vermeiden sie alle letztendlich die Nähe zum anderen, ja, im Grunde genommen verhindern sie diese sogar.

Wir haben schon früh gelernt, daß gewisse Fertigkeiten und Verhaltensweisen unsere Chancen beim Aufbau einer Beziehung fördern und vergrößern. Leider müssen wir später die Erfahrung machen, daß diese »Fertigkeiten« uns oftmals in Suchtbeziehungen führen. Müssen wir dann noch erfahren, daß uns genau diese Fertigkeiten, die unserer Ansicht nach doch eigentlich Nähe und Vertrautheit fördern sollten, im Grunde genommen dazu dienen, genau diese zu vermeiden, fühlen wir uns betrogen – durch uns selbst und durch das, was man uns beigebracht hat. Vergegenwärtigen wir uns schließlich diese Fertigkeiten, wird uns klar, daß sie tatsächlich alles sind, was man uns mit auf den Weg gegeben hat und was wir wissen, und daß wir eigentlich keine Ahnung haben, wie wir intakte Beziehungen aufbauen und aufrechterhalten sollen.

Im folgenden nenne ich Ihnen einige dieser Fertigkeiten, mit deren Hilfe wir Pseudo-(Sucht-)Beziehungen aufbauen:

- Die Fähigkeit, »unmittelbare Nähe« herzustellen.
- Die Fertigkeit, jemandem zuzuhören, obwohl man weder daran interessiert ist noch einen Bezug zu dem hat, was der andere sagt.
- Die Fähigkeit, die eigenen Bedürfnisse jederzeit zurückzustellen, wenn es der Beziehung zugute kommt.
- Das Wissen darum, wie man für einen anderen Menschen »sorgen« kann, und die sofortige Bereitschaft, seine oder ihre Bedürfnisse zu befriedigen.
- Das Wissen darum, wie man die Abhängigkeit des anderen fördert, und gleichzeitig auch, wie man sich selber in abhängiger Weise »an den anderen dranhängt«.
- Die Kunst, für die Beziehung (einschließlich Familie, Kinder und Arbeit) ständig Kompromisse im Hinblick auf die persönlichen Bedürfnisse und die ethischen und moralischen Wertvorstellungen einzugehen.
- Die Fertigkeit, ganz schnell einen »Traumpartner« oder eine »besondere Verbindung« zu erkennen.
- Die Fähigkeit, sofort Geheimnisse preiszugeben und die ganze Lebensgeschichte auszubreiten.
- Die Bereitschaft, sich sofort körperlich oder sexuell angezogen zu fühlen.
- Die Kunst, den anderen in romantische Phantasien und/oder exotische Situationen einzupassen, und zwar indem man stets spezielle Schallplatten oder bestimmte Requisiten oder Symbole zur Hand hat, auch wenn das ganze Drum und Dran in Wirklichkeit kaum von Bedeutung ist, außer für die romantische Stilisierung des/der anderen.
- Die Fähigkeit, eine »Verbindung« einzugehen und dabei nicht zu wissen, wie man jemandem freund sein kann.
- Die Fertigkeit, sofort Nähe oder ein »Hochgefühl« (»verliebt« sein) herzustellen und dabei im alltäglichen Leben alles andere stehen und liegen zu lassen.
- Das Gefühl, als habe diese »Beziehung« einen vollkommen im Griff und fülle das ganze Leben aus, und die Bereitschaft, sich diesem Gefühl vollständig hinzugeben.
- Das (eingebildete) Können und der Wunsch, den anderen Menschen vor dem Leben zu »retten«, das er oder sie sich selber gestaltet hat.
- Die Bereitschaft, den anderen dazu zu benutzen, dem eigenen Leben zu entfliehen.

- Die Bereitschaft, alle Dinge nur noch in bezug auf die Beziehung zu sehen und diese Beziehung zum Dreh- und Angelpunkt seines Lebens zu machen.
- Die Kunst, andere Aspekte des eigenen Lebens und aus dem Leben des anderen zugunsten der Beziehung zu ignorieren.
- Die Fähigkeit, dem anderen das »Gefühl des Lebendigseins« zu vermitteln.
- Die Fertigkeit, auf andere anziehend zu wirken und aus diesem Grund das Äußere durch Kleidung und Aufmachung zu betonen.
- Die Fähigkeit, die Seiten eines Menschen zu ignorieren, die man nicht mag oder die einem suspekt sind. Dazu gehört auch, die Wertvorstellungen, Hoffnungen und Ängste zu ignorieren, die man nicht teilt, und den anderen nur durch die Brille der Illusion zu sehen.
- Die Bereitschaft, für alles, was in der Beziehung nicht richtig läuft, die Schuld und den Tadel auf sich zu nehmen.
- Die Fähigkeit, auch dann noch »weiterzumachen«, wenn das Ganze bereits an Wahnsinn grenzt.
- Die Fertigkeit, die Gefühle und das Bewußtsein einfach auszuschalten, wenn es der Beziehung dient.
- Das Können, »vollständig in die Welt des anderen einzutreten«.
- Das Wissen darum, wie man sein Kommunikationsgeschick einsetzen muß, um sofort eine Beziehung aufzubauen, wobei das »Geschick« sehr viel wichtiger ist als die aufrichtige Aufmerksamkeit der anderen Person gegenüber.
- Die Fähigkeit, Manipulation und Eindruckschinderei zu benutzen, um den anderen in die Beziehung zu »ködern«, indem man versucht so zu sein, wie der andere einen haben möchte.
- Die Kunst, die Gefühle anderer zu »übernehmen« und zu »fühlen«.
- Das Akzeptieren von Eifersucht als Zeichen wahrer Liebe.
- Die Fertigkeit, sich jenen Menschen anzuschließen, von denen man zuerst gemocht wird.
- Die Fähigkeit, »Ehrlichkeit« als »Trick« einzusetzen.
- Die Fähigkeit, Intuition zu benutzen, um den anderen zu erklären oder zu »verstehen«.
- Die Entwicklung der Fertigkeiten auf dem Gebiet der Verführung, des Flirts und des aufregenden Vergnügens zu einer hohen Kunst.
- Die Fertigkeit, eng verbunden zu wirken und dabei doch sicher hinter seiner Fassade verborgen zu bleiben.
- Der Glaube daran, daß Intensität als Liebe zu interpretieren sei, und daher die Annahme, daß es Liebe ist, wenn man einem Menschen gegenüber intensive Gefühle hegt.
- Die Fähigkeit, in einer Beziehung seine Grenzen zu verlieren.

- Die Bereitschaft, für die Beziehung unendliches Leid auf sich zu nehmen.
- Die Fertigkeit, den anderen mit den Augen eines verendenden Kälbchens anzublicken, das gerade in einem Schlammloch versinkt.

Wir alle haben gelernt, daß uns all diese Fähigkeiten zu Beziehungen verhelfen, obgleich sie in Wirklichkeit in suchtgeprägte Pseudo-Beziehungen führen.

Das Vermeiden von Nähe

Alle drei Suchtformen haben scheinbar die Nähe zum anderen als Ziel – und sind dennoch das Gegenteil, nämlich Flucht vor Nähe. Und genau dieser Aspekt sorgt für große Verwirrung. Wer von einer Pseudo-Beziehung abhängig ist, schafft eine Situation, die normalerweise Nähe herstellt, um genau diese Nähe zu vermeiden.

Wer süchtig nach Sex, Romanzen oder Beziehungen ist, wird hier natürlich lauthals protestieren und behaupten, er suche wirklich eine vertraute, enge Beziehung, das sei doch genau das, was er vom Leben erwarte. Unglücklicherweise aber sind es gerade diese Menschen, die eine tiefsitzende Angst vor Nähe in sich haben und ihr bei jeder sich bietenden Gelegenheit zu entkommen versuchen.

Wenn wir Nähe zu anderen herstellen wollen, müssen wir zunächst einmal bereit sein, uns selber nahe zu sein – und jede Sucht, egal wonach, vermeidet dieses Nah-bei-sich-Sein. Ein Alkoholiker etwa gerät mit fortschreitender Krankheit in immer größere Isolation, nur damit er für seinen Nachschub sorgen kann. Diese zunehmende Isolation ist auch ein Merkmal der in diesem Buch beschriebenen Süchte. Der Unterschied liegt nur darin, daß ein Beziehungs-, Romanzen- oder Sexsüchtiger entschieden behauptet, er *wolle* eine Beziehung, gleichzeitig aber mit dieser irreführenden Äußerung seine nächste Umgebung arg in Mitleidenschaft zieht. Natürlich läßt sich nur schwer einsehen, daß ein Mensch vor Nähe flieht, wenn er doch eigentlich vehement bekundet, wie sehr er Nähe wünscht und braucht, er jedoch im selben Moment sämtliche Fertigkeiten verzerrt, die Nähe zum Ziel haben. Tatsächlich aber sind diese Süchtigen nicht in der Lage, echte Beziehungen aufzubauen. Da wir in einer süchtigen Gesellschaft leben, führen die Fähigkeiten, die man uns für den Aufbau von Beziehungen mitgegeben hat, beinahe zwangsläufig zu Pseudo-Beziehungen.

So haben wir beispielsweise gelernt, daß »intime« Partnerschaft etwas mit gegenseitiger Abhängigkeit zu tun hat. Beziehungen, so lautet die allgemeine Auffassung, äußern sich immer in irgendeiner Form von Abhängigkeit – egal, ob in eigener Abhängigkeit, Unabhängigkeit oder gegenseitiger Abhängigkeit. Dabei ist jede Form der Abhängigkeit zerstörerisch. Jede Beziehung, die sich in Form von Abhängigkeit irgendeiner Art definiert, kann nicht intim und vertraut sein. Abhängigkeit tötet Nähe. Die meisten Menschen glauben, man müsse den anderen oder die Beziehung *brauchen*, andernfalls würde man verlassen werden. Doch gerade dieses *Brauchen* kommt der Aufforderung nahe, die Beziehung zu zerstören. Keine Beziehung wird überleben können, wenn Abhängigkeit im Spiel ist.

Das Thema Co-Abhängigkeit, Co-Süchtige[1]

Bei einigen Definitionen von Co-Abhängigkeit stehen die Helferrolle und das Kontrollverhalten im Mittelpunkt, und es wird davon ausgegangen, es handle sich um eine Beziehungen betreffende Krankheit oder zumindest um eine solche, die in Beziehungen ausgetragen wird. Zudem herrscht mittlerweile die Ansicht vor, daß Co-Abhängigkeit jeder Sucht zugrunde liegt. In einigen Therapiezentren wird sogar empfohlen, daß genesende Süchtige sechs Monate oder ein Jahr nach der Behandlung ihrer primären Sucht noch einmal zurückkehren sollten, um ihre Co-Abhängigkeit zu behandeln. Es erübrigt sich beinahe zu erwähnen, daß über den Begriff »Co-Abhängigkeit« erhebliche Verwirrung besteht. Dennoch hat dieses Thema ganz klar bei vielen Leuten eine Saite angeschlagen, und viele haben sich inzwischen selbst als Co-Abhängige erkannt.

Schon seit einiger Zeit vertrete ich die Ansicht, daß Co-Abhängigkeit nicht nur eine auf Beziehungen beschränkte Krankheit ist und ein Co-Abhängiger nicht unbedingt irgendeinen anderen Menschen braucht, an dem er seine Krankheit auslebt. Ein Co-Abhängiger kann genausogut von einem Zaunpfahl co-abhängig sein.

Auf der nächsten Seite folgt ein Diagramm, das ich bei meinen Vorträgen über Sucht und Co-Abhängigkeit oft zugrunde gelegt habe.

Hier habe ich einen elementaren zugrundeliegenden Suchtprozeß als Norm in unserer Gesellschaft vorausgesetzt, der bisher kaum beachtet wurde. Es ist wie mit dem Wasser, das ich am Anfang dieses Buches als Beispiel erwähnte. Dieser zugrundeliegende Suchtprozeß vermag viele Formen anzunehmen; sobald ihm ein Weg versperrt ist, wird er sich einen anderen suchen. Oder, wie Patrick Carnes schreibt:

»Unter vielen anderen Faktoren wurde deutlich, daß zwanghafte Abhängigkeit viele andere Formen als die der Drogen- und Alkohol-

Der Suchtprozeß

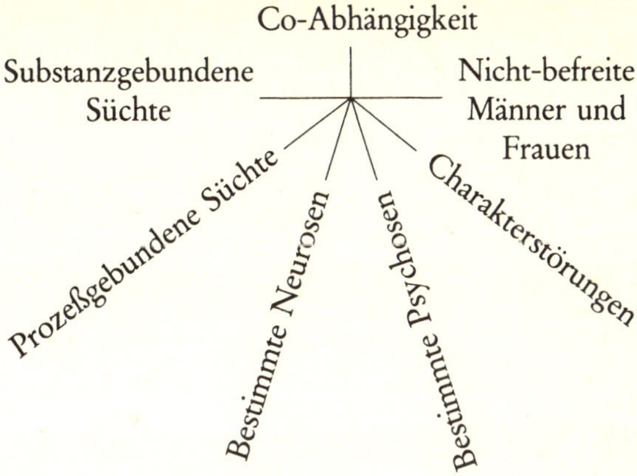

abhängigkeit annehmen konnte. Immer – ob nun bei der Freßsucht, der Spielsucht, der sexuellen Süchtigkeit, dem Konsumrausch oder dem zwanghaften Ladendiebstahl – liegen ähnliche Prozesse zugrunde. Zusätzlich zeigte sich, daß die Abhängigkeit innerhalb des pathologischen Familienzusammenhangs das krank machende Klima nur noch verstärkte. Kompliziert wurde die Angelegenheit dadurch, daß sich die Reaktionen der Familienmitglieder auf die verschiedenen Muster des Suchtverhaltens als ebenso ungesund erwiesen wie die Ausübung des Verhaltens durch die Süchtigen selber.«[2]

Diesen grundlegenden Suchtprozeß müssen wir noch behandeln; soll eine Genesung erfolgreich verlaufen, ist es notwendig, diesen Suchtprozeß *und* die jeweils spezifische Sucht zu behandeln. In meinen Vorträgen habe ich auch darauf hingewiesen, daß ich den Unterschied zwischen Co-Abhängigkeit und dem zugrundeliegenden Suchtprozeß nicht kenne – aber es gibt einen Unterschied. Davon bin ich überzeugt.

Während der Untersuchungen zu diesem Buch sind mir viele Leute begegnet, die sich selber als Co-Abhängige begreifen, die in Wirklichkeit jedoch Sex-, Romanzen- oder Beziehungssüchtige (letzteres besonders häufig) sind. Sie alle bezeichneten sich lieber als Co-Abhängige denn als süchtig in irgendeiner Form. Dies Bemühen kann ich gut nachvollziehen, da ich es früher bei mir selbst festgestellt habe. Als ich mit meinen Studien über Suchtkrankheiten noch am Anfang stand, war ich sicher, daß ich »gesund« bin und von der Krankheit nur betroffen worden war. Ich war – wie Earnie Larson es ausdrückt – »betroffen«, aber ich »litt« nicht unter der Krankheit.[3] Dieses »Betroffensein« kostete mich einige Jahre, in denen ich daran arbeitete, davon zu genesen, was ich mir »geholt« hatte, um schließlich zu erkennen, daß es *meine* Krankheit war – sie gehörte keinem anderen. Tatsächlich bestand ein Teil meiner Krankheit darin, alles, was mit *mir* geschah, von *außen* zu erklären.

Da ich mich als Co-Abhängige ansah, konnte ich mir das erlauben. Ich erhielt so den Freibrief, meine Krankheit stets in bezug auf jemand anderen zu definieren, und das machte es mir leicht, die Verantwortung, die ich für mich selbst trage, abzuschieben. (Das Wort Verantwortung verwende ich im Sinne von wirklicher Besitzerschaft und nicht Verantwortlichsein und Tadel.) Die Selbsteinschätzung als Co-Abhängige beraubte mich jedoch meiner persönlichen Kraft, die vorhanden ist, wenn ich mir selbst gehöre sowie alle meine persönlichen Merkmale wirklich besitze; als Co-Abhängige konnte ich mich etwas besser fühlen als »diese Süchtigen« (was natürlich auch ein Teil meiner Krankheit ist). Erst durch die Arbeit an meiner Genesung erkannte ich, daß ich an derselben Krankheit (dem Suchtprozeß) wie alle anderen innerhalb dieser Suchtgesellschaft leide, daß ich genau wie alle anderen von der Sucht genesen muß – nur ist es bei mir eben die Beziehungssucht. Deren spezifische Form unterscheidet sich vom Alkoholismus; die zugrundeliegende Krankheit ist dieselbe. Meine Krankheit *ist* dieses »mir geht es besser als diesem oder jenem«, oder »mir geht es nicht so schlecht wie diesem oder jenem«. Jedesmal, wenn ich mich vom Standpunkt eines Außenstehenden her sehe, stecke ich in *meiner* Krankheit – und das kann beim geringsten Anlaß passieren.

So funktionieren im Grunde genommen alle »Co«-Krankheiten. Al-Anon-Gruppen (das sind Selbsthilfegruppen von Angehörigen von Suchtkranken) oder auch die »Erwachsenen Kinder von Alkoholikern« definieren sich vom Standpunkt des Alkoholikers her; Co-Sexsüchtige setzen sich in bezug zu Sexsüchtigen. Indem wir dies tun, leben wir die Krankheit, von der wir zu genesen versuchen, gerade voll aus. Natürlich wird in diesen Gruppen sorgsam darauf hingearbeitet, daß wir lernen, für uns selbst zu sorgen und uns auf uns selbst zu konzentrieren. Doch was geschähe, wenn wir in diesen Angehörigen-Gruppen sagen würden: »Ich bin ein Sexsüchtiger« (oder ein Romanzensüchtiger oder ein Mensch, der von Leid und Schmerz abhängig ist)? Wir sind nicht nur machtlos über das, was andere tun; wir sind machtlos über unsere ganz spezielle Form der Suchtkrankheit. Wann immer wir die andere Person ins Zentrum rücken, stecken wir mitten in unserer Krankheit, egal, welcher Art sie ist.

Ich frage mich, was geschehen würde, wenn wir jene Aspekte der Co-Abhängigkeit, die eigentlich eine Sex-, Romanzen- und Beziehungssucht sind, herausfiltern würden und ebenso das, was den zugrundeliegenden Suchtprozeß ausmacht. Würde das noch dem gerecht, was wir bisher als Co-Abhängigkeit bezeichnet haben? Sind nicht alle Co-Etiketten listige Versuche, die uns erlauben, uns überlegen zu fühlen, zu leiden, uns weiterhin von außen her zu bestimmen, und die uns damit gleichzeitig der Chance berauben, von *unserer eigenen* Krankheit zu genesen? Konnte nicht durch diese raffinierte Scharade der Suchtprozeß unbemerkt weiterexistieren, wie es beispielsweise der Fall ist, wenn jemand vom Alkoholismus genesen will, er jedoch noch von Nikotin, Zucker, Kaffee, Arbeit, Geld oder Beziehungen abhängig ist? Diese Krankheiten sind wirklich tückisch, verwirrend, mächtig und geduldig. Haben wir mit unseren Theorien, zum Beispiel zur Co-Abhängigkeit, möglicherweise den zugrundeliegenden Suchtprozeß unterstützt? Meiner Ansicht nach ja, und ich glaube, wir haben unser Bestmögliches getan. Noch immer stehen wir ja mit unserem Wissen über diese Krankheiten am Anfang. Wir tragen beständig Informationen zusammen und gewinnen zunehmend Einblick. Und während wir lernen, muß sich auch unsere Verständnisbereitschaft weiterentwickeln.

Am Anfang definierten wir Co-Abhängigkeit vom Standpunkt des Alkoholismus oder des Süchtigen her. Dann begannen wir, sie als Krankheit und uns selber als »Leidende« und nicht als bloß »Betroffene« zu sehen (eigentlich erkannten wir sogar, daß *andere* von *unserer* Krankheit betroffen werden). Damit hatten wir die Gelegenheit, wirklich zu genesen.

Nehmen wir einmal an, wir würden unsere Opferhaltung aufgeben und unsere Abhängigkeit von Beziehungen, Romanzen, Sex, Arbeit (oder irgend etwas, was wir noch nicht benannt oder entdeckt haben) als Sucht bezeichnen und uns somit auch mit dem zugrundeliegenden Suchtprozeß konfrontieren, den wir alle in diesem Kulturkreis erlernt haben. Was würde dann geschehen?

Möglicherweise fänden wir heraus, daß es tatsächlich so etwas wie eine Krankheit Co-Abhängigkeit gibt. Möglicherweise jedoch würden wir auch erkennen, daß wir genau dieses »co« weglassen und mutig der Realität ins Auge sehen müssen, die besagt, daß all diese Krankheiten Süchte sind – und zwar fortschreitende und tödliche –, die sich nicht in eine Hierarchie von Suchtkrankheiten einordnen lassen. Denn sobald wir eine Suchtkrankheit als weniger gravierend oder mehr oder weniger ernsthaft einstufen, stecken wir mitten in unserer Krankheit.

Ich hoffe, daß Menschen, die sich selbst als Co-Abhängige bezeichnen, dieses Buch lesen, darüber nachdenken und vielleicht herausfinden, daß auch sie Süchtige sind. Vielleicht ist Ihnen noch die Geschichte von Barbara aus dem vorangehenden Kapitel in Erinnerung, die sich am Anfang ihrer Genesung als Co-Abhängige bezeichnete. Sie mußte erst ganz unten landen und sich beinahe umbringen, bevor sie erkannte, daß sie eine Beziehungssüchtige ist, die sich bereits im chronischen Stadium ihrer Krankheit befand, und einsah, daß sie sterben müßte, wenn sie ihrer Beziehungssucht nicht offen gegenübertrat.

Steht nicht ein Großteil unserer Fürsorglichkeit und Kontrollversuche anderen gegenüber eigentlich im Dienste unserer Sex-, Romanzen- und Beziehungssucht? Möglicherweise hat der Begriff Co-Abhängigkeit ja seine Berechtigung, allerdings sollte dieser dann viel weniger Bedeutung zugemessen werden, als es zur Zeit geschieht. Vielleicht wird sich die Suchtbehandlung dahingehend entwickeln, daß die jeweils spezifische Suchtform und der zugrundeliegende Suchtprozeß im Mittelpunkt stehen. Oder vielleicht wird die Behandlung der Co-Abhängigkeit letztendlich eine Behandlung der Beziehungs-, Romanzen- und Sexsucht sein! Inzwischen haben wir einen langen Weg hinter uns, und ich glaube, daß wir uns im Augenblick an einem entscheidenden, spannenden Scheideweg im Hinblick auf diese Krankheiten befinden. Egal, wie wir sie nennen, inzwischen wissen wir, es sind nicht bloß psychologisch zu interpretierende Krankheiten. Vielmehr sind es auch spirituelle Krankheiten, und sie beeinträchtigen jeden Aspekt unseres Wesens. Aus diesem Grund erfordert eine Genesung tatsächlich einen völligen Systemwechsel. Im ›Big Book‹ der »Sex and Love Addicts Anonymous« ist dieser Umstand vortrefflich ausgedrückt: »Doch ob wir uns dessen bewußt sind oder nicht, ein ganzes Wesen wurde von unserem Versagen oder unserer Verweigerung geprägt, die Probleme unseres wirklichen Lebens zu lösen: Unsicherheit, Einsamkeit und der Mangel an einem bleibenden Selbstwertgefühl und persönlicher Würde. Mit Hilfe von Sex, Charme, Gefühlsappellen oder Überredungskünsten hatten wir andere Menschen als ›Drogen‹ benutzt, um unserer eigenen persönlichen Unzulänglichkeit aus dem Weg zu gehen. *Als wir dies erkannten, wurde uns klar, daß wir mit der Aufgabe unseres süchtigen Verhaltens unvermeidlich die Grundlage unseres Selbstbildes, unsere zugrundeliegende persönliche Identität in Frage stellen müssen.*« (Hervorhebung durch die Autorin) Weiter heißt es: »Als wir uns der Größenordnung und einstellungsverändernden Natur unserer Sex- und Liebessucht bewußt wurden und sahen, in welchem Ausmaß sie unser Wertesystem entstellt hatte, mußten wir zugeben, daß wir unsere ganze Identität ohne Hilfe nicht neu formen könnten ... Die Notwendigkeit, einen solchen Glauben zu finden, stand am Anfang unserer spirituellen Heilung.«[4]

Ein vollständiger Systemwechsel allein ist jedoch nicht ausreichend. Vielmehr müssen wir zusätzlich wieder zu unserer spirituellen Basis zurückkehren und erkennen, daß jede Heilung immer eine spirituelle ist. Wenn wir mit unserem spirituellen Wesen wahrhaft in Einklang leben wollen, müssen wir einen Systemwechsel vollziehen und damit aus unserem Suchtsystem und gegenwärtigen Dasein heraustreten.

Wenn wir diese drei Suchtformen näher betrachten, wird ganz deutlich, wie sehr sie in unsere Gesellschaft integriert sind, von ihr unterstützt werden und sogar selbst die Gesellschaft stützen.

In den vorangehenden Kapiteln konnten wir sehen, wie die Medien, die Werbung und die U-Musik die Menschen auf die verschiedensten Süchte vorbereiten und sie sogar fördern. Alle drei Suchtformen haben – genau wie Alkohol-, Drogen- und Nikotinsucht – ihren Platz in unserer Wirtschaft und sind von der Weltanschauung unserer Gesellschaft geprägt.

Bei der Unterstützung dieser drei Suchtformen spielt die Kirche eine ganz zentrale Rolle. Alle allgemeingültigen Lehren der Kirche über Beziehungen und ihre Betonung von bestimmten Beziehungen enthalten bereits das Wesentliche der Sex- und Beziehungssucht. Gerade die von der Kirche geförderte sexuelle Repression und Obsession bereiten der Sexsucht einen fruchtbaren Boden. Ebenso stellte die Hervorhebung der Ehe als Freischein für den offiziell gebilligten Geschlechtsverkehr einen optimalen Wegbereiter für die Beziehungssucht dar. Die Kirche hat ihr Wissen um den eigentlichen Sinn einer bindend versprochenen Beziehung schon längst verloren; statt dessen hat sie sich mit der »normalen« Suchtbeziehung in unserer Gesellschaft abgefunden.

Diese drei Suchtformen sind – neben Arbeits- und Geldsucht – die am besten in unsere Gesellschaft integrierten Süchte. In meinem Buch ›Im Zeitalter der Sucht‹ habe ich erwähnt, daß die Folgen substanzgebundener Süchte anscheinend eher den einzelnen Menschen betreffen, während die Auswirkungen prozeßgebundener Süchte sich eher in der Gesellschaft niederschlagen.[5] In dieser Hinsicht nehmen Sex-, Romanzen- und Beziehungssucht eine interessante Stellung ein. Gewiß kommen sie in Pseudo-Beziehungen zum Tragen und wirken sich auf den einzelnen und die Familie zerstörerisch aus. Gleichwohl haben sie eine breitere soziale Tragweite. Wir können uns nur ausmalen, welch gewaltige Folgen es für unsere Wirtschaft hätte, wenn die Menschen sich tatsächlich mit ihrer Sex-, Romanzen- und Beziehungssucht konfrontieren würden. Denn beispielsweise nutzt das organisierte Verbrechen diese Süchte genauso aus wie die Drogen- oder Alkoholsucht. Tatsächlich existiert eine wichtige Wechselwirkung zwischen Drogen-, Alkohol-, Sex- und Romanzensucht. Daher könnte eine auf breiter Ebene stattfindende Genesung von diesen zu Pseudo-Beziehungen führenden Süchten dramatische Auswirkungen haben.

Können wir uns überhaupt vorstellen, wie eine Gesellschaft ohne diese drei Süchte aussehen würde? Entstünden eine neue Art von

Beziehungen und neue Formen der Ehe? Wir können uns wohl nur ein annäherndes Bild davon machen. Denn schließlich wissen die meisten Menschen nicht einmal, wie sie Beziehungen aufbauen sollen, die nicht durch die Sucht nach Sex, Romanzen oder Beziehungen geprägt sind. Kann die Kirche den Menschen wirklich zutrauen, ernstgemeinte Beziehungen einzugehen, und ihre Lehre vom Glauben und der Geschlechterrolle weiterverbreiten, ohne mit diesen drei Suchtformen zu operieren? Es wäre interessant zu sehen, wie ihr das gelingen könnte! Ist es vielleicht sogar möglich, daß wir irgendwann intakte Familien gründen, weil wir intakte Beziehungen haben und gesunde Kinder erziehen wollen?

Romanzen- und Beziehungssüchtige können nur (Pseudo-)Beziehungen eingehen, in denen »zwei zu einem werden« (klingt vertraut, oder?) und in ihnen als eine Person funktionieren. Nach außen hin wirken solche Ehen oft vorbildlich, für die Kinder jedoch sind sie furchtbar, denn sie haben nie das Gefühl, als könnten sie jemals »hinein«kommen oder als gehörten sie dazu (was sie ja auch tatsächlich nicht tun!). Da solche Ehen, von außen betrachtet, so gut aussehen, glauben die Kinder ständig, daß sie es sind, mit denen irgend etwas nicht stimmt, und so entstehen für sie alle möglichen Probleme. Diese Art der Klammerbeziehung wird in unserer Gesellschaft oft als wahre Liebe bezeichnet. Es ist die Gesellschaft, die uns diese kranken Beziehungen als vorbildlich einredet, und wir tun unser Bestes, um sie auszuleben.

Nähe und Suchtbeziehungen

Stellen Sie sich jede dieser drei Suchtformen als eine einzelne Faser vor. Dann verbinden und verdrehen Sie diese Fasern miteinander – und Sie haben das Geflecht einer Suchtbeziehung. Diese drei Suchtformen sind die Stränge dieses Geflechts. Schließlich entstehen Suchtbeziehungen nicht aus heiterem Himmel. Sie werden aufgebaut, und zwar oftmals von Sex- und Beziehungssüchtigen, von Menschen, die ständig eine Liebesaffäre brauchen oder die bisher als Co-Abhängige bezeichnet wurden.

Häufig reden wir so über Suchtbeziehungen, als ob sie ein Faktum *sind*. Aber wer macht sie eigentlich? Wir plumpsen nicht von heute auf morgen in solche Beziehungen. Wir lassen uns aufgrund unserer Krankheit, unserer Angst vor Nähe, darauf ein. Und sobald sich die Krankheit mit der des Partners verbindet, sorgen wir dafür, daß die Suchtbeziehung fortbesteht.

Die individuelle Genesung von einer Sucht hat oftmals den Zusammenbruch der Suchtbeziehung zur Folge. (In diesem Zusammenhang sind mir Zahlen um achtzig Prozent bekannt.) Denn häufig sehen sich die Genesenden ihre Suchtbeziehungen an und stellen fest: Es ist überhaupt nichts da. Sie sehen ihre Partner an und fragen: »Wer bist du eigentlich?« Sie wissen es tatsächlich nicht. Wenn es die Krankheit war, die zwei Menschen zusammengeführt hat, und beide sich für eine Genesung entscheiden, dann zerbröckelt die von ihnen selbst aufgebaute Pseudo-Beziehung, die ja im Grunde genommen gar keine echte Beziehung ist. Beide müssen dann herausfinden, ob es überhaupt eine gesunde Basis für eine Beziehung über diese Krankheit hinaus gibt.

Die meisten Bücher über Suchtbeziehungen enthalten wichtige Informationen. Bisher wurde jedoch noch nicht genau untersucht, *wie* die spezifische Suchtform, also die Sex-, Romanzen- und Beziehungssucht, zu einer Suchtbeziehung führt. Doch genau das ist wichtig. Wir müssen uns darüber im klaren sein, daß Suchtbeziehungen tatsächlich eine Folge dieser Suchtformen *sind*. Da in unseren Büchern und in unserem Denken diese drei Süchte oft mit süchtigen Beziehungen verwechselt werden, scheint mir jetzt eine getrennte und gleichzeitig gemeinsame Betrachtung ganz wesentlich.

Kapitel 5: Suchtbeziehungen

Der Begriff Suchtbeziehung wurde in den vergangenen Jahren entwickelt. Die Idee, eine Beziehung selber könne zur suchterzeugenden Substanz werden und suchtgeprägte Verhaltensmuster hervorbringen, hatte anfangs sogar etwas Revolutionäres. Es war nur schwer verständlich, daß ein Mensch tatsächlich nach einer Beziehung süchtig sein oder eine Suchtbeziehung aus bestimmten Suchtformen entstehen könnte. Heute wissen wir bereits soviel: Süchtige bauen Suchtbeziehungen auf.

Gewiß wurde dieses Bewußtsein durch die Veröffentlichung bestimmter Bücher gestärkt, wie etwa ›Love and Addiction‹, ›Der Cinderella-Komplex‹, ›Das Peter-Pan-Syndrom‹, ›Wenn Frauen zu sehr lieben‹ und ›Liebe als Leid‹, um nur einige zu nennen.[1] Wir haben offenbar allmählich erkannt, daß es mit den Beziehungen in unserer Gesellschaft im argen liegt. Längst beziehen wir nicht mehr die Fürsorge und Hilfe aus ihnen, die sie eigentlich vermitteln könnten. Sie weisen uns nicht, wie wir gehofft hatten, den Weg zu Nähe und Vertrautheit, wahrscheinlicher ist, daß sie uns umbringen.

Seit nunmehr über zehn Jahren befasse ich mich mit Suchtbeziehungen, und im Verlauf dieser Zeit hat unser Wissen bezüglich der Merkmale und der Abläufe dieser Beziehungen beständig zugenommen. Lassen Sie uns daher im folgenden auf einige Fakten eingehen, die in bezug auf Suchtbeziehungen bekannt sind.

Die ideale Beziehung

In meinem Buch ›Weibliche Wirklichkeit‹ bin ich ausführlich auf eine von mir als »perfekte Ehe« bezeichnete Beziehung eingegangen.[2] Die Form der Ehe läßt sich besonders plastisch mit Hilfe einiger Begriffe aus der Transaktionsanalyse darstellen. Im Grunde genommen gibt es in jedem Menschen drei Ich-Ebenen: Eltern, Kind und Erwachsener. In der typischen »Idealbeziehung« werden nur zwei dieser Ich-Ebenen verwendet, Eltern und Kind. Die Erwachsenen-Ebene bleibt auf der Strecke.

Diese Art der Beziehung ist durch Stabilität und Sicherheit gekennzeichnet (beides ist einem statischen Zustand gleichzusetzen). Wenn einer der Beteiligten beginnt, sich zu entwickeln oder sich zu verändern, wird dies als Bedrohung für die Beziehung empfunden. Soll eine Beziehung Sicherheit vermitteln, muß sie statisch bleiben. Findet irgendeine Art von Wachstum statt, darf dies nur innerhalb der Beziehung geschehen. Jede nach außen orientierte Entwicklung bedeutet Gefahr. In ihrem Wesen sind diese »idealen« Beziehungen äußerst schwach und brüchig. Sie verkraften weder viel Streß noch Veränderungen und existieren auf der Basis eines unausgesprochenen Vertrages: Man darf nicht lebendig sein. Jede erlaubte Vitalität muß sich innerhalb der Beziehung ereignen. Aus diesem Grund verläßt keiner der beiden Partner die Beziehung, schließlich ist ja alles auf die Beziehung konzentriert – und keiner der beiden glaubt daran, ohne sie überleben zu können.

Diese grundlegende Idealbeziehung läßt sich im Diagramm – siehe unten – wie folgt darstellen (wobei dieses Diagramm für heterosexuelle wie auch gleichgeschlechtliche Beziehungen gilt).

Allerdings müssen wir noch die offizielle Idealbeziehung von der privaten unterscheiden – wobei beide unerläßliche Voraussetzung für die Stabilität dieser Beziehung sind. In der offiziellen perfekten Ehe fungiert der Mann (oder die Person, die in einer gleichgeschlechtlichen Beziehung die Männerrolle übernommen hat) als Elternteil und die Frau (oder die Person in der traditionellen Frauenrolle) als Kind. Die Person in der Elternrolle kümmert sich um die Welt draußen, verdient das Geld, trifft die Entscheidungen, beschäftigt sich mit dem Auto und handhabt im allgemeinen alles außerhalb des eigenen Heims. Die zweite Person hat möglicherweise keine Ahnung, wie man mit Geld umgeht, wieviel Geld überhaupt vorhanden, wie ein Auto zu warten oder gar zu fahren ist; und gewiß weiß sie nicht, wie sie mit der Welt draußen umzugehen hat oder wie sie Geld verdienen kann. Person 2 ist völlig *abhängig* von Person 1.

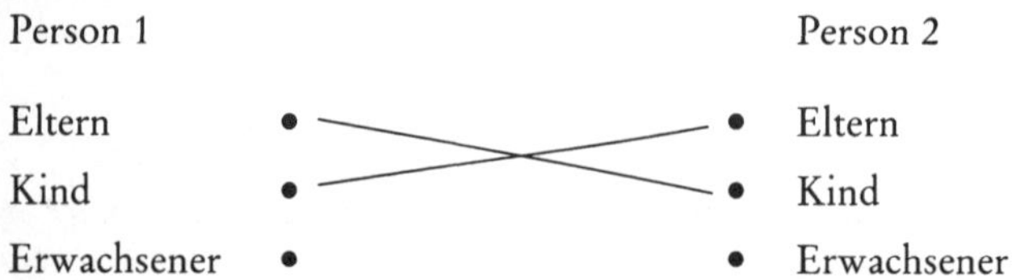

In der privaten perfekten Ehe sind die Rollen vertauscht. In dieser Beziehung besetzt Person 2 die Elternrolle, und Person 1 hat die Kinderrolle inne. Nach innen leitet Person 2 die Beziehung. Sie kümmert sich um alle körperlichen Bedürfnisse von Person 1. Sie (oder er) kocht, putzt, kauft Kleidung und befriedigt sexuelle und soziale Bedürfnisse. Person 1 braucht Person 2, damit diese für sie (oder ihn) sorgt und alltäglichen Bedürfnissen und Notwendigkeiten Rechnung getragen wird. Person 1 ist oftmals nicht in der Lage, für ihre (oder seine) eigenen alltäglichen Bedürfnisse zu sorgen.

Ihre Stabilität erhält eine solche Beziehung durch die Tatsache, daß keiner der beiden weiß, wie er ohne den anderen überleben kann. Gelegentlich wird dies als gegenseitige Abhängigkeit bezeichnet. Meiner Ansicht nach ist jede Beziehung potentiell zerstörerisch, wenn sie auf irgendeiner Form von Abhängigkeit beruht. Tatsächlich verlieren die Partner sogar ihre Fähigkeiten in solchen Beziehungen: Sie geben ihre Kräfte, ihre persönliche Macht auf, nur um »die Beziehung« nicht zu gefährden. Was sich als Sicherheit zur Schau stellt, ist in Wirklichkeit Stagnation und mangelnde Vitalität. Der Preis für die Illusion der Sicherheit ist hoch. Damit die Beziehung funktioniert, müssen beide Halb-Menschen bleiben. Sie haben einen Vertrag geschlossen, der besagt, daß beide »leblos« sein müssen oder daß sie nur in der Beziehung »lebendig« sein dürfen.

Beginnt einer der beiden Partner, sich zu entwickeln oder zu verändern, hat er oder sie den Vertrag untergraben und ist somit böse. In solchen Beziehungen hat eine Bemerkung wie »du hast dich verändert« die Qualität eines Vorwurfs und nicht die einer Beobachtung. Wer sich entwickelt und verändert, muß sich verteidigen. Da Wachstum und Veränderung jedoch normale Zustände des menschlichen Organismus darstellen, ist nur allzu leicht verständlich, warum solche Beziehungen äußerst brüchig sind.

In diesen Beziehungen müssen sich beide Parteien zudem immer dessen bewußt sein, *wo* sie sich befinden. Bestimmte Verhaltensweisen etwa mögen zu Hause durchaus akzeptabel sein, nicht aber in der Öffentlichkeit – und umgekehrt. In ›Weibliche Wirklichkeit‹ erwähnte ich das Beispiel eines Geschäftsmanns und seiner Frau: Um es ihrem Mann zu Hause so angenehm wie möglich zu machen, schnitt sie ihm immer sein Fleisch in kleine Stückchen. Eines Abends speisten die beiden mit seinem Vorgesetzten. Die Frau griff geistesabwesend nach seinem Teller und begann, sein Fleisch zu zerkleinern. Diese Episode hatte verheerende Folgen für die Ehe. Sie nämlich hatte die private perfekte Ehe in die öffentliche Arena getragen, und das konnte diese zerbrechliche Verbindung nicht verkraften. Die beiden sind heute geschieden. Und dennoch: Die »Eltern-Kind-Beziehung« stellt einen wesentlichen Aspekt der Idealbeziehung – der Suchtbeziehung – dar.

Um in einer Suchtbeziehung auszuharrren, müssen die Beteiligten in zunehmendem Maße abstumpfen und unehrlich werden (in diesem Prozeß ist die Sucht sehr hilfreich!). Sie dürfen sich nicht aufrichtig eingestehen, wer sie eigentlich sind, wer die andere Person ist, was ihnen gefällt, was ihnen nicht gefällt, was eigentlich abläuft und was nicht abläuft und so weiter. Sie bemühen sich verzweifelt, so zu werden, wie sie *glauben*, daß der andere sie haben möchte.

Die Partner in einer Suchtbeziehung entwickeln mit der Zeit ein immer stärkeres Kontrollbedürfnis, besonders sich selbst und ihren Gefühlen gegenüber. So hassen sie sich beispielsweise aufgrund ihrer gegenseitigen Abhängigkeit, und doch *brauchen* sie sich weiterhin. Es ist unausbleiblich, daß man die Person haßt, von der man abhängig ist, während sich derjenige, von dem jemand abhängt, schließlich ausgelaugt fühlt. Gleichwohl ist diese gegenseitige Abhängigkeit dermaßen notwendig für die Beziehung und so tief in ihr verwurzelt, daß diese Haßgefühle um jeden Preis unter Kontrolle bleiben müssen, soll die Beziehung fortdauern. Die Kontrolle wird zum zentralen Lebensinhalt. Auf Dauer funktionieren die in einer Suchtbeziehung lebenden Partner durch einen Dualismus, der einerseits durch Kontrolle und Verstrickung, andererseits durch Verlassenwerden gekennzeichnet ist. Entweder, sie üben Kontrolle aus und sind gefangen, oder aber sie gehen. Eine andere Möglichkeit gibt es nicht. Die meisten Kinder, die von Eltern großgezogen wurden, die in einer Suchtbeziehung leben, übernehmen diesen Dualismus. Denn genau dies haben sie schließlich oft erlebt. Sobald sie sich gegen Verstrickungen und Kontrollversuche zur Wehr setzen, werden sie verlassen.

In dieser Form der Beziehung bedeutet Verbindlichkeit nichts anderes als Einkerkerung – es ist genauso, als befände man sich im Gefängnis oder in einer psychiatrischen Anstalt. Keiner der Beteiligten bleibt in der Beziehung, weil er das etwa *möchte*. Vielmehr bleibt man, weil man gebunden ist und ohne den anderen nicht überleben kann. Die beiden Beteiligten sehen sich nicht als eigenständige Menschen, sondern als die jeweilige Verlängerung des anderen. Die zwei sind eins geworden, und zwar im schlechtesten Sinne des Wortes.

Da in diesen Beziehungen so vieles auf Illusion, Phantasien und Unehrlichkeit aufgebaut ist, herrscht permanente Verwirrung vor. Die in einer Suchtbeziehung lebenden Partner fühlen sich ständig verwirrt, unklar und daneben. Keiner wagt es, Zeit für sich zu beanspruchen, denn dies auszusprechen wäre furchtbar und würde vom Partner als Angriff empfunden werden. Die Äußerung eines solchen Wunsches würde als »ich möchte von dir weggehen« interpretiert. Vorausgesetzt wird immer, daß die Beziehung sich verbessert, wenn man nur *mehr* Zeit miteinander verbringt; auf diese Weise kleben sie aneinander, wenn eigentlich beide etwas anderes tun müßten. Nimmt dieses Aneinanderkleben schließlich zu bedrückende Formen an, müssen sie einen Streit vom Zaun brechen, damit sie Zeit und Raum für sich gewinnen. Die Partner in einer Suchtbeziehung wagen nicht, sich ihrer eigenen Bedürfnisse bewußt zu werden, und infolgedessen nehmen ihre persönliche und spirituelle Entwicklung sehr großen Schaden.

Innerhalb einer Suchtbeziehung ist es für jeden äußerst schwer, Verantwortung zu übernehmen. Dies nämlich würde im Sinne von Verantwortlichsein und Tadel verstanden. Viel eher beschwört ein Partner einen Streit herauf und schiebt sodann die Verantwortung für das Weggehen dem anderen zu; auf diese Weise kommt man zu dem benötigten Frieden und der Ruhe. Allzu häufig möchten eigentlich beide ausbrechen, nur möchte keiner derjenige sein, der weggeht. Süchtige neigen dazu, ihre Aggressionen an der Beziehung auszulassen. Auf diese Weise lenken sie von sich selber und ihrer Arbeit oder unterlassenen Arbeit an ihrem eigenen Prozeß ab. Eine Möglichkeit, dem persönlichen Prozeß aus dem Weg zu gehen, ist, einen Streit mit dem Partner anzuzetteln. Eine Variation dieses Themas ist die dauernde Beschäftigung mit den Fehlern in der *Beziehung* – auf diese Weise bleibt keine Zeit, sich selbst anzuschauen.

Typischerweise neigen die Partner in einer Suchtbeziehung zu einer zunehmenden Selbstbezogenheit. Da persönliche Bedürfnisse nicht befriedigt werden, entsteht das bohrende Gefühl, es gebe nicht »genug« und würde auch niemals genug vorhanden sein (selbstverständlich ist auch wirklich nicht genug vorhanden!). Als Reaktion auf diese Mangelerfahrung werden beide zunehmend fordernder und zeigen gleichzeitig immer weniger Bereitschaft, dem anderen etwas zu geben. Infolgedessen bekommen beide tatsächlich immer weniger, was ihre Bedürfnisse und Wünsche an die Beziehung angeht, beide klammern noch fester und fordern noch mehr – und so geht es ohne Ende weiter. Verschärft wird diese nach unten führende Spirale, indem beide Parteien in ihrer Suchtbeziehung etwas suchen, was diese ihnen nicht geben kann, nämlich ihre eigene Identität. Suchtbeziehungen sollen beide Partner »heil machen« und für sie sorgen. Es geht nicht darum, wieviel die beiden sich bedeuten, sondern daß sie füreinander sorgen. Selbstverständlich vermag keine Beziehung dies zu leisten: Sie kann keinem eine Identität verleihen, und sie kann genausowenig Sorge für jemanden tragen. Diese beiden Prozesse (und es sind Prozesse) müssen von innen kommen.

Oft funktionieren Suchtbeziehungen besser, wenn beide Parteien voneinander getrennt sind. Zwar sind beide der Überzeugung, die

Beziehung liefe viel besser, wenn sie andauernd zusammen wären; doch in Wirklichkeit trifft der umgekehrte Fall zu, da eine Suchtbeziehung stets auf Phantasie aufbaut. In der Phantasie funktioniert sie weitaus besser als in der Wirklichkeit. Tatsächlich sind die Partner häufig glücklicher miteinander, wenn sie *nicht* zusammen sind, vielleicht sogar auf verschiedenen Kontinenten leben. Dann können sie sich nacheinander *sehnen* und brauchen sich nicht miteinander zu befassen – und das ist viel sicherer.

Wenngleich beide Parteien einer Suchtbeziehung ständig bekunden, wie sehr sie Nähe und Vertrautheit wünschen, würden sie doch um ihr Leben rennen, wenn die Nähe in Person durchs Zimmer laufen würde. Suchtbeziehungen ermöglichen dieses Vermeiden von Nähe bei gleichzeitigem Beteuern, Nähe zu wollen und zu suchen. Genau dies sichert den Fortbestand von Illusion und Unehrlichkeit. In Wirklichkeit jedoch stellen Suchtbeziehungen eine Flucht vor Nähe dar, und infolgedessen sind Sexsucht, Romanzensucht und Beziehungssucht in Suchtbeziehungen gut aufgehoben.

Wer in einer solchen Beziehung bleiben will, muß sich von seinem inneren Informationssystem abschneiden. Süchtige beherrschen das großartig. Sie können ihr Wissen, ihre Erinnerung und ihr Informationssystem einfach ausschalten. Wären diese Systeme lebendig und in Betrieb, hielte es niemand in einer Suchtbeziehung aus. Man muß zum Zombie werden. Je unerträglicher eine solche Beziehung wird, desto stärker geraten die in sie Verstrickten unter Druck: Sie haben das Gefühl, daß sie entweder die Beziehung verlassen oder sterben müssen. Im allgemeinen werden beide Wahlmöglichkeiten von den Menschen in gleichem Ausmaß in Anspruch genommen.

Wer sich entscheidet, aus einer Suchtbeziehung auszusteigen, wird etwas Beängstigendes spüren: eine Leere oder ein Loch im Solarplexus. Wenn eine Beziehung zerbricht, kann sich dieses Gefühl des Nichts oder der unendlichen Leere dermaßen steigern, daß die betreffende Person glaubt, sie könne es nicht aushalten und könne genausogut sterben. Als übliches Heilmittel für diese schmerzhafte Leere dient nur allzuoft die nächste Beziehung.

Wenn eine Suchtbeziehung auseinandergeht, fühlt sich der Freundeskreis des Paares oft bedroht. Partner, die von ihrer Sucht genesen wollen und ihre süchtigmachende Beziehung verlassen, sehen sich dann Freunden gegenüber, die von einem zum anderen hasten, um den Status quo zu erhalten. Vielleicht werden diese Bemühungen unter dem Vorwand, besorgt zu sein, unternommen, aber die nachdrückliche Botschaft lautet letztendlich: »Bring das Boot nicht ins Schaukeln, sont müßte ich mich auf mich und meine Beziehung konzentrieren, und das möchte ich nicht, also *rühr dich nicht vom Fleck.*« Häufig erschwert dieser Druck aus den eigenen Reihen die Genesung;

aus diesem Grund ist wohl sehr begreiflich, welch wichtige Rolle die Gemeinschaft der Zwölf-Schritte-Gruppen während der Genesung spielt.

Die vier Pseudo-Beziehungen in Suchtbeziehungen

In Suchtbeziehungen lassen sich vier nebeneinander existierende Pseudo-Beziehungen beobachten. Die ersten beiden spielen sich zwischen zwei Masken ab. Da ist zunächst, erstens, meine Beziehung mit deiner Maske und, zweitens, deine Beziehung mit meiner Maske. Die betreffenden Personen definieren sich stets von außen und entwickeln infolgedessen eine Maske oder ein auf Schein beruhendes Ich, die nach außen hin zur Schau gestellt werden. Aufgrund ihres geringen Selbstwertgefühls glauben Süchtige, kein Mensch wolle ihr wirkliches Ich genau kennen, geschweige denn lieben. Also müssen sie ein Masken-Ich entwickeln, von dem sie annehmen, es würde anderen gefallen und ihnen deren Zuneigung sichern. Beide Partner bauen ein solches Masken-Ich auf; es entspricht dem Bild, das sie selbst von sich haben möchten, und gleichzeitig jenem, von dem sie glauben, andere wollten es von ihnen; in dieser Maske spiegelt sich die Pseudo-Person wider, die in einer möglichen Beziehung präsentiert wird. Jeder hofft, daß diese Maske dem anderen gefällt, und trägt sie, um Armeslänge entfernt, vor sich her, um eine Beziehung aufzubauen. Auf diese Weise wird effektvoll die Scharade eines Beziehungsaufbaus aufgezogen, während man hoffnungsvoll hinter der eigenen Maske verborgen bleibt. Man kann so tun, als ob, und riskiert nichts. Süchtige suchen nach solchen anderen Masken, mit denen sie sich »zusammentun« können, ohne dabei das Risiko der angsteinflößenden Nähe einzugehen – und auf diese Weise entstehen Suchtbeziehungen.

Allerdings herrscht auf beiden Seiten eine große Angst vor; daß nämlich der andere einen Blick hinter die Maske wirft und die echte Person sieht. Beide Partner gehen von der Annahme aus, der andere würde die Beziehung verlassen, wenn er die echte Person erkennt. Masken sind kontrollierter und kontrollierbarer als echte Menschen. In jedem Süchtigen sitzt die tiefe Angst, erkannt zu werden und selbst zu erkennen. Die Masken gewährleisten Sicherheit und erhalten die Distanz. Viele Süchtige fürchten diesen Blick hinter die Maske so stark, daß sie es als Vertragsbruch empfinden und damit drohen, die Beziehung abzubrechen, sollte der andere dies versuchen. Bereits am Anfang dieses Kapitels erwähnte ich, daß diese Beziehung zwischen den zwei Masken im Grunde genommen zwei Beziehungen darstellt, nämlich meine Beziehung mit deiner Maske und deine mit meiner Maske. Wer die jeweilige Person eigentlich ist, spielt keine Rolle. Im allgemeinen reden die Partner in solchen Beziehungen wenig miteinander, wenn überhaupt. Sie haben kein Bedürfnis danach. Die Masken werden in der Absicht aufgesetzt, ein näheres Kennenlernen zu vermeiden, daher ist es ganz wichtig, daß jede Form der Kommunikation eine »Masken-Kommunikation« ist. Solange die Masken gut sitzen, können Nähe und Vertrautheit erfolgreich vermieden werden – und genau dies ist in Suchtbeziehungen notwendig.

Die beiden anderen Pseudo-Beziehungen, die innerhalb einer Suchtbeziehung existieren, sind wesentlich schwächer, spielen jedoch eine wichtige Rolle. Da ist, erstens, meine Projektion auf dich, wie ich dich sehe, und, zweitens, deine Projektion auf mich, wie du mich siehst. Diese beiden Projektionen oder Phantasiebeziehungen haben absolut nichts mit unserer echten Person zu tun. Sie drehen sich größtenteils darum, wen oder was der andere in dir sehen *möchte.* Süchtige können recht zäh an ihren projizierten Bildern festhalten, und sie würden es ihrem Partner sehr verübeln, wenn dieser bezüglich der von ihm projizierten Person aus dem Rahmen fiele. Tatsächlich ist jeder der beiden Partner eifrigst darum bemüht herauszufinden, wie die projizierte Person des anderen aussieht, um sich sodann dementsprechend zu verhalten. Offenbar hat die Realität in einer Suchtbeziehung keinen Platz, genausowenig wie die echte Identität des Partners. Die Masken und die Projektionen sind der Stoff, aus dem die Träume sind, nur der Stoff, aus dem das Leben besteht, sind sie nicht.

Masken und Projektionen treffen in Suchtbeziehungen aufeinander, um sodann Pseudo-Beziehungen zu bilden. Es bleibt wenig Raum für Nähe, Entwicklung oder Realität. In solchen Beziehungen ist die Wirklichkeit unbeliebt.

In unserer Gesellschaft bildet die Suchtbeziehung die Norm. Längst haben wir wahre Liebe mit dem Klammerverhalten einer Suchtbeziehung vertauscht. Solche Beziehungen sind immer eine Einschränkung unseres Lebens. Sie sind keine Bereicherung für unser Dasein. Sie bauen oft auf Schuld- und Schamgefühlen auf, und genau dies gilt in einer süchtigen Gesellschaft als normal und gesund.

In den vergangenen Kapiteln haben wir uns mit Sex-, Romanzen- und Beziehungssucht sowie Suchtbeziehungen beschäftigt. Jetzt ist es an der Zeit, daß wir unsere Aufmerksamkeit auf gesunde Beziehungen lenken, auf Nähe und Vertrautheit und die Genesung.

Was wissen wir in unserer Kultur eigentlich über Nähe? Ich glaube, nicht sehr viel, da wir nämlich in einem System leben, das sich durch Nähe fürchterlich bedroht sieht. Obwohl uns Nähe und Intimität ständig auf recht penetrante Weise verkauft werden, ist vieles von dem, was wir in dieser Hinsicht aus den Medien und unseren Institutionen lernen, eigentlich eine Form von Sucht, seien es nun Sex-, Romanzen- oder Beziehungssucht. Normalerweise sind die in diesen Zusammenhängen dargestellten Beziehungen durch Sucht geprägt. Denken Sie beispielsweise nur einmal an die Werbespots und -anzeigen. Vermitteln sie uns irgend etwas über Nähe und Vertrautheit? Meiner Ansicht nach erfahren wir durch sie weitaus mehr über Sucht. In Wirklichkeit nämlich bringt die Werbung oftmals Intimität und Suchtmittel wie Alkohol und Zigaretten in direkte Verbindung miteinander.

Die meisten von uns haben nur selten die Gelegenheit, Menschen zu erleben, die wirklich wissen, was Nähe heißt; und gewiß gibt es noch weniger Paare, die uns zeigen könnten, was eine aufrichtige, vertraute Beziehung eigentlich ist. Aber wir sehnen uns danach. Wir wissen, daß Nähe wichtig ist. Und wir tun genau die Dinge, die man uns beigebracht hat und von denen wir glauben, sie könnten Nähe und Vertrautheit herstellen – und doch bleibt immer ein seltsames Gefühl der Leere, so, als fehle etwas. Vielleicht sind *wir* es, die fehlen.

Nähe zu uns selbst

Eine wesentliche Grundvoraussetzung für Nähe und Intimität lautet: Wir müssen uns selbst nahe sein. Solange wir Nähe von außen erwarten, werden wir sie niemals richtig erleben und auch nicht fähig sein, sie mit anderen zu teilen. Wollen wir einem anderen Menschen nahe sein, müssen wir zunächst einmal wissen, wer wir sind, was wir fühlen, was wir denken, wo unsere Stärken liegen, was uns wichtig ist und was wir wollen. Wenn wir all das für uns selber nicht wissen, wie sollen wir dann einen anderen Menschen daran teilhaben lassen? Süchtige sind nicht in der Lage, Nähe zu sich selbst herzustellen, denn sie haben ihr inneres Informationssystem mit Hilfe ihrer Sucht abgeschaltet. Infolgedessen mangelt es ihnen an Informationen über ihre Gefühle, ihre Gedanken und ihr Selbstbild.

Nähe und Vertrautheit erfordern meiner Ansicht nach eine ganz wesentliche Fähigkeit, nämlich *Wahrnehmung*. Wer sich selbst kennt, muß spüren, wann er ein Bad benötigt oder wann er müde ist. Er muß Hunger *wahrnehmen* oder merken, was er mag und was er nicht mag. Verletztheit, Ärger, Angst, Einsamkeit, Bedürftigkeit, Glück oder Wohlbefinden, all dies sind Dinge, die wir wahrnehmen müssen. Allerdings fehlt so vielen Menschen ein Bewußtsein für sich selbst, ihre Gefühle, ihre Gedanken und ihr Wissen, daß sie keine Möglichkeit sehen, sich jemals einem anderen mitzuteilen.

Auf dem Höhepunkt der »Human-Potential-Bewegung« (Humanistische Psychologie) wurde viel darüber geredet, wie man Gefühle ausdrücken sollte. Oftmals wurden Gefühle erzwungen, und unmittelbare Nähe und Intimität herzustellen stand auf der Tagesordnung. (Nähe ist niemals zu erzwingen. Sie ist ein Prozeß, kein Ereignis.) Vom historischen Standpunkt aus gesehen, war diese Bewegung wichtig: Sie ermutigte die Menschen, den Kontakt zu ihren Gefühlen herzustellen und ihnen Ausdruck zu verleihen – eine Fähigkeit, die im allgemeinen unterdrückt worden war. Dies war allein schon an der Tatsache festzumachen, daß eine ganze Reihe vereinsamter und »geladener« Menschen durch die Gegend lief. Wir konnten vieles lernen in dieser Phase, in der wir uns bemühten, die menschliche Psyche zu verstehen. Heute allerdings sind die Grenzen dieser Methoden aus jenen Jahren ganz offenkundig. Wenn wir unsere Gefühle wirklich spüren, müssen wir zunächst einmal lernen, was wir mit ihnen anfangen und wie wir ihnen Ausdruck verleihen sollen, damit wir sie nicht einfach auf den Nächstbesten »ausspucken«. In jener Zeit war eine Haltung weit verbreitet (die übrigens noch heute bei einigen Leuten vorzufinden ist), über jeden, der gerade in der Nähe war, herzufallen und ihn mit Gefühlen zu überschütten, die durch irgend etwas ausgelöst worden waren. Natürlich war dies oft nicht besonders hilfreich, weder für den »Ausspuckenden« noch für denjenigen, der sich das anhörte. Im Grunde genommen spürte der »Auskotzer« instinktiv, daß die Intensität seiner Gefühle bei weitem das übertraf, was der gegenwärtigen Situation eigentlich angemessen war (aber möglicherweise hat sich die Intensität dieser Gefühle über Jahre hinweg angestaut). Und sobald ihm der erwählte Zuhörer ganz richtig entgegenhielt, die Wut (Verletztheit, Angst et cetera) sei doch etwas übertrieben, wußte der »Spucker« insgeheim, daß dieser recht hatte, und schlich sich entweder schweigend fort oder platzte mit weiteren Attacken und Verteidigungsreden heraus. Wie auch immer die Reaktion aussah, die Möglichkeit, Kontakt zu den eigenen Gefühlen zu bekommen, war dahin. Zudem erzeugte die soeben von mir beschriebene Art des Gefühle-Ausspuckens immer das Potential für einen schrecklichen Gegenschlag; es bestand nämlich die Möglichkeit, daß wir es mit einem noch erfahreneren »Spucker« zu tun hatten, der uns nun seinerseits heiß und heftig begegnete.

Meiner Ansicht nach ist es ganz wesentlich, mit diesen alten Gefühlen in Kontakt zu kommen. Und wer auch immer diese Gefühle ausgelöst hat (egal, wie verhaßt er oder sie uns momentan auch ist), eigentlich machte er uns ein wichtiges Geschenk: daß wir nämlich mit seiner Hilfe mit alten, längst begrabenen Teilen unserer Vergangenheit in Berührung kommen und sie zulassen können. Sobald etwas in uns ausgelöst wird, sollten wir uns an einen sicheren Ort begeben, wo wir solche Gefühle durcharbeiten und erkennen können, in welchem Zusammenhang sie stehen und was sie für uns bedeuten. Möglicherweise wollen wir dann – oder auch nicht – zu demjenigen zurückkehren, der dies ausgelöst hat, und mit ihm den Teil der Gefühle durchgehen, der vielleicht mit ihm zu tun hat.

Es gab noch eine weitere Möglichkeit, Nähe und Vertrautheit subtil zu umgehen (während man gleichzeitig zu ihr stand): indem man *über* Gefühle redete, sie dabei jedoch gar nicht fühlte. Es gibt eine ganze Reihe von Menschen, die wahrhafte Experten im »*Über*-Gefühle-Reden« sind; nur im *Durchleben* von Gefühlen sind sie nicht besonders gut. Solche Menschen können ihre inneren Vorgänge und das, was sie nach außen ausdrücken, nicht gut miteinander in Einklang bringen. Doch genau diese Art der Übereinstimmung ist notwendig, wenn wir Nähe zu uns selbst herstellen wollen.

Einer meiner Freunde sagte mir einmal, eine Beziehung bedeute für ihn die schlichte Tatsache, mit jemand anderem anwesend zu sein. Ich denke, daß auch Nähe zu sich selbst nichts anderes ist, als mit sich selbst anwesend zu sein. Erst dann sind wir in der Lage, uns selber in eine Beziehung einzubringen. Nähe zu einem anderen Menschen setzt Nähe zu uns selbst voraus.

Haben wir erst einmal ein gewisses Minimum an Wissen, Information, Bewußtsein und Gegenwärtigsein in bezug auf unser Selbst, ist es auch möglich, diesen Prozeß, den unser Wesen darstellt, mit einem anderen zu teilen. *Dies* stellt erst ein Potential für Nähe und Intimität zwischen zwei Menschen her. Wer jedoch seinem eigenen Prozeß nicht folgt, wird diesen niemals mit anderen Menschen teilen können.

Nähe zu anderen

Wie steht es nun mit Nähe und Intimität in Beziehungen? Lassen Sie uns zunächst einen Blick auf die Verhaltensmuster werfen, die Nähe und Intimität ganz entscheidend beeinträchtigen: Da ist zunächst die Ablehnung von Verantwortung; dann das Aufrechterhalten der Kontrollillusion; schließlich Unehrlichkeit und letztlich Selbstbezogenheit. Jedes dieser vier Verhaltensmuster zerstört garantiert jegliche Nähe und jede Beziehung. Und Suchtbeziehungen sind auf diesen Prozessen aufgebaut.

Beginnen wir mit Selbstbezogenheit. Sobald wir selbstbezogen handeln, wird es schwer, unseren Partner von uns und/oder der Beziehung getrennt zu sehen. Selbstbezogene Menschen neigen dazu, die Gefühle und Aktivitäten ihrer Partner entweder für oder gegen sich zu empfinden – und dementsprechend reagieren sie. Auf diese Weise sehen sie sich selber als Mittelpunkt des Universums und setzen alles in ihrer Umgebung in Bezug zu sich. Liebt unser Partner beispielsweise noch einen anderen Menschen, muß das gegen uns gerichtet sein und folglich bedeuten, daß wir nicht geliebt werden; gewiß ist dann für uns nicht genug Liebe da. Eine andere Variante selbstbezogenen Verhaltens in einer Beziehung ist die Annahme, daß sämtliche Gefühle und Gedanken des Partners durch uns verursacht sind. Wenn unser Partner also »down« und deprimiert ist, stellt sich sofort die Frage: »Was habe ich bloß getan?« Doch was nach außen als Sorge um den anderen erscheint, ist in Wirklichkeit pure Selbstbezogenheit. Sobald irgend etwas mit dem Partner nicht stimmt, entsteht die Vermutung, man selbst sei die Ursache dafür. In gesunden Beziehungen hat diese Art der Selbstbezogenheit keinen Platz. Wer eine Beziehung als Prozeß lebt, muß paradoxerweise die andere Person als eigenständig *und* gleichwertig erkennen. Ist es da verwunderlich, daß wir dem Irrglauben erliegen, eine Suchtbeziehung sei viel einfacher? Oftmals empfinden wir das Altbekannte als sicherer und leichter als das Unbekannte, auch wenn es eigentlich in keinster Weise funktioniert und unsere Seele zerstört.

Auch Unehrlichkeit ist innerhalb unserer Gesellschaft nur zu gut bekannt. Wir alle sind mittlerweile dermaßen gegen Unehrlichkeit – und zwar unsere eigene und die anderer – abgehärtet, daß es schon großer Anstrengung bedarf, die Heimtücke des »Betrugs« bei uns und unseren Mitmenschen zu erkennen. Beziehungen besitzen einen hohen Stellenwert für uns, und ohne sie fühlen wir uns sehr entfremdet und isoliert (insbesondere, wenn wir uns nicht im Kontakt mit uns selbst befinden); aus diesem Grund »rutschen« wir in unserem Verlangen nach Wahrheit oft ab in Dinge, die unserer Ansicht nach »gut für die Beziehung sind«. Aber Unehrlichkeit kommt einer Beziehung nie zugute, egal, wie wir sie begründen. Wenn wir beispielsweise sagen, wir möchten jemandem nicht weh tun, steckt in Wirklichkeit unsere fehlende Bereitschaft dahinter, der Reaktion des anderen auf die Wahrheit ins Auge zu sehen und mit ihr umzugehen. In erster Linie aber belügen wir uns selbst, und das wirkt sich stets zerstörerisch aus – auf die notwendige Beziehung zu uns selbst oder die zu anderen Menschen.

Die grundlegende Unehrlichkeit, die wir in einer Beziehung anwenden, hat ihre Parallele darin, daß wir unseren eigenen Prozeß nicht ernst nehmen und ihm nicht folgen. Wir »opfern« für die Beziehung, was allzuoft nur bedeutet, daß wir auf Dinge verzichten, die wir möchten und eigentlich tun sollten, selbst wenn sie überhaupt keine Auswirkung auf die Beziehung selbst haben. Lassen Sie mich ein Beispiel nennen. Vor kurzem besuchte ich eine alte Freundin im Osten der USA. Während unseres Gespräches erwähnte sie, wie gern sie eine Hütte am Strand hätte, weil sie das Meer liebe und sich dorthin zum Schreiben und Denken zurückziehen möchte. Da sie sich das durchaus leisten kann, sagte ich: »Ich glaube, das solltest du tun.« Daraufhin erwiderte sie (mit viel Bitterkeit und Groll in der Stimme), es sei eben nicht möglich, weil ihr Mann das Meer nicht ausstehen könne. Worauf sie noch hinzufügte: »In einer Ehe muß man eben Opfer bringen.« Ihre Bitterkeit bringt sie dazu, kontrollierend und wütend zu agieren. Im Grunde genommen müßte sie sich selbst gegenüber ehrlich sein und an Gefühlen arbeiten, die im Zusammenhang mit ihrem Kontrollbedürfnis auftreten – daran, was Geben und Nicht-Geben bedeuten, und daran, daß Ehe für sie bedeutet, die Partner müßten siamesische Zwillinge sein; was es heißt, Dinge getrennt zu tun, ob das Verweigern der Wahrheit nicht Teil ihres Kontrollmechanismus ist und so weiter. Erst auf diese Weise hätte ihre Ehe eine Chance, wirklich lebendig zu sein. Lassen Sie uns einmal näher betrachten, welche Faktoren hier zum Tragen kommen.

Sie ist von Beruf Autorin. Wenn sie an einem Projekt arbeitet, zieht sie sich – wie das für viele Schriftsteller notwendig ist – völlig zurück und konzentriert sich auf ihre Arbeit. Ihr Mann geht seiner Beschäftigung nach und scheint nicht besonders darunter zu leiden, wenn sie in einem ihrer Projekte vollkommen aufgeht. Möglicherweise könnten die beiden ihre gemeinsame Zeit mindestens genauso oder sogar noch befriedigender miteinander verbringen, wenn sie ihre Schreibarbeiten in einer (nahe gelegenen) Strandhütte erledigte, am Wochenende nach Hause führe oder ihr Mann sie besuchen würde. Vermutlich wären beide weniger dem Streß ausgesetzt, wenn sie gerade an einer Sache arbeitet (sie neigt zu einer geradezu laserstrahlartigen Konzentration auf ihr jeweiliges Projekt). Eigentlich könnte sie sich Umstände schaffen, die sich auf ihr Schreiben nicht nur nützlich, sondern sogar effizienter und produktiver auswirken können.

Aber wahrscheinlich befindet sie sich inmitten ihrer Beziehungssucht: Sie möchte etwas von ihrem Mann, das im Rahmen einer Beziehung gar nicht möglich und im Grunde genommen auch dieser nicht angemessen ist. Und sie erliegt der für die Beziehungssucht typischen

Illusion, daß sich ihre Bedürfnisse und Wünsche erfüllen werden, wenn sie nur *mehr* Zeit miteinander verbringen. Vielleicht fehlt ihr das Vertrauen in die Beziehung oder in ihren Mann, und sie hat schlichtweg Angst, nicht in seiner Nähe zu sein (um ihn zu kontrollieren?).

Möglicherweise aber fürchtet sie auch, allein zu sein, wenn sie diese Hütte besäße; vielleicht möchte sie die Hütte auch gar nicht wirklich, will aber trotzdem ihrem Mann die Schuld dafür zuschieben, daß sie keine hat. Vielleicht sieht sie sich als Märtyrerin und bringt dieses Bedürfnis mit dem Besitz oder Nicht-Besitz einer Strandhütte in Verbindung. Sie könnte jedoch auch Angst haben, mit ihrem Schreiben und ihrer Kreativität völlig auf sich allein gestellt zu sein (was ich sehr gut verstehen kann!), und hierfür die Verantwortung auf ihren Mann abwälzen wollen. Oder möglicherweise ist ihr Mann tatsächlich ein Monster und macht ihr ständig Szenen, egal, was sie auch tut. Es gibt viele Möglichkeiten und Beweggründe.

Doch wie immer die Situation auch sein mag, um eines wird meine Freundin nicht herumkommen. Sie muß sich selbst gegenüber ehrlich sein und ihre Gefühle erforschen, um sodann herauszufinden, inwiefern sie mit ihrem Partner zusammenhängen, und um sie mit ihm teilen zu können. Eigentlich bietet dieses »Hüttenthema« eine wunderbare Gelegenheit, Nähe und Vertrautheit durch Ehrlichkeit herzustellen – nur muß sie ergriffen werden. Vielleicht aber flößt genau diese Gelegenheit beiden Angst ein. Und doch: Solange sie ihre Gefühle nicht aufarbeitet und mitteilt, ist sie nicht ehrlich. Um in einer prozeßhaften Beziehung zu leben, müssen wir uns unsere Gefühle zu eigen machen und für sie die Verantwortung übernehmen; zudem müssen wir unserem Prozeß mit der größtmöglichen Ehrlichkeit folgen, damit wir ihn und unsere Gefühle nicht auf unseren Partner abladen. Das aber erfordert eine gründliche Beschäftigung mit den Vorgängen in unserem Inneren, das Übernehmen der Verantwortung dafür und den ehrlichen Austausch mit dem anderen darüber. Reagiert der Partner auf unsere Mitteilungen grob oder gewaltsam, dann sollten wir allerdings überlegen, warum wir uns einen solchen Menschen als Partner gesucht haben.

Meiner Meinung nach bedeutet Ehrlichkeit auch, unseren eigenen Prozeß nicht auf unsere Partner abzuladen. Dies ist meiner Erfahrung nach eine der Hauptursachen für Streitigkeiten und Spannungen zwischen zwei Menschen. Es ist aber auch eine Form der Unehrlichkeit. Solange ich mich weigere, die Verantwortung für meinen eigenen Prozeß zu übernehmen, bin ich extrem unehrlich. (Beispielsweise mag meine Freundin einfach Angst gehabt haben, sich mit ihrer Kreativität und Arbeit auseinanderzusetzen; dies hätte sie tun müssen, aber sie zog es vor, ihrem Mann dafür die Schuld zuzuschieben.) Diese Art der Unehrlichkeit zeigt sich darin, daß ich nicht sehe, was mit mir los ist, und es den anderen auch nicht mitteile. Tatsächlich habe ich die Beobachtung gemacht, daß Menschen, die nach suchtgeprägten Verhaltensmustern agieren, die Tendenz haben, ihre eigenen Prozesse nicht aufzuarbeiten und sie auf andere abzuladen. Dies stellt gleichsam eine Möglichkeit dar, die Beziehung als »Fix« zu benutzen. Wenn ich mich mit meinem eigenen Prozeß nicht auseinandersetzen will (der mir besonders angst macht, weil ich nicht weiß, wohin er mich führt), zettele ich einen Streit mit meinem Partner an (abladen); alsbald steht dieser Streit im Mittelpunkt, und ich bin vom Umgang mit mir selbst befreit. Tatsächlich lenkt der Streit beide davon ab, die Verantwortung für ihre eigenen Prozesse zu übernehmen. Wir brauchen nur einen guten Suchtpartner (selbstbezogen), und schon wird das Spiel laufen. Schließlich möchten Suchtpartner aufgrund ihrer eigenen Selbstbezogenheit auch an dem Spiel teilhaben; auf diese Weise sind beide Partner davon freigesprochen, sich der Arbeit an ihrem eigenen Prozeß zu widmen. Wenn ich Äußerungen wie »für eine Beziehung muß man Opfer bringen« höre, sehe ich rote Warnlampen aufleuchten – denn dies ist ein sicheres Zeichen für eine Suchtbeziehung.

Häufig reagieren wir auf eine Aussage oder Handlung unseres Lebensgefährten in einer Weise, die absolut nichts mit ihm zu tun hat. Vielmehr ruft dann irgend etwas alte Gefühle des Verlassenwerdens hervor, Gefühle über den Verlust der Kontrollillusion, Angst vor Liebesverlust oder irgendwelche anderen unverarbeiteten Gefühle. Folgen wir dagegen unserem Prozeß und lernen aus ihm, werden wir in allem, was unser Partner ausgelöst hat, ein Geschenk sehen, eine Gelegenheit, von unserem Prozeß zu lernen.

Natürlich bedeutet dies nicht, daß wir alles hinnehmen sollen, was unsere Partner tun. Sobald wir unserem Prozeß folgen und Klarheit in bezug auf ihn gewinnen, sind wir in der Lage, unserem Partner aufrichtiger mitzuteilen, was wir brauchen und wünschen. Vielleicht leben wir mit einem Menschen zusammen, der zu diesem Zeitpunkt nicht – oder nie – mit unserer Ehrlichkeit umzugehen vermag. Doch schließlich beziehen wir, sind wir erst einmal ehrlich und tragen die Verantwortung für uns selbst, unsere Informationen aus der Realität, und auf deren Grundlage können wir dann unsere Entscheidungen treffen. Vielleicht hat dieses Wissen zur Folge, daß sich unsere Illusion von der Beziehung nicht länger aufrechterhalten läßt und wir uns in vollem Bewußtsein der gegenwärtigen Einschränkungen entscheiden, trotzdem in ihr zu bleiben (was sich möglicherweise ändert, wenn wir uns ändern). Andererseits allerdings kann unser Bewußtsein auch zu der Schlußfolgerung führen, daß wir uns von der Beziehung verabschieden müssen, da wir den Prozeß unseres Partners nicht ertragen können oder nicht mit ihm leben möchten. Aber wie immer unsere Entscheidung ausfällt, wir haben sie aufgrund von Ehrlichkeit und Klarheit getroffen.

Sobald wir unseren Prozeß und den unseres Partners akzeptieren, müssen wir einiges »loslassen«. Wie ich bereits erwähnte, hat die Entscheidung, im Prozeß zu leben, zur Folge, daß wir unseren Prozeß (unsere Nüchternheit, unsere Spiritualität) durch *nichts* (wie Arbeit, Beziehungen, Geld, Sex et cetera) beeinträchtigen lassen dürfen. In sämtlichen Genesungsprogrammen steht, daß eine Genesung die Bereitschaft voraussetzt, unsere Nüchternheit an die erste Stelle zu setzen. Das bedeutet nicht, daß wir zwangsläufig alles aufgeben müssen. Vielmehr müssen wir *willens, offen und bereit* dafür sein, wenn dies von unserer Nüchternheit ablenkt oder sie gefährdet. Selbstverständlich ist unsere Nüchternheit in den Anfangsphasen stärker gefährdet. Aus diesem Grund müssen wir uns möglicherweise so lange auf einem schmaleren Pfad bewegen, bis unsere Nüchternheit eine solide Basis hat. Leben wir unsere Beziehungen in diesem Bewußtsein, sind sie für uns gewiß friedlicher und angenehmer.

An dieser Stelle scheint es mir angebracht, ein paar Worte über die Erwartungen und das Kontrollbedürfnis in Beziehungen zu verlieren. Sooft wir Erwartungen hegen, verfallen wir in die Illusion, wir könnten alles unter Kontrolle halten. Wir müssen uns über unsere Wünsche im klaren und sodann bereit sein, von ihnen abzulassen. Denn sobald wir versuchen, Dinge in die von uns gewünschte Richtung zu lenken, rutschen wir in unser Kontrollsystem (Sucht). Häufig basiert ein Großteil unserer Realität auf heimlicher Kontrolle. Wir glauben, daß unser Partner uns lieben und in der Beziehung bleiben wird, wenn wir uns nur auf eine bestimmte Art und Weise verhalten. Aber so funktioniert Liebe nicht. Sie läßt sich nicht kontrollieren. Sie ist ein Geschenk. Und das müssen wir respektieren, auch wenn uns jemand einst ewige Liebe versprochen hat (übrigens ebenfalls eine Vorstellung, die dem Suchtsystem entspringt). Wenn wir unserem Prozeß folgen, können wir ein solches Versprechen im Grunde genommen gar nicht geben. Möglicherweise lieben zwei Menschen sich wirklich ein Leben lang, *und* ihre Prozesse führen sie zugleich in verschiedene Richtungen. Wenn unser Denken einmal nicht mehr einem Mangelmodell oder einer dualistischen Vorstellungswelt entspringt, wird es sich vielleicht ergeben, daß trotz der verschiedenen Richtungen, in die uns unsere Prozesse führen, die Beziehung fortbesteht und die Beziehung *und* die neue Richtung sich als echt und richtig erweisen. Eigentlich tauchen nur dann Probleme auf, wenn wir uns *und* den Partner kontrollieren wollen.

Selbstverständlich heißt das nicht, daß wir keine Gefühle mehr haben können, wenn wir in Prozeß-Beziehungen leben. Ganz im Gegenteil. Vielleicht haben wir sogar noch mehr Gefühle, weil wir uns nicht mehr hinter einer Suchtmaske verstecken und uns im Einklang mit unseren Empfindungen befinden. Wir werden sogar die ganze Spannbreite möglicher Gefühle erleben: Freude, Schmerz, Wut, Verletztheit, Aufregung, Vitalität, Traurigkeit. Gefühle sind Teile der menschlichen Existenz, und genau darum geht es hier: um menschliche Beziehungen und nicht um Beziehungen zwischen Gottheiten (das schwebt uns manchmal vor!). Glücklicherweise sterben wir nicht an Gefühlen. In Wirklichkeit könnte es viel eher geschehen, daß wir an dem *Nicht*-Empfinden unserer Gefühle und deren Aufarbeitung zugrunde gehen. Jedes Gefühl bietet uns die Gelegenheit zur Weiter entwicklung – wenn wir es nur annehmen können.

Der Versuch, in unserem Prozeß zu leben und diesen nicht auf jene abzuladen, die wir lieben, öffnet uns Türen zu neuen Formen von Bindungen und des Zusammenseins. Viele von uns haben Liebe mit Kontrolle verwechselt. Wir gingen von der Annahme aus, daß wir unsere Partner nicht lieben, wenn wir keine Kontrollversuche unternehmen, *und* daß sie uns nicht lieben, wenn sie diese ihrerseits unterlassen. Was für eine Verschwendung!

In Fachkreisen wurde oft über die Schlüsselrolle diskutiert, welche die Abhängigkeit in Suchtbeziehungen spielt. Gewiß muß eine Genesung damit einsetzen, sich der extremen Abhängigkeit – die schließlich Sucht bedeutet – zu stellen. Sucht ist Abhängigkeit. Die Sucht an sich setzt Abhängigkeit voraus. Und doch sind die Formen, die die Abhängigkeit in einer Suchtbeziehung annehmen kann, recht faszinierend.

Lange haben wir uns gefragt, warum eigentlich Menschen, die in zerstörerischen, schädlichen Beziehungen leben, nicht einfach aus diesen aussteigen. Je besser wir die mit einer Sucht (Sex, Romanzen, Beziehungen) einhergehende Machtlosigkeit verstehen und Süchte als Krankheiten, die fortschreitend und tödlich sind, begreifen, desto besser können wir den Würgegriff der Abhängigkeit und der Sucht nachvollziehen. Suchtbeziehungen untergraben die Psyche und das Wesen dermaßen, daß die in sie verstrickten Menschen zu mitgenommen und verwirrt sind, um sie zu beenden oder aus ihnen herauszukommen. In einem wirklich kranken Suchtsystem (wie es zum Beispiel einige Ehen darstellen) können die Menschen den Kontakt zur Wirklichkeit in einem Ausmaß verlieren, daß ihnen jede Beurteilungsgrundlage verlorengeht. Die Krankheit hat sie vollkommen eingehüllt. Diese Menschen sind Opfer von Suchtbeziehungen und einer suchtgeprägten Gesellschaft – und sie sind Opfer ihrer eigenen Krankheit. Doch bevor sie die Beziehung oder die Gesellschaft verändern können, müssen sie ihre eigene Heilung und Genesung in Angriff nehmen. Dies ist der einzige Weg zu persönlicher Freiheit.

Vor einiger Zeit gab es im Umfeld der Bewegung mißhandelter

Frauen ein großes Geschrei darum, daß diejenigen von uns, die Frauen bei der Konfrontation mit ihrer Sucht in Beziehungen unterstützten, keine Feministinnen wären. Diese kritischen Stimmen warfen uns vor, daß wir jenen Frauen einreden würden, sie seien krank (schlecht!), und wir deshalb ignorieren würden, daß Frauen Opfer des Systems sind und dieses daher bekämpfen müssen.

Gegen diese Argumentation ist folgendes einzuwenden: Jemanden als abhängig zu bezeichnen und zu erklären, er oder sie leide an der Krankheit Beziehungssucht (Sex-, Romanzen- oder einer anderen Sucht), heißt nicht, diesen Menschen als schlecht zu bezeichnen. In Wirklichkeit ist dies Ausdruck der Erkenntnis, daß Frauen durch diese suchtgeprägte Kultur ernsthaft in Mitleidenschaft gezogen worden sind – wie wir alle. Sobald sich alle als Süchtige begreifen, eröffnet sich die Möglichkeit, daß wir alle von einer Krankheit genesen können, die unserer süchtigen Gesellschaft innewohnt. Eine Genesung ist nur möglich, indem wir uns zu unseren Süchten bekennen; hinzu kommt, daß Opfer niemals genesen können. Sie bleiben einfach Opfer – entweder von Männern oder von Frauen. Solche Opfer brauchen die Sicherheit, ihre Gefühle von Verletztheit, Ärger, Zorn, Angst und Einsamkeit zu spüren und durchzuarbeiten. Werden sie dazu ermutigt, diese Gefühle an der süchtigen Gesellschaft auszulassen, nähren sie nicht bloß diese selbst, vielmehr bereiten sie damit einem harten, bitteren Gegenschlag den Boden. Wir alle kennen die zwei Hauptmöglichkeiten, mit Hilfe derer wir uns in eine kranke Gesellschaft einkaufen: Die eine lautet, daß wir uns mit allem arrangieren; die andere dagegen bedeutet, daß wir uns ihrer Methoden bedienen und sie gegen diese Gesellschaft einsetzen. Wählen wir die letzte Möglichkeit, sind wir genau wie die Gesellschaft geworden und unterstützen tatsächlich ihre Krankheit.

Wollen wir uns von zerstörerischen Beziehungen losreißen, müssen wir zunächst erkennen, daß wir Opfer waren, mißhandelt wurden; um diesen Tatbestand herum muß sich unsere Prozeßarbeit konzentrieren, wir müssen mit unseren Gefühlen arbeiten und dann voranschreiten. Sobald wir unseren Prozeß auf andere Menschen abladen, müssen wir auf Gegenschläge gefaßt sein. Und im Grunde genommen wissen wir, daß diese Reaktionen von anderen, die uns auf unser unangemessenes Verhalten stoßen, richtig sind; infolgedessen gewinnen wir nicht unsere Selbstachtung zurück, sondern fühlen uns noch schlechter.

Über eines müssen wir uns im klaren sein: Die Krankheit einer süchtigen Gesellschaft hält uns derart in unseren Süchten gefangen, daß eine Genesung das Durchlaufen unserer persönlichen Wahrheitsebenen hin zu unserer eigenen Heilung erfordert. Zuerst müssen wir uns eingestehen, daß überhaupt ein Problem vorliegt; sodann müssen wir die Zeit und die Sicherheit haben, um uns durch unsere Gefühle durchzuarbeiten; und schließlich müssen wir uns zu dem Anteil bekennen, mit dem wir ein krankes System unterstützen. Unterlassen wir den Schritt, unsere Komplizenschaft mit diesem System zu erkennen, gehen wir das Risiko ein, uns neue Unterdrücker zu suchen – möglicherweise sogar Frauen, die ihren eigenen Zorn nicht angemessen verarbeitet haben, andere Frauen jedoch auffordern, aus Beziehungen auszusteigen, in denen sie mißhandelt wurden – um dann vom System durch Rückschläge mißhandelt zu werden, die durch ihre Attacken ausgelöst worden sind.

Um zu genesen, müssen wir die Verantwortung (im Sinne von Besitzerschaft und nicht Verantwortlichsein und Tadel) für unseren persönlichen Suchtprozeß und unsere Komplizenschaft mit dem uns zerstörenden System übernehmen. Erst wenn wir respektieren, wie der einzelne Mensch prozeßhaft sein Dasein als Opfer aufarbeitet, werden wir selber nicht mehr länger Opfer sein.

Im Rahmen meiner langjährigen Praxis sind mir einige recht interessante Aspekte der Abhängigkeit aufgefallen, die anscheinend in allen Suchtbeziehungen vorliegen. Erwähnenswert ist besonders ein Aspekt, der eine natürliche Folge des Definierens der eigenen Person von außen ist.

Lassen Sie mich ein Beispiel hierfür nennen. Ich habe einen Freund, der sich mit allen Mitteln dagegen sträubte, eine zerstörerische Beziehung zu beenden. Anfangs schien er gänzlich abhängig zu sein (was er wirklich war), und es sah so aus, als läge es an dieser Abhängigkeit, daß er in dieser Beziehung verharrte (was nicht der Fall war). Er war vielmehr romanzensüchtig und seine einzige Sorge galt dem Eindruck, den er nach außen hin abgab. Jeder *glaubte,* er sei abhängig; sein Hauptproblem bestand jedoch darin, daß er nicht als derjenige gelten wollte, der sich nicht in die Beziehung reinhängte oder der sie gar beendete. Er wollte schlichtweg nicht das Risiko eingehen, als schlechter Kerl dazustehen.

Oftmals verwechseln Süchtige Verantwortung mit Für-etwas-verantwortlich-Sein und Tadel – genau diese Erfahrung wollen Sex-, Romanzen- und Beziehungssüchtige (co-abhängig) umgehen, sie *wollen nicht getadelt werden.* Wer sich in der Genesungsphase befindet, weiß, daß Verantwortung bedeutet, sich zu seinem eigenen Leben zu *bekennen.* Genau diese Unterscheidung jedoch vermag kein süchtiger Mensch zu treffen – er sieht das Übernehmen von Verantwortung immer verbunden mit Kritisiertwerden. Und da Süchtige und Co-Abhängige ein solch geringes Selbstwertgefühl besitzen, können sie sich nicht vorstellen, einen Tadel überhaupt ertragen zu können und möglicherweise für das Scheitern der Beziehung verantwortlich gemacht zu werden, besonders dann nicht, wenn sie insgeheim genau dies wünschen. Die Unfähigkeit, diese Verantwortung auf sich zu nehmen, trägt zusätzlich zum Fortbestehen des Verleugnungssystems bei, was natürlich wiederum die Krankheit aufrechterhält und letztendlich zum Verbleib in einer zerstörerischen Beziehung führt.

Diesen Prozeß kenne ich persönlich sehr gut. Ich kann mich noch an die Zeit erinnern, als ich mit meiner Genesung noch nicht richtig begonnen hatte und dringend aus meiner zerstörerischen Ehe herauskommen mußte. Ständig redete ich mir und anderen ein, mein Mann und ich kämen eben nicht miteinander klar, und die Ehe hätte sich als Fehler erwiesen. Ich gab mich jedoch der Illusion hin, daß ich im Grunde genommen überglücklich wäre, die Ehe weiterzuführen, wenn wir nur eine Beratung aufsuchen würden und unser Eheleben so wieder funktionsfähig gestalten könnten. Eines Tages jedoch mußte ich ehrlich sein und mir (und damit meiner Selbsttäuschung) ins Gesicht sehen; in diesem Moment wurde mir bewußt, daß ich mit diesem Mann eigentlich gar nicht leben wollte, unabhängig davon, ob wir unsere Ehesituation verbessern konnten oder nicht. Psychologisch betrachtet, hatte ich mich bereits einige Jahre zuvor aus dieser Ehe verabschiedet, und zwar in einer für mich kritischen Zeit, in der er einfach nie dasein konnte – oder jedenfalls hatte es diesen Anschein. Dennoch wollte ich nicht für das Scheitern der Ehe verantwortlich sein, also fuhr ich mit dem Theater fort. Dies wäre mir heute, da ich meine Nüchternheit erlangt habe, unmöglich.

Erst mit meinem Eingeständnis, daß ich nicht mehr in der Ehe bleiben wollte, selbst wenn sie besser liefe, konnte ich mein Verleugnungssystem durchbrechen, es gelang mir, mir selbst und anderen gegenüber ehrlich zu sein und die Verantwortung für das Beenden der Ehe zu übernehmen. Der Prozeß, daß ich die Verantwortung für meine eigenen Wünsche und Entscheidungen übernahm, stärkte meine Genesung und trug zu meiner Heilung bei. Es ist ein Zugewinn an Freiheit, wenn ein Mensch die Verantwortung für sein eigenes Leben und seine Wünsche übernimmt, selbst wenn dies nicht mit den gesellschaftlich akzeptierten Verhaltensmustern übereinstimmt. Oftmals glauben Süchtige (und Co-Abhängige), daß sie nicht stark genug sind, um die Verantwortung für ihr Leben zu übernehmen. Tun sie dies dann doch, werden sie paradoxerweise meist stärker.

Einer meiner Freunde erklärte mir, daß oft ein außergewöhnliches Ereignis eintreten muß, damit ein an suchtgeprägte Pseudo-Beziehungen gewöhnter Mensch aus einer Beziehung oder Situation ausbrechen kann. Ein solcher Mensch ist nicht in der Lage, einfach wegzugehen, weil es vielleicht das einzig Richtige für ihn ist oder er es eigentlich tun müßte. Erst einmal müssen diese Menschen ihren Partner in Mißkredit bringen, um ihr Gehen auch als gerechtfertigt zu empfinden. Und da Süchtige sich minderwertig fühlen, ist das Verlassen einer Beziehung um des eigenen Wohlergehens willen ein viel zu geringer Beweggrund.

Eine weitere, oft vorzufindende »Trennungstechnik« besteht darin, den Partner so lange zu provozieren, bis er oder sie den Provokateur hinauswirft. Der steht dann schuldlos da, rechtschaffen *und* mitleiderregend und glaubt, sich bei anderen zu Recht Sympathie und Unterstützung suchen zu können. Keinem Süchtigen käme es in den Sinn, Hilfe zu suchen, wenn er selbst es ist, der die Beziehung beendet hat; infolgedessen gehen sie davon aus, sie wären verlassen, isoliert und einsam, wenn sie diesen Schritt täten. Nichts ist grausamer, als wenn zwei solche gleichermaßen süchtige Menschen aus einer Beziehung wegzukommen versuchen und sich dabei gegenseitig emotional und körperlich aufreiben, um den jeweils anderen so weit zu bringen, wegzugehen und die Verantwortung für das Ende zu übernehmen. Das Traurige an solchen Beziehungen ist, daß beide möglicherweise zusammenbleiben könnten, wären sie nur in der Lage, die Verantwortung für ihren eigenen Prozeß zu übernehmen und ihre Wünsche und Bedürfnisse zu äußern.

Die Ursachen für dies Verhalten liegen größtenteils in der Angst. Zwar ist Angst etwas völlig anderes als Abhängigkeit, und doch gehen beide oft miteinander einher. Vermutlich ist Abhängigkeit eine Folge von Angst. Meiner Erfahrung nach bleiben die meisten Menschen aus Angst vor ihren Lebensgefährten und aus Angst vor der Trennung in zerstörerischen Beziehungen. Sie werden immer ängstlicher. Sobald ich mit ihnen darüber rede, wird klar, daß sie jeglichen Kontakt zu ihrer Realität verloren haben und manchmal noch nicht einmal ihrer Angst Ausdruck verleihen können oder ihrer Vermutung, wie ihr Partner wohl reagieren wird. (In gewalttätigen, durch Mißbrauch geprägten Beziehungen *wissen* sie natürlich, wie ihr Partner wohl reagieren wird.) Angst lähmt jede Aktivität, und das Aufrechterhalten des Status quo nährt die Illusion der Kontrolle.

Es ist nur zu verständlich, weshalb Nähe und Intimität in dieser Art von Beziehungen keinen Platz haben. Die Vereinnahmung durch die Sucht ist so groß, daß Nähe unterdrückt wird (selbst wenn sie auf diesem Boden entstehen könnte, was real nicht möglich ist). Was Jed Diamond als Annährungs-Vermeidung[1] bezeichnet, ist meiner Ansicht nach eine mit Umsicht vorprogrammierte Vermeidung von Nähe und Intimität. Nähe bedeutet anwesend zu sein – in bezug auf die eigene Person und den Partner –, und dies ist, wenn eine Sucht vorliegt, unmöglich.

Um die Diskussion zum Thema Nähe zu vervollständigen, müssen wir einen Blick auf körperliche und sexuelle Intimität werfen. Innerhalb unserer Suchtgesellschaft sind diese beiden Begriffe oft verwechselt worden. Nicht jede Intimität muß physischer Art sein, und nicht jede körperliche Intimität ist gleichbedeutend mit Sexualität. Beide Formen sind wichtig, aber beide sind in Pseudo-Beziehungen nicht anzutreffen. Körperliche und sexuelle Täuschungsmanöver dienen zur Erlangung des »Kicks« und haben im allgemeinen nichts mit Nähe oder Liebe zu tun. Und das verwirrt beide Partner, da gerade die Annäherungsversuche, die doch eigentlich Nähe und Intimität fördern müßten, diese in Wahrheit zerstören.

Normalerweise erwachsen wahre sexuelle und körperliche Intimität aus einem Prozeß, in dem Nähe wächst, und der muß eine Geschichte haben. Aus diesem Grund sollten, wenn der erste Schritt in Beziehungen physischer oder sexueller Natur ist oder in einer körperlichen oder sexuellen Anziehungskraft besteht, die roten Warnlampen der Sucht aufleuchten.

Wahre Nähe ist ein Prozeß, der mit der Zeit entsteht. Zu diesem Prozeß gehören ein Kennenlernen und ein Gekanntwerden und er verlangt von jedem der beiden Partner Offenheit und Bereitwilligkeit. Nähe läßt sich nicht mit Hilfe irgendwelcher Techniken herstellen. Entgegen allen How-to-do-Büchern, deren Ratschlägen wir nur folgen sollen, läßt sich Nähe nicht inszenieren. Sie beginnt mit dem Selbst, sich selbst zu kennen und mit sich selbst anwesend zu sein.

In meinem Buch ›Weibliche Wirklichkeit‹ habe ich ausführlich den Begriff Liebe diskutiert, und zwar im Hinblick auf den von mir als »Aktives Weibliches System« bezeichneten Begriff (den ich jetzt System des lebenden Prozesses nenne).[2] Damals beschrieb ich Liebe als ein unendliches Zeichen, das zwischen zwei Menschen fortwährend hin- und herströmt. Liebe ist ein Energiefluß, der von der Herzgegend eines Partners ausströmt und beim Solarplexus des anderen eintritt. Sodann durchströmt diese Energie den Körper, wird vom Empfänger – demjenigen, der geliebt wird – aufgenommen und durch neue Energie vermehrt, da der Empfänger ebenfalls liebt. Schließlich wandert die Liebesenergie in die Herzgegend und wird zum Partner zurückgesendet, und der gesamte Prozeß wiederholt sich.

Allerdings ist dies ein äußerst empfindlicher Prozeß, der in jeder Phase seines Flusses blockiert werden kann. Ist einer der Partner ärgerlich oder knausert mit seinen Gefühlen, wird er die Energie nicht aussenden. Ist der andere wütend oder blockiert, wird die Energie nicht ankommen; oder er empfindet sich als nicht liebenswert und wertlos und wird die Energie infolgedessen nicht nutzen können und so weiter. Wenn der gesamte Prozeß vollständig ist, wird sich die Liebesenergie unendlich zwischen zwei Menschen – möglicherweise auch vielen – hin- und herbewegen.

Damit dieser endlose Prozeß jedoch funktioniert, müssen zuvor zwei Unendlichkeitszeichen wirksam werden. Jeder Partner muß, damit sein interpersonaler unendlicher Prozeß ablaufen kann, zu seinem Selbst Nähe empfinden. Man könnte dies folgendermaßen darstellen:

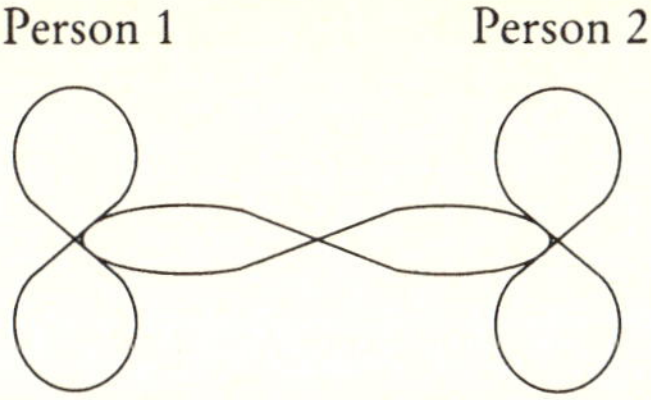

Merkwürdig, nicht wahr? So sieht Intimität aus, wenn man sie in einem Diagramm darstellt.

Die Grundvoraussetzungen für Nähe sind,
- jemanden zu lieben (ein Liebender zu sein),
- während man bei sich selbst bleibt und
- am eigenen Leben bewußt teilhat.

Nähe ist niemals statisch. Sie bewegt sich ständig auf eine neue Ebene hin. Sie ist ein Energiefluß ohne Grenzen. Nähe läßt sich auch nicht kontrollieren. Sie kann, genau wie Gefühle, weder festgehalten noch auf Abruf erzeugt werden. Wir spüren Nähe. Aber wir produzieren sie nicht. Nähe ist
- den Partner zu kennen und von ihm gekannt zu werden;
- offener Informationsaustausch;
- »Streicheleinheiten«;
- nicht unbedingt mit Sex oder Romantik verbunden;
- sich lebendig fühlen und den Partner daran teilhaben zu lassen;
- zuerst Nähe mit sich selbst herzustellen;
- gemeinsame Lebenserfahrung – Entwicklung einer gemeinsamen Geschichte;
- nicht durch Techniken herzustellen;
- die Einbeziehung aller Sinne;
- nicht an Zeit und Raum gebunden – Nähe kann auch ohne Kontakt vorhanden sein und muß dem Partner die Möglichkeit einräumen, weggehen zu können;
- magisch, geht über Sprache hinaus, ein Hologramm;
- Vielfältigkeit – jede Ausdrucksform ist wertvoll; es gibt genug;
- Verspieltheit und Spaß – sich Fehler und Dummheiten mitzuteilen;
- viel miteinander zu reden – aber nicht zu analysieren;
- eine Reihe von Paradoxien – erfordert Zusammensein, was jedoch nicht unbedingt notwendig ist; man muß daran arbeiten, und doch kann sie nicht bearbeitet werden;
- ein Geschenk.

In Kapitel fünf beschäftigten wir uns eingehend mit Beziehungen, die innerhalb von Suchtbeziehungen auftreten. Es waren vier, und zwar zwei Masken- und zwei projizierte Beziehungen. Keine hat irgend etwas mit dem Partner oder mit der Wirklichkeit zu tun.

In gesunden Beziehungen finden sich eigentlich fünf Beziehungen gleichzeitig. Die grundlegende ist die Beziehung der beiden Partner zu sich selbst. Die Beziehung mit dem *Selbst* ist gewissermaßen der Grundstein jeder Beziehung. Beide Partner müssen bis zu einem bestimmten Grad ihr Verleugnungssystem durchbrochen, ein Mindestmaß an Ehrlichkeit sich selbst gegenüber erreicht haben und bereitwillig die Verantwortung für sich übernehmen. Im allgemeinen muß jeder Partner seine eigene Persönlichkeit wahren. Fehlt diese Beziehung mit dem Selbst, wird eine lebende Prozeß(gesunde)-Beziehung tatsächlich zur Unmöglichkeit; solange man nicht in Kontakt zu sich selbst steht, ist man nicht in der Lage, dem »anderen« gegenüber ehrlich zu sein.

Diese Beziehung mit dem Selbst ist gleichzeitig eine Quelle der Zufriedenheit und Erweiterung, sie muß jedoch geduldig gepflegt werden, um sich zu entwickeln. Sie erfordert auch Zeit für sich selbst, zur Besinnung, Zeit zur Bereicherung der eigenen Spiritualität. Eine Beziehung mit dem Selbst braucht Zeit. Meiner Ansicht nach schließt sie gleichzeitig die Beziehung zu Gott oder einer höheren Macht ein, wie immer man diese auch begreifen mag. Eine aufrichtige Beziehung mit unserem inneren Prozeß bindet uns gleichzeitig an den Prozeß des Universums.

Die beiden nächsten in intakten Bindungen vorliegenden Beziehungen sind diejenigen, welche zwei Menschen in ihrer Phantasie mit ihrem Partner haben. Jeder Mensch besitzt eine Vorstellung von dem, was im Partner vor sich geht und wer er eigentlich ist. In Suchtbeziehungen reichen diese Phantasien bereits aus; sie ähneln damit den projizierten Beziehungen, unterscheiden sich aber trotzdem von diesen. In gesunden Beziehungen müssen sich diese phantasierten Beziehungen bewußt gemacht, untersucht und dem Partner mitgeteilt werden. Nur auf diese Weise vermögen wir die Realität zu überprüfen. Diese Beziehungen können eine Quelle der Freude sein, und solange wir sie als das sehen, was sie tatsächlich sind, können sie eine Bereicherung für unsere Beziehung mit uns selbst und anderen Menschen darstellen. In Suchtbeziehungen schießen diese phantasierten Bindungen ungezielt ins Blaue, werden nicht an der Realität überprüft und können sich auf das Selbst und die Beziehung zerstörerisch auswirken.

Als fünfte wäre die aktuell existierende Beziehung zwischen zwei Menschen zu nennen. Hierunter ist der bereits eben erwähnte unendliche Energiefluß zwischen zwei oder mehreren Menschen zu verstehen. Diese aktuelle Beziehung ist von den vier soeben genannten abhängig: von deren Entwicklung, Aufrechterhaltung und – sofern notwendig – von deren »Reinigung«. Selbstverständlich heißt das nicht, daß wir für eine Beziehung perfekt sein müssen; Beziehungen stellen uns eine große Arena zur Verfügung, in der wir uns entwickeln und an Selbstbewußtsein gewinnen können; paradoxerweise jedoch müssen wir uns ihrer Existenz bewußt sein und mit ihnen arbeiten, damit sich die Beziehung zwischen unserem Selbst und dem Partner entwickeln kann. Allerdings müssen wir für diese Beziehung etwas riskieren (was natürlich auch bei den anderen vier Beziehungen der Fall ist!). Denn um diese Beziehung zu erleben, ist es erforderlich, sich selbst und den Partner zu sehen und die Prozesse beider zu respektieren. Zudem stellt diese Beziehung eine reiche Informationsquelle für das Selbst dar. Und noch mehr: Sie bietet die Gelegenheit, jemanden zu kennen und gekannt zu werden.

Diese fünfte Beziehung fehlt in allen Suchtbeziehungen. Wer in einer Suchtbeziehung lebt, redet zwar unentwegt davon, daß er an «der« Beziehung arbeitet, die doch in Wirklichkeit gar nicht vorhanden ist. Dagegen erübrigt sich meines Erachtens in gesunden Beziehungen dieses »An-der-Beziehung-Arbeiten«. Sind die übrigen vier vorhanden, wird sich die fünfte recht einfach gestalten.

In gesunden Beziehungen steht das Respektieren des eigenen Prozesses im Zentrum. Ist dies der Fall, wird jeder der beiden Partner – nahezu unwillkürlich – den Weg des anderen respektieren und ihn im selben Maße unterstützen wie seinen eigenen.

Zu jeder intakten Beziehung gehört die Unterstützung des Partners, aber das bedeutet nicht, daß man sich darauf konzentriert, den anderen »heil zu machen«. Vielmehr respektieren beide Partner den Prozeß ihres Gefährten und wissen, daß jeder das tun muß, was für ihn ansteht. Es ist eine Selbstverständlichkeit, daß man auf die Handlungsweise des Partners mit Gefühlen reagiert, aber es sind die *eigenen* Gefühle, mit denen jeder einzelne so gut es geht zurechtkommen muß. Bindung ist nicht gleichbedeutend mit Einkerkerung. Bindung heißt vielmehr, sich dem eigenen Prozeß verpflichtet zu fühlen, den Partner daran teilhaben zu lassen sowie auch seinen Prozeß zu respektieren. Dies schließt auch das Verständnis ein, daß der Partner Zeit für seine Spiritualität benötigt.

Eine gesunde Beziehung ist einem offenen System vergleichbar, in dem Informationen gesammelt, erörtert und verarbeitet werden, die sowohl aus dem Inneren der Partner und der Beziehung stammen als auch von außen einfließen. Beide erkennen, daß diese Beziehung nicht isoliert dasteht und etwas »Besonderes« ist (zum Beispiel »unheilbar einzigartig«), daß sie innerhalb eines größeren Kontextes steht und dennoch, für sich genommen, sehr wichtig ist. Aus diesem Grund braucht jede gesunde Beziehung die Wahlfreiheit des einzelnen, wobei die Entwicklung von Alternativen Wachstum und Kreativität fördert. Wahlmöglichkeiten stellen keine Bedrohung dar.

Vielleicht erinnern Sie sich an die Auflistung verschiedener Fertigkeiten, mit deren Hilfe Suchtbeziehungen aufgebaut werden (siehe Seite 109ff.). Wie könnte nun das Gegenstück für gesunde Beziehungen aussehen? Selbstverständlich wissen wir, daß sich Nähe oder intakte Bindungen nicht herbeimanipulieren lassen; doch gerade, weil wir so wenig in dieser Hinsicht wissen, könnte es interessant sein, mit einigen Ideen zu spielen. Unsere Gegenliste sähe dann vielleicht folgendermaßen aus:

- Fähig zu sein, mit der Entwicklung einer Beziehung zu »warten«.
- Ehrlich sagen zu können, wenn uns eine Sache nicht interessiert oder wir nicht zuhören können.
- Unsere eigenen Bedürfnisse zu erkennen und zu akzeptieren und ihnen zu folgen.
- Den Partner wichtig zu nehmen, aber ihn nicht zu umsorgen.
- Zu wissen, daß Abhängigkeit in jeglicher Form Beziehungen tötet; die Integrität unseres Selbst und des anderen zu respektieren.
- Sich klar darüber zu sein, daß spirituelle und moralische Wertvorstellungen nicht aufs Spiel gesetzt werden können, ohne daß dadurch gleichzeitig die Beziehung untergraben wird.
- Sich der Existenz des eigenen Selbst und des Selbst des anderen immer bewußt zu ein und Nähe und Vertrautheit dann zu teilen, wenn es angemessen ist.
- Zu wissen, daß sich körperliche Liebe mit wachsender Nähe entwickelt.
- Zu wissen, daß die Beziehung nur einen Aspekt in unserem gesamten Leben darstellt.
- Nicht bereit zu sein, das eigene Leben in die Hände irgendeines anderen Menschen zu legen.
- Die Verantwortung für das eigene Leben zu akzeptieren und die Verantwortung des Partners für sein Leben anzuerkennen.
- Sich nichts über den Partner vorzumachen und sich ehrlich einzugestehen, in welchen Wertvorstellungen, Hoffnungen und Ängsten man nicht übereinstimmt.
- Den Partner und uns selbst vollkommen klar und ohne Werturteil zu sehen.
- Zu wissen, daß Nähe keinen Raum für eine Vorwurfshaltung läßt, und sich bereitwillig und ohne Wertung zu seinen Fehlern zu bekennen.
- Nicht bereit zu sein, körperliche, emotionale oder spirituelle Mißhandlungen zu ertragen.

- In der Lage zu sein, an verschiedenen »Welten« teilzuhaben und dennoch die eigene aufrechtzuerhalten.
- Immer »anwesend« zu sein.
- Risiken auf sich zu nehmen und mit dem Partner verwundbar zu sein.
- Gefühle dann mitzuteilen, wenn man sie empfindet.
- Grenzen zu haben und sie zu respektieren.
- Zu wissen, daß Liebe nicht gleichbedeutend mit Leiden ist – auch wenn Schmerz vorkommt; wer leidet, entschließt sich dazu.
- Dem eigenen Prozeß zu folgen und den des Partners zu respektieren, wie auch immer dieser aussehen mag.
- Fähig zu sein, dem anderen etwas mitzuteilen, ohne hinterher Kontrolle auf dessen Reaktionen auszuüben.
- Zu wissen, daß Liebe nicht geschaffen oder manipuliert werden kann. Liebe ist ein Geschenk.

Wir alle sind im Grunde Pioniere, wenn es darum geht, das Potential innerhalb einer Beziehung zu erforschen. Wir lernen gemeinsam. In gesunden Beziehungen befinden wir uns immer auf einem Schleudersitz. Sobald wir darauf verzichten, eine Atmosphäre zu schaffen, die durch Stagnation und Sicherheit charakterisiert ist, und sobald wir Kontrollversuche unterlassen, werden wir uns stets mit der Beziehung entwickeln.

In einer solchen Beziehung leben wir in dem Bewußtsein, daß wir ein Teil eines holographischen, sich entfaltenden Universums sind, in dem uns eine bestimmte Rolle zukommt. Sobald wir jedoch unserem Suchtprozeß erliegen, werden wir glauben, daß wir diesen Entwicklungen und Veränderungen nicht standhalten können. Doch genau dies können und müssen wir, wenn wir selbst und unsere Beziehungen lebendig bleiben sollen.

Eigentlich verfügen wir über alles, um in einem Prozeß zu leben. Wir verfügen auch über alles, um in einer prozeßhaften Weise zu leben. Und doch gibt es, wie Diane Fassel einmal bemerkte, *keine Umwandlung ohne Genesung.*[3] Wir können uns nicht einfach eine neue Therapieform oder einen neuen spirituellen Weg suchen. Darüber hinaus wird es ohne Umwandlung zu keiner Genesung kommen. Beide Prozesse müssen gleichzeitig vor sich gehen und sich gegenseitig unterstützen. Von außen wird es keine Antwort geben. Damit wir uns einem gesunden Zustand nähern und intakte Beziehungen aufbauen können, müssen wir uns darüber im klaren sein, wie wir uns den Suchtprozeß zu eigen gemacht und ihn gelebt haben.

Bevor wir uns nun dem Thema Genesung zuwenden, sollten wir uns noch einige Fakten über Pseudo-Beziehungen in Erinnerung rufen. Es handelt sich dabei um eine Konstellation von Süchten, die so zusammenwirken, daß sie den Suchtprozeß verstärken und letztendlich zu Suchtbeziehungen führen.

- *Es ist wesentlich, diese Syndrome und Muster als Sucht zu erkennen.* Die gängigen psychiatrischen und psychologischen Methoden haben sich bei der Analyse und Behandlung dieser Verhaltensmuster als nicht sehr effektiv erwiesen. Sehen wir in ihnen hingegen Süchte und arbeiten dementsprechend mit ihnen, wird Besserung eintreten. Carnes sagt: »Auch wenn die bisherige Diskussion sich nicht auf alle möglichen Formen sexueller Süchtigkeit erstreckte (...), so konnte uns das Konzept von den verschiedenen Stufen doch das grundlegende Rüstzeug vermitteln, mit dessen Hilfe wir eine Form sexuell süchtigen Verhaltens verstehen können.«[1] Möglicherweise kann uns ein »integriertes« Konzept beim Verständnis von Verhaltensmustern und Situationen hilfreich sein, die bis vor kurzem noch falsch interpretiert und infolgedessen nicht behandelt wurden.
- *Wichtig ist die Einsicht, daß wir es mit drei, möglicherweise gar vier Suchtarten zu tun haben,* die allesamt aus einem zugrundeliegenden Suchtprozeß stammen. Sexsucht, Romanzensucht und Beziehungssucht sind Formen der Süchtigkeit, die Ähnlichkeiten und Unterschiede besitzen und sich gelegentlich überschneiden. Vielleicht existiert neben diesen drei Suchtformen auch die von uns als Co-Abhängigkeit bezeichnete Form; sollte dies zutreffen, dann ist sie eine weitere Suchtform. Allerdings »holen« wir sie uns nicht durch Ansteckung, und sie ist auch nicht eine mindere Form der Sucht.
- *Soll die Genesung voranschreiten, müssen wir die verschiedenen Süchte und den zugrundeliegenden Suchtprozeß behandeln.* Es reicht nicht aus, das eine *oder* das andere zu behandeln. Vielmehr müssen wir erkennen, wie sich diese Süchte unterscheiden und wie sie zusammenwirken.
- *All diese Süchte stellen eine Flucht vor Nähe dar.* Auch wenn es den *Anschein* hat, ihr Ziel sei Nähe und Vertrautheit – in Wirklichkeit *umgehen* sie genau dies. Vielleicht strebt der innere, gesunde Kern tatsächlich nach Nähe, aber mit keinem dieser Suchtprozesse läßt sich diese erreichen.
- *All diese Süchte sind lebensbedrohend.* Im Statut der Augustine Fellowship (Anonyme Sex- und Liebessüchtige) steht: »Vielleicht lag der Schlüssel in der Progression. Das bedeutet, daß es, nachdem

wir erst einmal die Kontrolle über die Häufigkeit und die Dauer, mit denen wir uns sexueller und emotionaler Maßlosigkeit hingaben, verloren hatten, auf lange Sicht keine Möglichkeit gab, eine ernsthafte Bedrohung unserer Gesundheit und selbst unseres Lebens zu vermeiden. Unser Zustand war tatsächlich von Machtlosigkeit und Hoffnungslosigkeit geprägt.«[2] Diese Süchte sind tödlich. Und es trifft zu, was C. E. Kasl über Sexsucht sagt: »Sie ist gefährlich. Sie ist gefährlich. Sie ist gefährlich.«[3]

- *All diese Süchte sind in die Gesellschaft integriert und werden von ihr gefördert.* Diese Süchte existieren mitunter aus kulturellen und ökonomischen Gründen; daher können Menschen, die eine Genesung anstreben, von seiten des Systems kaum Unterstützung erwarten. Das führt direkt zu dem folgenden Punkt.
- *Wer von diesen Süchten genesen will, benötigt laufende Unterstützung.* Aus diesem Grund ist das Zwölf-Schritte-Programm so unverzichtbar. Gemäß einer seiner Aussagen: »Genesung ist etwas, das man *selbst* in Angriff nehmen muß; aber man muß es *nicht alleine* tun.«
- *Diese Süchte sind extrem schwierig und schmerzhaft anzugehen,* denn sie machen sich genau jene der von uns erlernten Fertigkeiten zunutze, mit deren Hilfe wir glauben, Nähe und Beziehungen herstellen zu können, um sie letztendlich doch zu vermeiden. Carnes bemerkt richtig: »Die Sucht ist wirklich ein anderer Bewußtseinszustand, in dem ›normales‹ sexuelles Verhalten und die damit verbundene sexuelle Erregung und Befriedigung im Vergleich nicht standhält.«[4] Das trifft auch auf Romanzen- und Beziehungssüchtige zu. Möglicherweise werden dieselben Fertigkeiten genutzt, dann jedoch auf recht unterschiedliche Weise. Trotzdem frage ich mich, ob die Fertigkeiten, die *unserer Ansicht nach* zu Beziehungen führen, nicht in Wirklichkeit nur zu Suchtbeziehungen führen. Wollen wir jemals gesunde Beziehungen erleben, müssen wir uns eine völlig neue Palette von Fertigkeiten aneignen.
- *Diese Süchte stehen oftmals mit frühem sexuellen Mißbrauch durch Personen und Institutionen in Verbindung.* Aufgrund frühen Mißbrauchs sind Kinder während ihres Heranwachsens oftmals über die Bedeutung von Sex, Liebesabenteuern und Beziehungen verwirrt. Häufig erlernen die Menschen in Beziehungen nur suchtgeprägte Verhaltensmuster, die sie später, logischerweise, selbst ausüben.
- *Oftmals wissen gerade jene, die am ausdrücklichsten nach Nähe und Vertrautheit verlangen, nicht, wie sie jemandem nahe sein können;* infolgedessen setzen sie Pseudo-Nähe und Pseudo-Beziehungen ein, um an ihren »Kick« zu gelangen. Ich bin mißtrauisch gegenüber Menschen, die die Zwölf-Schritte-Treffen (oder andere Grup-

pen) besuchen und verkünden, nun seien sie »für eine Beziehung bereit«. Oft suchen sie nur nach einem neuen Objekt, auf das sie sich fixieren können, nicht aber nach Nüchternheit.

- *Möglicherweise liegen ein Grund für die Schwierigkeiten bei der Behandlung von Drogen- und Alkoholsucht und die hohe Rückfallquote darin, daß Therapieprogramme das Zusammenwirken verschiedener Süchte außer acht lassen.* Wir wissen, wie hart die Genesung und wie gefährdet die Nüchternheit ist. Alles in unserer unmittelbaren Umgebung lädt uns geradezu ein, in die Krankheit zurückzukehren. Süchte lassen sich nur effektiv angehen, wenn wir ihnen mit einem entsprechend umfassenden Verständnis begegnen.
- *Genesung ist ein Prozeß und kein Ereignis.* Sie vollzieht sich nicht von heute auf morgen, und sie verläuft nicht linear. In unserer Gesellschaft ist die Sucht der »normale« Zustand. Die Krankheit liegt ständig »auf der Lauer«, um uns zurückzuholen. Glücklicherweise ruht auch ein gesundes Wesen in uns – unser nüchternes Selbst, unsere Prozeß-Spiritualität. Wir müssen nur tun, was unser Vorwärtskommen unterstützt. Gelegentlich wurde an meinen Büchern kritisiert, daß sie keine Übungsteile enthalten. Aber es gibt keine einfachen Rezepte, und die oft angebotenen »Kicks« tragen möglicherweise dazu bei, die Süchte aufrechtzuerhalten. Die Genesung ist ein langer, schwieriger und aufregender Prozeß; ein Prozeß, an dem der einzelne Mensch arbeiten muß.
- *Genesung ist möglich.* Tatsächlich können wir nüchtern leben und uns dabei lebendig fühlen. Vielleicht ist es nicht immer einfach und lustig und doch stets interessant. Oft machen wir uns Gedanken darüber, wie schwierig die Genesung ist, und doch kann ich aufgrund meiner Erfahrung und angesichts dessen, was ich von anderen weiß, nur betonen, daß es sich auf diese Weise viel angenehmer und besser leben läßt als mit der Sucht.
- *Genesung ist ein Wunder.* Wenn wir uns vorstellen, wie fest uns unsere Süchte im Griff hatten, wie gut wir in sie eingeübt waren, wie verbreitet sie in unserer Umgebung, wie sehr sie zur Norm geworden sind, dann ist es doch wahrhaft ein Wunder, daß irgend jemand überhaupt genesen kann; und doch tun es Millionen von Menschen.
- *Unser lebendiger Prozeß (unsere Nüchternheit, unsere Spiritualität) ist ebenfalls tückisch, verwirrend, machtvoll und geduldig, ansonsten wäre eine Genesung nicht möglich.* Aber manchmal gestehen wir der Krankheit einfach zuviel Macht zu. Stellen wir uns schließlich noch vor, wie wir unseren Prozeß mit Hilfe aller möglichen Süchte unterdrückt, ignoriert und gemieden haben, ist es eigentlich verwunderlich, daß er noch immer existiert. Und doch existiert er tatsächlich! Für mich ist dies ein echtes Wunder in unserer Zeit.

- *Das Zwölf-Schritte-Programm ist der wirkungsvollste Weg hin zur Genesung.* Wie Melody Beattie heute mit neuer Kraft sagen kann (und zwar viel besser, als ich dies vermag): »Ich liebe Zwölf-Schritte-Programme, ohne daß es mir peinlich ist.«

»Es sind nicht bloß Selbsthilfegruppen, die Menschen mit zwanghaften Störungen dabei helfen, aufzuhören mit dem, was auch immer sie glauben, zwanghaft tun zu müssen (Trinken, dem Alkoholiker helfen und so weiter). Mit Hilfe der Programme lernen die Menschen zu leben – friedlich, glücklich und erfolgreich. Sie bringen Frieden. Sie fördern die Heilung. Diese Programme geben ihren Teilnehmern das Leben wieder – und zwar ein oftmals reicheres, gesünderes Leben, als es jene Leute kannten, bevor sie ihr jeweiliges Problem entwickelten. Die zwölf Schritte sind eine Lebensweise.«[5]

Widerstand

Bevor ich mich selbst in einem Zwölf-Schritte-Programm *versuchte*, hatte ich viele Kritikpunkte anzumelden. Und obwohl ich glaubte, diese Kritikpunkte wären recht einzigartig und sogar kreativ, hörte ich sie doch auch häufig von anderen Leuten – vielleicht waren sie also doch nicht so gut, wie ich dachte. Einige möchte ich Ihnen spaßeshalber mitteilen:

- Sind die zwölf Schritte nicht nur eine andere Form der Sucht, eine Ersatzsucht? Anscheinend müssen die Menschen doch ständig zu den Treffen gehen und nutzen diese wie eine Sucht.
  Gewiß besuchen Süchtige in der Anfangsphase ihrer Genesung eine ganze Reihe von Treffen, und vielleicht mögen sie sogar die zwölf Schritte in einer süchtigen Weise benutzen. Doch das liegt nicht am Programm; das liegt am Süchtigen. Glücklicherweise aber funktioniert das Programm trotz des Süchtigen.
- Das Zwölf-Schritte-Programm scheint starr und kontrollierend zu sein. Sind die Schritte nicht bloß weitere »Fixes«? Noch einmal: Sie *können* in dieser Art und Weise genutzt werden, aber glücklicherweise (und *un*glücklicherweise für die Sucht) funktionieren sie im Sinne der Genesung.
- Mir sind einige Leute begegnet, die die Zwölf-Schritte-Treffen besucht haben und dennoch keine Besserung erlebten. Wie läßt sich das erklären?
  Auch mir sind Menschen begegnet, die Therapien machten, in Krankenhäuser und alle möglichen Einrichtungen gingen und dennoch nicht aus ihrer Krankheit herausfanden. »Besserung« hängt

nur vom einzelnen Menschen ab. Das Programm hat keine Zauberkräfte. Es ist ein Weg. »Wir müssen es selbst in Angriff nehmen, aber wir müssen es nicht alleine tun.«
Hinzu kommt, daß wirkliche Nüchternheit ein Prozeß ist – auch wenn einige Menschen schon allein durch den Besuch der Gruppentreffen Besserung erfahren. Tatsächlich besteht ein gewaltiger Unterschied zwischen der Teilnahme an den Treffen und der *Arbeit* mit einem Programm. Mir jedenfalls ist noch nie jemand begegnet, der ernsthaft mit einem Programm arbeitete und nicht gleichzeitig in seiner Nüchternheit voranschritt.

– Ich habe überhaupt nichts mit diesen Leuten gemein; warum also sollte ich Zwölf-Schritte-Treffen besuchen?
Natürlich haben Sie etwas mit ihnen gemein: Denn diese Aussage klingt für mich ganz nach Sucht. Man nennt das »verhängnisvolle Einzigartigkeit«.

– Die Treffen scheinen mir etwas undurchsichtig zu sein. Wie soll ich da genesen?
Selbstverständlich sind sie hin und wieder undurchsichtig, schließlich treffen sich hier Süchtige, Gott sei Dank! Ziel ist es, daß man aus *jedem* Treffen für sich herausholt, was für einen paßt, und den Rest daläßt. Häufig sind an dem, was man mitnimmt, eher die eigene Bereitschaft und Offenheit erkennbar als das, was tatsächlich geschehen ist. Rigides Urteilen ist ein Merkmal der Suchtkrankheit.

– Die Teilnehmer an den Zwölf-Schritte-Treffen wenden sich von ihren Familien und alten Freunden ab und stellen das Programm und die damit in Verbindung stehenden Leute in den Mittelpunkt ihres Lebens. Da muß doch etwas nicht stimmen.
Sicher ist dies oft der Fall. In der frühen Genesungsphase braucht jeder die Unterstützung von anderen Genesenden sowie die Erfahrung und das Modell derjenigen, die sich seit vielen Jahren auf dem Weg der Genesung befinden und deren Nüchternheit sich bereits stabilisiert hat. Sobald die eigene Genesung weiter fortgeschritten ist, wird es tatsächlich zur Qual, weiterhin von Menschen umgeben zu sein, die sich für ihren Suchtprozeß entschieden haben.
Wer sich für die Genesung entschieden hat, leistet bereitwillig seine Zwölf-Schritte-Arbeit und unterstützt jene, die ebenfalls in dieser Hinsicht Offenheit und Bereitschaft zeigen; er wird nicht mehr seine Zeit auf Menschen verschwenden, die sich entschieden haben steckenzubleiben. Diese Entscheidung ist nicht durch die Krankheit beeinflußt, sondern durch Gesundheit und Genesung.

Dies war nur eine kleine Auswahl möglicher Kritikpunkte. Meiner Ansicht nach werden sie von Menschen angeführt, die sich nicht wirklich auf das Programm eingelassen oder mit den Schritten gearbeitet haben. Es besteht ein großer Unterschied zwischen dem Besuch der

Treffen und der tatsächlichen Arbeit mit den Schritten. An den Schritten muß jeden Tag gearbeitet werden, und sie müssen ständig wiederholt werden. Die Intensität, mit der die Schritte bearbeitet werden, verändert sich genauso wie die Perspektive im Verlauf der Genesung.

Selbstverständlich will ich hier nicht das Programm verkaufen. Das liegt mir fern. Schließlich besitzt dieses Programm seinen eigenen Reiz und bedarf keiner Werbung. Trotzdem hielt ich es für hilfreich, ein paar vorschnell abgegebene Urteile anzuführen, die mich vor dem Beginn meiner Arbeit mit dem Programm beschäftigten und die mir seitdem öfters zu Ohren gekommen sind. Mein Respekt vor der Tükke dieser Krankheit und der erfolgreichen Wirkung des Programms steigt auch heute noch.

Ich möchte hier, was die einzelnen Schritte betrifft, nicht allzusehr ins Detail gehen. Das haben bereits viele vor mir getan; zwar gibt es da meist Unterschiede in der Handhabung der Schritte, aber alle sind äußerst hilfreich.

Mein Respekt für den Text der Augustine Fellowship mit dem Titel ›Sex and Love Addicts Anonymous‹ ist ungebrochen[6]; neben dem ›Blauen Buch‹ der Anonymen Alkoholiker[7] stellt er die beste Veröffentlichung dar, was das Aufhellen der Erfahrungen angeht, die Menschen in ihrer Krankheit und während ihrer Genesung erlebten. Beides sind Bücher, auf die man immer wieder zurückgreifen kann. Man müßte lediglich noch die Begriffe Romanzen- und Beziehungssucht einsetzen (und, so glaube ich, »Liebe« streichen). Und das dürfte nicht besonders schwierig sein.

Auch Carnes liefert eine empfehlenswerte Abhandlung über das Zwölf-Schritte-Programm aus seiner in ›Zerstörerische Lust‹ nachzulesenden Perspektive. Ich möchte Ihnen dieses Buch ans Herz legen.

Melody Beatties Veröffentlichung über das Zwölf-Schritte-Programm ist ebenfalls hilfreich; sie ist aus der Perspektive der Co-Abhängigkeit verfaßt. Die Verbindung zwischen der Co-Abhängigkeit und den in diesem Buch beschriebenen Süchten läßt sich leicht herstellen; Melody Beatties Ausführungen über das Zwölf-Schritte-Programm sind hervorragend.

Im folgenden möchte ich Ihnen die Zwölf Schritte der Anonymen Alkoholiker und der Anonymen Sex- und Liebessüchtigen vorstellen.

Die zwölf Schritte der Anonymen Alkoholiker

1. Wir gaben zu, daß wir dem Alkohol gegenüber machtlos sind – und unser Leben nicht mehr meistern konnten.
2. Wir kamen zu dem Glauben, daß eine Macht, größer als wir selbst, uns unsere geistige Gesundheit wiedergeben kann.
3. Wir faßten den Entschluß, unseren Willen und unser Leben der Sorge Gottes – wie wir Ihn verstanden – anzuvertrauen.
4. Wir machten eine gründliche und furchtlose Inventur in unserem Inneren.
5. Wir gaben Gott, uns selbst und einem anderen Menschen gegenüber unverhüllt unsere Fehler zu.
6. Wir waren völlig bereit, all diese Charakterfehler von Gott beseitigen zu lassen.
7. Demütig baten wir Ihn, unsere Mängel von uns zu nehmen.
8. Wir machten eine Liste aller Personen, denen wir Schaden zugefügt hatten, und wurden willig, ihn bei allen wiedergutzumachen.
9. Wir machten bei diesen Menschen alles wieder gut – wo immer es möglich war –, es sei denn, wir hätten dadurch sie oder andere verletzt.
10. Wir setzten die Inventur bei uns fort, und wenn wir unrecht hatten, gaben wir es sofort zu.
11. Wir suchten durch Gebet und Besinnung die bewußte Verbindung zu Gott – wie wir Ihn verstanden – zu vertiefen. Wir baten Ihn nur, uns seinen Willen erkennbar werden zu lassen und uns die Kraft zu geben, ihn auszuführen.
12. Nachdem wir durch diese Schritte ein geistiges Erwachen erlebt hatten, versuchten wir, diese Botschaft an Alkoholiker weiterzugeben und unser tägliches Leben nach diesen Grundsätzen auszurichten.[8]

Die Zwölf Schritte der Anonymen Sex- und Liebessüchtigen

1. Wir gaben zu, daß wir unserer Sex- und Liebessucht gegenüber machtlos waren – und unser Leben nicht mehr meistern konnten.
2. Wir kamen zu dem Glauben, daß eine Macht, größer als wir selbst, uns unsere Gesundheit wiedergeben kann.
3. Wir faßten den Entschluß, unseren Willen und unser Leben der Sorge Gottes – wie wir Gott verstanden – anzuvertrauen.

4. Wir machten eine gründliche und furchtlose Inventur in unserem Inneren.
5. Wir gaben Gott, uns selbst und einem anderen Menschen gegenüber unverhüllt unsere Fehler zu.
6. Wir waren völlig bereit, all diese Charakterfehler von Gott beseitigen zu lassen.
7. Demütig baten wir Gott, unsere Mängel von uns zu nehmen.
8. Wir machten eine Liste aller Personen, denen wir Schaden zugefügt hatten, und wurden willig, ihn bei allen wiedergutzumachen.
9. Wir machten bei diesen Menschen alles wieder gut – wo immer es möglich war –, es sei denn, wir hätten dadurch sie oder andere verletzt.
10. Wir setzten die Inventur bei uns fort, und wenn wir unrecht hatten, gaben wir es sofort zu.
11. Wir suchten durch Gebet und Besinnung die bewußte Verbindung zu einer Macht größer als wir selbst zu vertiefen. Wir baten nur, uns Gottes Willen erkennbar werden zu lassen und uns die Kraft zu geben, ihn auszuführen.
12. Nachdem wir durch diese Schritte ein spirituelles Erwachen erlebt hatten, versuchten wir, diese Botschaft an Sex- und Liebessüchtige weiterzugeben und diese Grundsätze in allen Bereichen unseres Lebens zu praktizieren.[9]

Lassen Sie mich nun auf einige Erfahrungen eingehen, die ich persönlich mit den Schritten gemacht habe.

Schritt eins

Als Feministin hatte ich fürchterliche Probleme mit dem ersten Schritt. Bei dem Wort »machtlos« nämlich sträubten sich mir sämtliche Haare. Infolgedessen blieb ich einige Zeit in der Vorphase zu diesem ersten Schritt hängen. Schließlich hatte ich mich mit der Machtlosigkeit von Frauen in dieser Gesellschaft und auf der ganzen Welt beschäftigt und wollte alles andere als jemals wieder machtlos sein. Ein paar Jahre später (ich war ziemlich hartnäckig!) sah ich endlich ein, daß dieser erste Schritt gar nicht so sehr mit persönlicher Machtlosigkeit zu tun hatte, sondern eher mit Kontrolle und, um genauer zu sein, mit einer Illusion von Kontrolle. Außerdem besagt er nicht, daß ich als Person machtlos bin. Vielmehr besagt er, daß ich *meiner Sucht gegenüber* machtlos bin. Dies ist die Definition von Sucht. Eine Sucht ist etwas, was uns im Griff hat. Endlich kam ich zu dem Schluß, daß sich die Machtlosigkeit über meine Sucht ganz gewaltig von meiner Machtlosigkeit als Person unterschied. Mein Eingeständnis, daß ich meiner Sucht gegenüber machtlos war, stärkte vielmehr meine persönliche Macht und bot mir eine ungeheure Erleichterung im Hinblick auf meine Kontrollillusion. Plötzlich war es einfach für mich zu erkennen, daß ich mein Leben nicht mehr im Griff hatte. Die Realität ließ sich von jetzt an nicht mehr leugnen. Dann kam Schritt zwei.

Schritt zwei

Zunächst mußte ich zugeben, daß ich *geistig nicht gesund* war. Das erforderte einiges. Ich hatte mein Leben doch nun wirklich unter Kontrolle ... zurück zu Schritt eins.

Jede Sucht ist eine Geisteskrankheit. Patrick Carnes: »Ein wesentlicher Bestandteil von Gesundheit ist der ungetrübte Blick auf die Realität. Man kann also sexuelle Süchtigkeit in dem Maße als Krankheit bezeichnen, in dem sie die Wahrnehmung der Realität verzerrt.«[10] Ich und verrückt? Doch wohl kaum. Ganz langsam gelangte ich zu der Erkenntnis, daß meine Vorstellungen von Liebe im Grunde genommen eine Form der Geisteskrankheit waren. »Echte« Liebende zerstören schließlich zum Wohle ihrer Liebe bereitwillig ihr Leben. (Jetzt war es soweit!)

Nun konnte ich also zugeben, daß ich wirklich einen getrübten Blick hatte, *wenn ich in meiner Krankheit steckte.* Diese Tatsache ließ sich auch vor anderen nicht verbergen. Es ist schon merkwürdig, wie hartnäckig wir glauben, unsere Krankheit verstecken zu können. Dabei sticht sie offen ins Auge, ganz besonders denjenigen, die sich auf dem Weg zur Genesung befinden. Vielleicht meiden Süchtige, die sich nicht zur Genesung entschließen können, deshalb jene, die sich inmitten dieses Prozesses befinden. Wer weiß?

Dann erklärte mir jemand, der zweite Schritt ließe sich auch folgendermaßen verstehen: »Ich kam« – ich mußte also an den Punkt gelangen, an dem ich genesen wollte. »Ich kam zu« – Genesung bedeutet, »zu etwas zu kommen«, indem wir unsere Krankheit erkennen und einsehen, was sie mit unserem Leben anrichtet. »Ich kam zu dem Glauben« – ja, ich glaube, und ich verbrachte Jahre damit, in Seminaren meine Glaubensgrundsätze zu intellektualisieren. »Eine Macht, größer als ich selbst« – das bereitete mir kaum Schwierigkeiten; ich wußte, daß es solche Mächte gab. »Mir meine geistige Gesundheit wiedergeben kann« – bestimmt. Warum nicht? Puh! Der zweite Schritt war vorläufig getan.

Schritt drei

Dieser Schritt war ein weiterer Prüfstein für meine Bereitschaft, meine Kontrollillusion aufzugeben. Der Begriff *Gott* war in meinem Denken so verzerrt und mit Gewalt verknüpft, daß ich an dieser Stelle erneut hängenblieb. Dies bot mir eine gute Gelegenheit, mich mit meiner Hartnäckigkeit zu beschäftigen. Am Ende entschloß ich mich zu dem Begriff *Der Prozeß des Universums.* Dieser dritte Schritt ist eine permanente Herausforderung.

Schritt vier

Donnerwetter! Das kostete einiges an Arbeit. Ich mußte es mir aufschreiben. Ich mußte alles, was ich bisher getan hatte, einer genauen Prüfung unterziehen und herausfinden, in welchem Zusammenhang meine Krankheit damit stand. Zum Glück war ich damals noch so jung. Zu diesem Zeitpunkt konnte ich bereits Veränderungen erkennen, welche die anderen Schritte in mir ausgelöst hatten, und so gelang es mir, auch diesen ernsthaft und sorgfältig auszuführen.

Schritt fünf

Ich bin immer ein Mensch gewesen, der »nach außen« lebt. Trotzdem mußte ich feststellen, daß selbst ich ein paar Gefühle, Gedanken und Verhaltensweisen an mir hatte, die ich bisher mit niemandem geteilt hatte. Diesen Schritt wiederhole ich (wie die übrigen auch) jeden Tag. Im Zwölf-Schritte-Programm heißt es: »Wir sind genauso krank wie unsere verschwiegenen Geheimnisse.« Davon bin ich überzeugt.

Schritt sechs

Dieser Schritt sah ganz einfach aus. Mein Verstand sagte »natürlich«, aber meine Sucht sagte: »Nun warte doch mal. Willst du allen Ernstes deine Kontrollillusion, deine Hartnäckigkeit und deine Dualismen aufgeben?« Zurück zu Schritt eins. Endlich merkte ich dann, daß dieser Schritt besagte: »bereit, all diese Charakterfehler von Gott beseitigen zu lassen«. Ich mußte sie noch gar nicht aufgeben. Vielmehr konnte ich an meiner *Bereitschaft* arbeiten. An sich überflüssig zu erwähnen, daß dies ein bißchen Zeit beanspruchte. Mittlerweile aber stellte ich fest, daß mein Leben besser funktionierte.

Während dieser ganzen Zeit fiel es mir übrigens sehr leicht, auf Punkt zwölf vorzuspringen – ich weiß, wie man anderen hilft!

Schritt sieben

Nun muß ich wirklich den Sprung wagen. Die Zeit des Sich-bereit-Haltens ist vorbei. Na gut, warum nicht?

Schritt acht

Dieser Schritt fiel mir relativ leicht. Ich war in einer Familie groß geworden, die in dieser Hinsicht nichts zu wünschen übrigließ; daher war ich mit meinen Wiedergutmachungsaktivitäten auf einem relativ aktuellen Stand. Dennoch fielen mir – nach intensiver Beschäftigung mit diesem Schritt – noch einige bisher versteckte ein.

Schritt neun

Dieser Schritt war zum größten Teil eine echte Erleichterung. Nur manchmal geriet ich in Schwierigkeiten, wenn ich versuchte, meine Wiedergutmachungen zu »erzwingen«.

Allerdings stellte ich auch fest, daß ich tatsächlich Wiedergutmachungen leistete und *keine* Entschuldigungen suchte. Für meine Genesung spielte das keine Rolle. Wenn ich versuchte, für irgend etwas Vergebung zu erlangen, mußte ich zurück zu Schritt eins.

Schritt zehn

Dieser Schritt hat eine große Bedeutung für mich. Ich liebe ihn richtiggehend. Er kommt mir wie eine frische Frühlingsbrise vor oder wie das Dahinschreiten in glitzerndem Wasser. Wer seine Arbeit bis zu diesem Punkt bewältigt hat, dem wird dieser Schritt nahezu von selbst von der Hand gehen. Zumindest war es bei mir so. Ich erkannte, daß Schuld- und Schamgefühle letztendlich von Selbstbezogenheit zeugten, und wollte sie einfach nicht mehr empfinden. Manche Leute regen sich sehr darüber auf, daß ich mich weder schäme noch schuldig fühle, wenn mir ein »Fehler« unterlaufen ist. Aber das ist nicht mein Problem. Ich habe keine Energie übrig, um andere zufriedenzustellen. Ich bin viel zu sehr mit dem Leben beschäftigt.

Schritt elf

Diesmal biß ich nicht mehr am »sprachlichen Haken« an. Ich weiß, wie ich meinem Prozeß zu folgen habe. Ich benötige Zeit für mich allein, Zeit für »Gebet und Meditation«. Diese Zeiten suche ich mir aus und genieße sie, denn ich weiß, daß sie mir Kraft geben.

Schritt zwölf

Natürlich ist das nicht die Verkündigung des Evangeliums. Dieser Schritt bedeutet vielmehr, Auskunft zu geben und als klarer, nüchterner Mensch mit meinem ganzen Wesen da zu sein. Das gelingt mir. Außerdem ist es ein schönes Gefühl, und offenbar können sogar andere Menschen von diesem Prozeß profitieren. Geschafft!

Nach all meiner kritischen Verwirrung probierte ich die Schritte aus, und sie bewährten sich. Es ist so einfach. Es ist, als setze man sich eine neue Brille auf; und wer diese Brille trägt, kann die Welt aus einer völlig anderen Perspektive sehen.

Weitere Anmerkungen zur Genesung

Lassen Sie mich noch ein paar weitere Bemerkungen zum Thema Genesung anschließen. Wenn Sie von der in diesem Buch beschriebenen Konstellation von Süchten betroffen sind, müssen Sie notwendigerweise dem Suchtmittel und den damit verbundenen Verhaltensweisen aus dem Weg gehen und abstinent bleiben. Für manche Menschen, die von Pseudo-Beziehungen abhängig sind, klingt das Abstinenz-Gebot oft danach, als könnten sie ihr Leben lang keine Beziehung mehr eingehen! Doch Abstinenz bedeutet etwas anderes. Abstinenz bedeutet, daß man noch nicht in der Lage ist, sich auf irgendeine echte, wirklich nahe Beziehung in der frühen Genesungsphase einzulassen; dies ist in der Regel eine Zeit von zwei bis fünf Jahren.

Dementsprechend sollten Sexsüchtige vollkommene Abstinenz von ihren süchtigen Verhaltensmustern üben, was im Klartext heißt: Verzicht auf sexuelle Aktivität überhaupt.

Für den Romanzensüchtigen bedeutet es beispielsweise, auf Filme oder andere Auslöser für die Sucht zu verzichten. Selbstverständlich erfordert dies auch den Verzicht auf »romantische« Beziehungen.

Beziehungssüchtige wiederum sollten sich von allen Beziehungen fernhalten, die nur um der Sucht willen aufgebaut werden, das heißt, sie sollten auf alles verzichten, was ihre Illusion einer Beziehung fördert.

Für alle drei Suchtformen gilt: Die Betroffenen müssen sich von Beziehungen fernhalten, die allgemein als vertraute, verbindliche Zweierbeziehungen bezeichnet werden. Den unter diesen Suchtformen leidenden Menschen (und vermutlich auch den meisten übrigen Menschen) stehen die Fertigkeiten für *wirklich* enge und vertraute Beziehungen einfach nicht zu Gebote, was natürlich nicht heißt, daß sie sich nicht oft daran versucht haben. Doch nun ist der Zeitpunkt gekommen, an dem diese Versuche unterlassen werden sollten und die Betroffenen sich auf ihre persönliche Genesung konzentrieren müssen. Ist das wirklich zuviel verlangt? Für einige Menschen sicherlich, aber einen anderen Weg gibt es meines Wissens nicht.

Genesung ist eine Zeit, in der wir dem rasenden Druck nach dem »Kick« nicht nachgeben, in der wir auf neue Beziehungen verzichten sollten. Sie ist eine Zeit der Heilung, des inneren Sichsammelns. Das heißt nicht, daß bestehende Beziehungen beendet werden müssen. Nur sollten sie solange nicht mehr im Mittelpunkt stehen, bis eine gewisse Nüchternheit vorhanden ist. Dann wird noch genügend Zeit sein, um zu sehen, ob eine Beziehung überhaupt vorhanden ist, ob da vielleicht nicht nur zwei Süchte zusammengefunden haben und ob die betroffene Person nicht etwas ganz Neues beginnen möchte. Für all dies ist später Zeit.

Der Verzicht darauf, sich völlig auf eine Beziehung zu konzentrieren, bedeutet jedoch nicht, daß der genesende Mensch isoliert leben sollte oder müßte. Ganz im Gegenteil. Der Bedarf an Unterstützung und Freundschaft ist unendlich groß. Und diesen Bedarf deckt das Zwölf-Schritte-Programm. (Ich möchte Sie auf die Anonymen Sex- und Liebessüchtigen verweisen, deren Buch Sie immer wieder lesen sollten.) Notwendig ist auch, daß Sie während der frühen Genesungsphase einen oder mehrere Sponsoren haben, die für Sie da sind.

Da die meisten Süchtigen nur über Fähigkeiten verfügen, mit deren Hilfe sie Beziehungen im Dienste ihrer Sucht aufgebaut hatten, haben sie nur wenige Freunde und wissen eigentlich gar nicht, wie eine Freundschaft entstehen kann. Die Genesung ist eine Zeit der Freundschaft; sie ist eine Phase, in der die Fertigkeiten zum Aufbau von Freundschaften erlernt werden können. Nun können die Betroffenen lernen, daß vertraute Beziehungen sich auf Freundschaft gründen und daß sich die Fertigkeiten zum Aufbau einer solchen ganz wesentlich von den in der Sucht angewendeten unterscheiden.

Für manche Menschen ist in dieser Zeit das Bedürfnis nach einfachen Berührungen und Körperkontakt wichtig. Allerdings muß jeder selbst wissen, was seine Nüchternheit gefährdet; Umarmungen, Berührungen, ja sogar therapeutische nicht-sexuelle Massagen können ganz wichtig sein. Wer sich auf dem Weg der Genesung befindet, sollte jedenfalls gut auf sich achten.

Mit der Heilung von der Sucht (den Süchten) mag auch körperliche Genesung einhergehen: Die Genesenden können größeren Wert auf ihre Ernährung, ihr körperliches Wohlbefinden, ihre Hautpflege legen und sich Extravaganzen gönnen wie den Genuß eines Bades oder das Schwimmen in einer heißen Quelle. Sorgen Sie gut für sich während der frühen Genesungsphase.

Sobald die dämpfende und vernebelnde Wirkung der Sucht vorüber ist, werden viele Gefühle und Erinnerungen hochsteigen, die bisher durch die Sucht unterdrückt wurden. Ganz entscheidend ist dann, sich mit diesen zu beschäftigen und sie in sicherer Umgebung aufzuarbeiten. Wir können solche Gefühle in den Zwölf-Schritte-Treffen mitteilen, auch wenn diese Gruppen eigentlich nicht dazu bestimmt sind, Gefühle aufzuarbeiten.

Nicht selten kommen bei den in diesem Buch beschriebenen Suchtformen Inzesterinnerungen hoch, da anscheinend eine Verbindung zwischen suchtgeprägten Pseudo-Beziehungen und Inzest besteht. Für diesen Fall benötigen die betroffenen Menschen eine fürsorgliche, unaufdringliche Begleitung durch eine andere Person. Ich glaube, daß die von mir gelehrte »Begleitung des Tiefenprozesses« am besten geeignet ist, allerdings gibt es sicherlich noch weitere hilfreiche Möglichkeiten. Am wichtigsten jedoch ist, daß die diesen Prozeß begleitende Person selbst klar ist, keine Kontrolle oder Manipulation ausübt, sich im Hintergrund hält und nicht die eigene Axt in Form von ungelösten Problemen schärfen muß. Die falsche Person oder ein unpassender Ansatz vereiteln die Unterstützung nicht nur, sie sind dem Genesungsprozeß vermutlich sogar hinderlich.

Schlußwort

Schon vor Jahren schrieb der berühmte jüdische Theologe Martin Buber ein Buch über Beziehungen mit dem Titel ›Ich und Du‹.[1] Er beschrieb die allgemein übliche Art von Beziehungen als Ich-Es-Beziehung, in der wir den anderen als lebloses, zu kontrollierendes und manipulierendes Objekt behandeln, damit »unsere Bedürfnisse befriedigt« werden. Ich glaube, er redete von Suchtbeziehungen und deren Funktionsweise. (Obwohl diese in seiner Terminologie etwas genauer als Es-Es-Beziehungen bezeichnet werden könnten.) Die Ich-Du-Beziehung ist eine bindende Beziehung; sie läßt sich am ehesten durch die Bindung veranschaulichen, die wir mit unserem Gottesprozeß haben. In dieser Beziehung haben die beiden oder alle in sie verstrickten Personen eine sich ständig erweiternde, im Prozeß befindliche Beziehung; sie wird mit Respekt behandelt, einem Prozeß, der die Spiritualität fördert und lebend und lebendig ist. Niemand wird mehr wie ein Objekt behandelt, weder das Selbst noch der andere. Tatsächlich erlebt man ein Gefühl der Einheit.

Das Selbst und andere Menschen werden wie ein zu ehrendes und respektierendes »Du« behandelt. Meiner Ansicht nach ist dieses Ich-Du-Konzept eine Umschreibung für Nüchternheit. Sobald wir aus unserer Nüchternheit heraus agieren (Prozeß der Spiritualität), wird jedes Leben – unser eigenes eingeschlossen – wie ein Du behandelt, und Beziehungen sind eine Widerspiegelung des Heiligen. Jedem von uns steht diese Möglichkeit offen, wenn wir nur bereit sind, unseren Süchten ins Gesicht zu sehen und zu genesen. Paradoxerweise hat uns unsere Flucht vor der Nähe vielleicht in dieses Du-Verhältnis mit uns selbst und dem gesamten Universum geführt. Wir brauchen nur unserem Genesungsprozeß zu folgen, dann ist alles ganz einfach – auch wenn es nicht immer leicht ist.

Anmerkungen

Einleitung

1 Patrick Carnes: Zerstörerische Lust. Sex als Sucht (München: Heyne, 1987), S. 48.
2 Sex and Love Addicts Anonymous (Boston: The Augustine Fellowship Press, 1986).
3 Anne Wilson Schaef: Co-Abhängigkeit (Wildberg: Mona Bögner-Kaufmann, 1986).

Kapitel 1

1 Carnes, S. 29.
2 Charlotte Eliza Kasl: Women and Sex Addiction (Minneapolis, MN: 1984), S. 5, 7, 8.
3 Carnes, S. 57, 60.
4 Ebd., S. 70.
5 Ebd., S. 80.
6 Ebd., S. 53ff.
7 Ebd., S. 112.
8 Kasl, S. 1.
9 Carnes, S. 103.
10 Kasl, S. 1.
11 Sharon Wegscheider Cruse: Another Chance: Hope & Health for the Alcoholic Family (Palo Alto, CA: Science & Behavior Books, 1980). Vgl. die Rollen des »Hero-Child«, »Scapegoat«, »Lost Child« und »Mascot«.
12 Donald E. MacNamara und Edward Sagarin: Sex, Crime and the Law (New York: The Free Press, 1978).
13 Carnes, S. 101ff.

Kapitel 3

1 Carnes, S. 43.
2 Philip D. Eastman: Are You My Mother? (New York: Random House, 1960).
3 Sandra Felt, M.S.W., eine ehemalige Trainerin und Freundin.

Kapitel 4

1 Vgl. dazu Anne Wilson Schaef: Co-Abhängigkeit (Wildberg: Mona Bögner-Kaufmann, 1986).
2 Carnes, S. 10f.
3 Earnie Larsen, Tonband über Co-Abhängigkeit. Zu beziehen über E. Larsen, Minneapolis.

4 Sex and Love Addicts Anonymous (Boston: The Augustine Fellowship Press, 1986), S. 74, 75.
5 Anne Wilson Schaef: Im Zeitalter der Sucht (Hamburg: Hoffmann und Campe, 1989; München: dtv, 1991).

Kapitel 5

1 Stanton Peel: Love and Addiction; Colette Dowling: Der Cinderella-Komplex; Dan Kiley: Das Peter-Pan-Syndrom; Robin Norwood: Wenn Frauen zu sehr lieben; Susan Forward und Joan Torres: Liebe als Leid.
2 Anne Wilson Schaef: Weibliche Wirklichkeit (Wildberg: Mona Bögner-Kaufmann, 1986), S. 70ff.

Kapitel 6

1 Jed Diamond: Looking for Love in All the Wrong Places (New York: Putnam, 1988).
2 Schaef: Weibliche Wirklichkeit.
3 Diane Fassel, Ph. D., Freundin und Mit-Autorin von The Addictive Organization (San Francisco: Harper & Row, 1988).

Kapitel 7

1 Carnes, S. 89.
2 Sex and Love Addicts Anonymous, S. 119.
3 Kasl, S. 37.
4 Carnes, S. 44.
5 Melody Beattie: Die Sucht, gebraucht zu werden (München: Heyne, 1990). Orig., S. 169f.
6 Augustine Fellowship Staff: Sex and Love Addicts Anonymous (Boston, MA: Augustine Fellow, 1986).
7 Alcoholics Anonymous, ›The Big Book‹, 3d ed. (New York: Anonymous World Services, 1976), deutsch: ›Das Blaue Buch‹.
8 © Alcoholics Anonymous World Services, Inc., New York. Abgedruckt mit freundlicher Genehmigung der Anonymen Alkoholiker deutscher Sprache.
9 © Sexaholics Anonymous, Simi Valley, Kalifornien.
10 Carnes, S. 29.

Schlußwort

1 Martin Buber: Ich und Du (Heidelberg: Lambert Schneider, 1983).

Literatur

Anonyme Alkoholiker: Das Blaue Buch. o.O.: Alcoholics Anonymous World Service, 1980.

Bach, Richard: Brücke über die Zeit. Berlin: Ullstein, 1985.

Backus, William, und Marie Chapian: Telling Yourself the Truth. Minneapolis: Bethany Fellowship, 1980.

Baer, Jean: How to be an Assertive (Not Aggressive) Woman in Life, in Love, and on the Job. New York: NAL, 1976.

Barry, Kathleen: Female Sexual Slavery. New York: New York Univ. Press, 1984.

Beattie, Melody: Die Sucht, gebraucht zu werden. München: Heyne, 1990.

Becker, Ernest: Die Überwindung der Todesfurcht. München: Goldmann, 1985.

Bellah, Robert, u.ä.: Gewohnheiten des Herzens. Köln: Bund, 1987.

Bernikow, Louise: Alone in America: The Search for Companionship. New York: Harper & Row, 1986.

Black, Claudia: Mir kann das nicht passieren. Kinder von Alkoholikern als Kinder, Jugendliche und Erwachsene. Wildberg: Mona Bögner-Kaufmann, 1988.

Bloomfield, Harald: In Frieden mit den Eltern. Reinbek: Rowohlt, 1985.

Blos, Peter: Adoleszenz. Eine psychoanalytische Interpretation. Stuttgart: Klett-Cotta, 1983.

Branden, Nathaniel: Ich liebe mich auch. Selbstvertrauen lernen. Reinbek: Rowohlt, 1989.

Buber, Martin: Ich und Du. Heidelberg: Lambert Schneider, 1983.

Bugental, J.F.T.: The Search for Existential Identity. San Francisco: Jossey-Bass, 1976.

Carnes, Patrick: Zerstörerische Lust. Sex als Sucht. München: Heyne, 1987.

ders.: Contrary to Love, Understanding Sexual Addiction, part 2: Helping the Sexual Addict. Minneapolis: CompCare Publications, o.J.

ders.: The Sexual Addiction. Minneapolis: CompCare, 1983.

Crawford, Linda, und Lee Lanning: Loving: Women Talk About Their Love Relationships. Minneapolis: Midwest Health Center for Women, 1981.

Crum, Tom: The Magic of Conflict. New York: Simon & Schuster, 1987.

Diamond, Jed: Looking for Love in All the Wrong Places. New York: Putnam, 1988.

Dinnerstein, Dorothy: The Mermaid and the Minotaur: Sexual Arrangements and Human Malaise. New York: Harper & Row, 1976.

Dowling, Colette: Der Cinderella-Komplex. Frankfurt: S. Fischer, o.J.

Driggs, John H.: »Relationships«. In: The Phoenix, Minneapolis: Juli 1984.

Dyer, Wayne W.: Your Erroneous Zones. New York: Funk & Wagnalls, 1976.

Eastman, Philip D.: Are You My Mother? New York: Random House, 1960.

Ehrenreich, Barbara: The Hearts of Men: American Dreams and the Flight from Commitment. New York: Anchor Press/Doubleday, 1983.

Eichenbaum, Luise, und Susi Orbach: Ganz Frau und wirklich frei. Düsseldorf: Econ, 1985.

Eisler, Riane: Von der Herrschaft zur Partnerschaft. München: Bertelsmann, 1989.

Forward, Susan, and Joan Torres: Liebe als Leid. München: Bertelsmann, 1988.

Goldberg, Herb: Man(n) bleibt Mann. Reinbek: Rowohlt, 1986.
ders.: Veränderungen. Reinbek: Rowohlt, 1987.
ders.: Der verunsicherte Mann. Reinbek: Rowohlt, 1987.
Gordon, Barbara: Jennifer-Fieber. Reinbek: Rowohlt, 1989.
Grosz, George: Love Above All. New York: Schocken Books, 1985.
Halpern, Howard M.: How to Break Your Addiction to a Person. New York: Bantam Books, 1982.
Hite, Shere: Frauen und Liebe. München: Bertelsmann, 1987.
Hodgson, Ray: Self-watching: Addictions, Habits, Compulsions, What to Do About Them. N.Y.: Facts on File, 1982.
Hollis, Judi: Fat Is a Family Affair. San Francisco: Harper/Hazelden, 1986.
dies.: Hope and Recovery: A Twelve-Step Guide for Healing from Compulsive Sexual Behavior. Minneapolis: CompCare, 1987.
Jampolsky, Gerald: Lieben heißt die Angst verlieren. München: Goldmann, 1987.
ders.: Die Kunst zu vergeben. München: Kösel, 1987.
Kasl, Charlotte Eliza: Women and Sex Addiction. Minneapolis: 1984.
Kaufmann, Barry Neil: To Love Is to Be Happy With. New York: Fawcett Crest, 1978.
Keller, Catherine: Der Ich-Wahn. Stuttgart: Kreuz, 1989.
Kiley, Dan: Das Peter-Pan-Syndrom. Hamburg: Kabel, 1987.
ders.: Die Angst der Frauen, sie selbst zu sein. Hamburg: Kabel, 1988.
Kimball, Bonnie-Jean: The Alcoholic Woman's Mad World of Denial and Mind Games. Center City, MN: Hazelden Educational Materials, 1978.
Larsen, Earnie: Stage II Relationships: Love Beyond Addiction. San Francisco: Perennial Library, 1987.
Lasch, Christopher: Das Zeitalter des Narzißmus. München: Bertelsmann, 1982.
Levertov, Denise: »Divorcing.« In: Freeing of the Dust. New York: New Directions, 1975.
Lewis, Helen Block: Psychic War in Men and Women. New York: Univ. Press, 1976.
Lifton, Robert Jay: Boundaries: Psychological Man in Revolution. New York: Random House, 1969.
MacNamara, Donald E., und Edward Sagarin: Sex, Crime and the Law. New York: The Free Press, 1978.
Maslow, Abraham H.: Motivation und Persönlichkeit. Hamburg: Rowohlt, 1981.
May, Rollo: Antwort auf die Angst. Frankfurt: Fischer, 1984.
Miller, Alice: Du sollst nicht merken. Frankfurt: Suhrkamp, 1981.
Miller, William R.: The Addictive Behaviors. New York: Pergamon Press, 1980.
Norwood Robin: Wenn Frauen zu sehr lieben. Reinbek: Rowohlt, 1986.
dies.: Briefe von Frauen, die zu sehr lieben. Reinbek: Rowohlt, 1988.
Paul, Jordon, und Margaret Paul: Do I Have to Give Up Me to Be Loved by You. Minneapolis: CompCare, 1984.
dies.: Free to Love. Los Angeles: Evolving Publications, 1983.
dies.: From Conflict to Caring. CompCare, 1988.
dies.: If You Really Loved Me. Minneapolis: CompCare, 1987.
Peele, Stanton: Love and Addiction. New York: Taplinger, 1975.
Person, Ethel Spector: Dreams of Love and Fateful Encounters: The Power of Romantic Passion. New York: Norton, 1988.

Powell, John S.: Why Am I Afraid to Tell You Who I Am? Allen, TX: Argus Communications, 1969.
Ray, Sondra: I Deserve Love. Millbrae, CA: Leo Femmes Publishing, 1976.
Restak, Richard M.: The Self Seekers. Garden City, NY: Doubleday, 1982.
Rhodes, Sonya: Wenn Männer sich nicht binden wollen. München: Droemer, 1988.
Rosellini, Gayle, und Mark Worden: Of Course You're Angry. San Francisco: Harper/Hazelden, 1986.
Robin, Lillian: Intimate Strangers: Men and Women Together. New York: Harper & Row, 1983.
Rubin, Theodore: Leben, hier und jetzt. Reinbek: Wunderlich, 1982.
Rue, James J., und Louise Shanahan: Daddy's Girl, Mama's Boy. New York: New American Library, 1978.
Russianoff, Penelope: Bin ich ohne Mann nichts wert?. München: Kösel, 1987.
Schaef, Anne Wilson: Weibliche Wirklichkeit. Wildberg: Mona Bögner-Kaufmann, 1985.
dies.: Co-Abhängigkeit. Wildberg: Mona Bögner-Kaufmann, 1986.
dies.: Im Zeitalter der Sucht. Hamburg: Hoffmann und Campe, 1989; München: dtv, 1991.
dies. und Diane Fassel: The Addictive Organization. San Francisco: Harper and Row, 1988.
Schaeffer, Brenda: Is It Love or Is It Addiction: Falling Into Healthy Love. New York: Harper & Row, 1987.
Sex and Love Addicts Anonymous. Boston: The Augustine Fellowship Press, 1986.
Shaevitz, Morton: Liebe und Rivalität. Rüschlikon: A. Müller, 1988.
Shain, Merle: Hearts That We Broke Long Ago. New York: Bantam Books, 1983.
Sheehy, Gail: In der Mitte des Lebens. München: Droemer, 1989.
Siegel, Bernie: Prognose Hoffnung. Düsseldorf: Econ, 1988.
Steiner, Claude M.: What Do You Say After You Say Hello? New York: Grove Press, 1972.
Tennov, Dorothy: Love and Limerance. New York: Stein & Day, 1978.
Tschirhart-Sanford, Linda, und Mary Ellen Donovan: Women and Self-Esteem. New York: Viking Penguin, 1984.
Wegscheider-Cruse, Sharon: Another Chance: Hope and Health for the Alcoholic Family. Palo Alto, CA: Science & Behavior Books, 1980.
dies.: Choicemaking: For Co-Dependents, Adult Children and Spirituality Seekers. Pompano Beach, FL: Health Communications, 1985.
Wholey, Dennis: The Courage to Change. Boston: Houghton Mifflin, 1984.
Woititz, Janet Geringer: Struggle for Intimacy. Pompano Beach, FL: Health Communications, 1985.
York, Phyllis, David Wachtel und Ted Wachtel: Toughlove. Garden City, NY: Doubleday, 1982.

Verena Kast im dtv

Verena Kast verbindet auf einfühlsame und auch für Laien verständliche Weise die Psychoanalyse C. G. Jungs mit konkreten Anregungen für ein ganzheitliches, erfülltes Leben.

Der schöpferische Sprung
Vom therapeutischen Umgang mit Krisen
dtv 35009

Wir sind immer unterwegs
Gedanken zur Individuation
dtv 35158

Imagination als Raum der Freiheit
Dialog zwischen Ich und Unbewußtem · dtv 35088

Die beste Freundin
Was Frauen aneinander haben · dtv 35091

Die Dynamik der Symbole
Grundlagen der Jungschen Psychotherapie · dtv 35106

Freude, Inspiration, Hoffnung
dtv 35116

Neid und Eifersucht
Die Herausforderung durch unangenehme Gefühle
dtv 35152

Der Schatten in uns
Die subversive Lebenskraft
dtv 35160

Märcheninterpretationen

Vom gelingenden Leben
Märcheninterpretationen
dtv 35157

Mann und Frau im Märchen
Eine psychologische Deutung
dtv 35001

Wege zur Autonomie
dtv 35014

Wege aus Angst und Symbiose
Märchen psychologisch gedeutet
dtv 35020

Märchen als Therapie
dtv 35021

Familienkonflikte im Märchen
Eine psychologische Deutung
dtv 35034

Glückskinder
Wie man das Schicksal überlisten kann
dtv 35154

Germaine Greer

Die ganze Frau

Körper Geist Liebe Macht

Aus dem Englischen von
Susanne Althoetmar-Smarczyk
dtv premium 24204

Bestsellerautorin Germaine Greer unternimmt erneut eine große Bestandsaufnahme zur Lage der Frauen. Leidenschaftlich, sachkundig und sarkastisch analysiert sie, was ihrer Ansicht nach Sache ist, und stellt die Tagesordnung für einen neuen Feminismus auf.

Auf der Suche nach Befreiung, so argumentiert Greer, hat sich die Frauenbewegung auf Seitenwege abdrängen lassen, ist auf eine Ersatzbefriedigung hereingefallen. Die gerne wiederholte These »Frauen können alles haben« ist, wie sie meint, eine Illusion, da es nach wie vor unzählige Formen offener und verdeckter Diskriminierung gibt. Dieses Buch ist eine aufrüttelnde Kritik an der vorhandenen Selbstzufriedenheit, insbesondere der Frauen. Wie schon mit dem ›Weiblichen Eunuchen‹ gelingt es Germaine Greer erneut, mit größter Schärfe zentrale Fragen anzusprechen.

»Sie ist wieder da, und sie ist zornig.«
The Daily Telegraph

Die Entdeckung der weiblichen Psyche

Jane Adams
»Ich bin noch immer deine Mutter«
Wenn die Kinder erwachsen werden
dtv 8427

Barbara Berckhan
Die etwas gelassenere Art, sich durchzusetzen
Ein Selbstbehauptungstraining für Frauen
dtv 36228

Joan Borysenko
Das Buch der Weiblichkeit
Der 7-Jahres-Rhythmus im Leben einer Frau
dtv 36214

Eugen Drewermann
Die Botschaft der Frauen
Das Wissen der Liebe
dtv 36023

Germaine Greer
Die ganze Frau
Körper-Geist-Liebe-Macht
dtv 24204

Germaine Greer
Der weibliche Eunuch
Aufruf zur Befreiung der Frau
dtv 36196

Arno Gruen
Der Verrat am Selbst
Die Angst vor Autonomie bei Mann und Frau
dtv 35000

Verena Kast
Mann und Frau im Märchen
Märchen psychologisch gedeutet
dtv 35001

Verena Kast
Die beste Freundin
Was Frauen aneinander haben
dtv 35091

Lyn M. Brown
Carol Gilligan
Die verlorene Stimme
Wendepunkte in der Entwicklung von Mädchen
dtv 35133